六盘水师范学院2024年度第一批硕建点学科团队项目：山地农业产业数字化（项目编号：LPSSYKYJ202411）

盘水师范学院高层次人才科研启动项目（项目编号：LPSSY2023KTD21）

盘水师范学院学术出版资助

胡泽黎 著

国家公园旅游经济贡献游客行为模式研究

GUOJIA GONGYUAN LÜYOU JINGJI GONGXIAN

YOUKE XINGWEI MOSHI YANJIU

重庆大学出版社

图书在版编目(CIP)数据

国家公园旅游经济贡献与游客行为模式研究／胡泽
黎著. -- 重庆：重庆大学出版社, 2025. 6. --（远方
旅游学术文丛）. -- ISBN 978-7-5689-5266-8

Ⅰ. F59

中国国家版本馆 CIP 数据核字第 20258QQ996 号

国家公园旅游经济贡献与游客行为模式研究

胡泽黎　著

策划编辑：尚东亮

责任编辑：石　可　　版式设计：尚东亮
责任校对：邹　忌　　责任印制：张　策

*

重庆大学出版社出版发行

社址：重庆市沙坪坝区大学城西路 21 号

邮编：401331

电话：(023) 88617190　88617185(中小学)

传真：(023) 88617186　88617166

网址：http://www.cqup.com.cn

邮箱：fxk@ cqup.com.cn（营销中心）

全国新华书店经销

重庆永驰印务有限公司印刷

*

开本：720mm×1020mm　1/16　印张：20　字数：285 千

2025 年 6 月第 1 版　　2025 年 6 月第 1 次印刷

ISBN 978-7-5689-5266-8　定价：68.00 元

摘 要

旅游业在一个地区的经济发展中发挥着至关重要的作用。国家公园是旅游业的重要组成部分,国家公园开展旅游活动可以提升一个地区的增加值,增加就业机会和提高税收收入。我国在建立国家公园体制之前,一直将中国国家公园与国际上的国家公园相对应,展开研究及各项交流工作。贵州省旅游资源丰富,拥有 18 个国家级重点风景名胜区,是促进贵州经济发展的重要助推器。

2021 年是我国"十四五"发展规划的开局之年,审视旅游产业化发展水平、合理配置旅游投资至关重要。我国政府于 2013 年提出要建立国家公园体制。以中国国家公园对标海外国家公园,国家级重点风景名胜区在新建立的国家公园体制下的发展路径方面既有机遇也有挑战。同时,结合贵州省的投资发展规划背景,贵州省国家级重点风景名胜区的发展路径和投资发展规划亟须确定。

本研究提出国家公园经济评估框架(NPEEF),并用其来评估国家公园的经济贡献及游客的行为模式。本研究采用问卷调查的方式收集了 1 306 名贵州国家级风景名胜区游客的消费和行为模式的有效数据,使用 IBM® 社会科学统计包(SPSS)27.0 版,应用 Smart PLS 4.0 版的结构方程模型(SEM)、货币生成模型(MGM)对数据进行了分析。

研究发现,游客在 9 个类别上进行了消费,游览具有 AAAAA 级旅游景区荣誉的国家级风景名胜区的平均支出为 2 012.05 元。黄果树国家级风景名胜区游客的平均消费为 2 390.21 元,龙宫国家级风景名胜区游客的平均消费为 1 824.70元,荔波樟江国家级风景名胜区游客的平均消费为 1 835.13 元。3 个具有AAAAA 级旅游景区荣誉的国家级风景名胜区为全省贡献总产值 156.95 亿元,税收为 40.69 亿元。其中,黄果树国家级风景名胜区贡献产值 68.35 亿元,税收为 17.73 亿元;龙宫国家级风景名胜区贡献产值 16.23 亿元,税收为 4.11 亿元;荔波樟江国家级风景名胜区贡献产值76.62亿元,税收为20.01亿元。在游客行为模式方面,三大国家级风景名胜区的游客满意度、重游意图和推荐意愿均不高,2022年分别为3.96、3.78和3.94。黄果树国家级风景名胜区的游客满意度、重游意图和推荐意愿分别为3.87、3.70和3.95;龙宫国家级风景名胜区的游客满意度、重游意图和推荐意愿分别为3.96、3.74和3.87;荔波樟江国家风景名胜区的游客满意度、重游意图和推荐意愿分别为4.04、3.88和3.98。在游客行为变量关系方面,游客体验可以预测游客满意度,而满意度又可进一步预测游客的推荐意愿和重游意图。游客消费水平与他们的体验、重游意图和推荐意愿之间没有相关性。然而,游客的消费水平与其满意度之间存在负相关关系,而消费水平与推荐意愿之间存在正相关关系。本研究的结果丰富了有关中国国家公园经济效应的现有知识体系,同时确定了在国家公园背景下游客行为变量间的关系。本研究将为政策制定者及国家公园管理者在制定国家公园的开发、投资、旅游产业化规划等方面提供决策依据,并为未来相关领域的学术研究人员提供参考。

编　者

2023年12月

目　录

第 1 章　引　言

1.1　研究背景

美国经济学家 Becker 认为,经济分析框架是解释所有人类行为的实用方法。因此,从经济角度来看,旅游业被视为人类消费和需求的产物,可以用经济框架来分析。此外,由于旅游活动的供给与旅游活动的需求相关,其发展过程应反映旅游成本、供给、需求等因素的变化。旅游活动的经济绩效是其生命周期中最关键的方面。具体地说,旅游业首先是一种社会经济现象的产物,它对一个地区的社会经济发展具有重要影响。评估旅游活动的经济效应不仅可以揭示对不同产业部门当前的影响,而且还能预估对不同产业部门未来经济活动的影响。因此,从经济角度审视旅游业发展及其影响具有非常重要的意义。

旅游业的积极经济效益可用于规划一个地区的旅游活动(Hussain et al.,2017)。2021 年,联合国世界旅游组织秘书长 Zurab Pololikashvili 表示,繁荣的旅游业在全球创造了数百万个企业和就业岗位。此外,旅游业在保护自然和文化遗产方面发挥着至关重要的作用,确保子孙后代能够通过可持续旅游发展的方式享受自然文化遗产。

贵州是中国西南地区重要的交通枢纽,与四川、重庆、云南、湖南、广西等省份接壤,辖 6 个地级市,即安顺、毕节、贵阳、六盘水、铜仁、遵义,以及 3 个少数民族自治州,即黔西南、黔南、黔东南。贵州省拥有神奇、美丽的自然景观和深厚独特的文化传统。贵州省素有"八山一水一田之乡"之称,其地形多为高原山地,构成了丰富的可供利用的自然旅游资源。此外,其悠久的历史和丰富的民族风情也提供了丰富的文化旅游资源。

旅游业对贵州省经济发展产生了重大影响。2023 年,贵州省接待旅游人次为63 558.44 万人次,旅游总收入为 7 404.56 亿元,位居全国第一,如表 1.1 所示。

表 1.1　贵州省 2021—2023 年年度旅游收入和游客接待量

年份	总旅游收入（亿元）	同比增长	总旅游接待量（万人次）	同比增长
2021	6 642.16	14.82%	64 436.68	4.36%
2022	5 245.64	−21.02%	49 206.88	−23.64%
2023	7 404.56	41.16%	63 558.44	29.17%

来源:贵州统计年鉴。

5 年来,国家的全域旅游战略在旅游产业发展方面发挥了重要作用。在全域旅游发展背景下,贵州省率先开展并完成旅游资源普查。调查结果显示,贵州省共有资源 8 万余种,其中优质资源 5 万余种。其间,贵州新增国家 A 级旅游景区 460 个,新增 AAAAA 级旅游景区 4 个,新增国家级旅游度假区 2 个。截至 2021 年,贵州省已成功创建 7 个全域旅游示范区,选定 38 个乡村旅游重点村(Chen,2021)。

此外,近 5 年来,贵州省不断创新全省旅游产业发展大会工作机制,鼓励将其转变为项目观摩会、旅游推介会、工作推进会。为此,国际山地旅游联盟选择在贵州省设立总部,并成功举办了五届国际山地旅游和户外运动大会。

贵州省还通过发展高速铁路系统、建设高速公路和三级公路以及商业和通用航空产业基础设施,有效解决了交通问题,促进了社会经济发展。根据全省2021 年工作报告,全省上一年的目标之一就是建设交通强枢纽。截至 2020 年年底,贵州省已成功建成高铁 1 527 千米、高速公路 7 607 千米,年民航旅客吞吐量超 3 000 万人次。贵州省政府把基础薄弱的铁路运输体系转变为立体化的综合性高速铁路体系。贵州成功变天堑为通途，为实现全域旅游的宏伟蓝图奠定了坚实的基础。

贵州省政府还推出旅游发展政策，有效促进旅游业发展。贵州省于 2015 年举办了首届国际山地旅游与户外运动大会，2015 年启动了《贵州省"十三五"旅游业发展规划》，2017 年实施了《贵州省山地旅游发展规划》。2018 年，发布了《贵州省旅游资源管理办法(试行)》，并于 2019 年向全国各省、自治区、直辖市、特别行政区居民提供旅游优惠政策，旅游活动范围扩大，旅游优惠政策期限延长。根据新政策，前往贵州旅游的游客可在 100 天内享受门票和高速巴士车票 50% 的折扣。2020 年，在这项旅游优惠政策的推动下，贵州省旅游收入占全省国内生产总值(GDP)的 32%，贵州省旅游业产生的直接经济影响为 5 785.09 亿元，牢固确立了旅游业的战略支柱地位。2013—2020 年，贵州省旅游收入逐年上升，如表 1.2 所示。

表 1.2　2013—2020 年贵州省 GDP 总量、旅游收入及旅游业对 GDP 的贡献

年份	总旅游收入 （亿元）	贵州省 GDP （亿元）	旅游业对 GDP 的贡献 （％）
2013	2 370.65	8 116.34	7.90
2014	2 895.98	9 300.52	8.70
2015	3 512.31	10 541.00	10.80
2016	5 027.54	11 792.35	11.01
2017	7 116.81	13 605.42	11.00
2018	9 471.03	15 353.21	11.30
2019	12 318.81	16 769.34	11.60
2020	5 785.09	17 860.41	12.00

来源：贵州省宏观经济数据库及多个政府网站统计数据。

2021 年是"十四五"发展规划的开局之年。2021 年 6 月 7 日，在贵州省旅

游产业化推进会上,省长李炳军表示,到2025年,全省旅游产业明显做强,旅游产业价值及相关产业价值明显提升,产值将在2019年的基础上翻一番;经济效率显著提高,人均旅游支出进入中国第一方阵;努力把贵州建设成为国际一流的山地旅游目的地和国内一流的度假养生目的地,加快贵州由旅游大省向旅游强省转变,有力支撑贵州高水平旅游发展,促进经济社会高质量发展。

国家公园的概念由美国学者 George Catlin 于1832年提出。1872年,美国推动了世界上第一个国家公园——黄石国家公园建立。随着百年国家公园运动的开展,国家公园在全球范围内广泛普及,全球超100个国家建立了不同类型的国家公园,其中大部分是发达国家。这些国家公园在保护生物多样性、维护生态平衡、促进经济发展以及提升居民生活水平方面具有重要意义。然而,各国的国家公园都有自己的特色和优势,并没有直接照搬美国的国家公园模式,而是根据自身国情进行了调整。美国的国家公园以空间环境为物质载体,通过生态环境保护、生物多样性保护、自然荒野环境保护、自然景观科学开发及文化遗产活化利用,履行着自然保护和可持续利用的双重使命;通过自然教育活动引导公众体验自然,从而增强国家认同感。以黄石国家公园为代表,其功能分区明确,基础设施和服务设施完善,娱乐活动多样化,在一定程度上引领了美国的户外休闲生活方式。黄石国家公园不仅满足了游客的心理和身体需求,还带来了显著的经济效益。在规划层面,黄石国家公园坚持尊重自然,尽可能保留荒野的特征,维护原生态景观,并通过游客管理加强对环境的保护;在建设层面,严格遵循区域建设指南,以便捷的交通网络连接核心景区,提供完善的基础设施、解说设施和人员服务;在具体建设中,设置了丰富的娱乐和科普教育活动,公众不仅可以参与徒步、露营、钓鱼和观光等娱乐活动,还可以参加与当地生态环境、动植物资源、地质地貌及历史文化相关的科普教育活动。游客不仅能感受公园自然景观的美丽,还能体验其环境价值,带来积极的经济效益。以黄石国家公园为代表的国外国家公园在多年建设中取得了众多非凡的成就,提供了许多值得借鉴的经验。

相较国外,中国国家公园的建设起步稍晚。习近平总书记在2018年全国生态环境保护大会上的重要讲话中指出:"生态环境是关系党的使命宗旨的重大政治问题,也是关系民生的重大社会问题。"加快改善生态环境的步伐,是实现人与自然和谐共生的必然要求,也是中国社会可持续发展的内在要求。为大力推动生态文明建设,我们必须尽快改变对自然资源的态度,加深对自然资源保护的内涵和主要路径的理解,明确自然资源保护的紧迫任务是停止过度开发利用,强化充分保护、合理开发和经济利用的理念。改革开放后,为更好地保护自然生态系统和自然遗产资源,中国建立了地质公园、自然保护区、风景名胜区等多样化的保护区,在维护生态平衡和改善生态环境方面发挥了重要作用。然而,由于人类活动对保护区建设过程产生了巨大影响,再加上缺乏相应法律法规的约束和相关管理部门的监管,以自然保护区为主导的自然保护地体系并不能很好地解决保护与开发之间的矛盾。因此,为保护生态系统的真实性和完整性,党的十八届三中全会提出要建立国家公园体制。在国家公园体制中,保护措施将更加严格,保护对象将更加典型和具有代表性。2008年10月,黑龙江汤旺河国家公园由环境保护部(现已被撤销)和国家旅游局(现文化和旅游部)联合批准,是我国首个由中央政府批准的国家公园。2015年1月,为建立统一、规范和有效的国家公园体制,国家发展和改革委员会同13个部门联合发布了《建立国家公园体制试点方案》,计划在青海、浙江、云南等省(自治区、直辖市)实施。2021年10月12日,在昆明举行的《联合国生物多样性公约》缔约方大会第十五次会议(COP15)上,我国宣布正式成立首批国家公园,包括大熊猫、三江源、东北虎豹、海南热带雨林和武夷山五大国家公园。这标志着中国自然保护地体制改革取得了重大进展,国家公园正式成为中国生物多样性保护的重要模式,有助于促进生态环境的可持续发展。

国家公园被称为"最美的土地",具有科研、教育和娱乐功能,为公众提供了更多机会去了解、亲近和享受自然,实现全民代代共享与传承。贵州省拥有许多在旧自然保护地体系下的国家级风景名胜区(对标海外的国家公园),其中大多数是重要的旅游景点,它们在经济发展中发挥了重要作用。如表 1.3 所示,截至 2019 年年底,贵州省的 18 个国家级风景名胜区中,有 3 个被评为 AAAAA 级景区,15 个被评为 AAAA 级景区。

表 1.3　2019 年贵州省国家级风景名胜区 A 级景区评级

序号	国家公园名称	景区等级
1	红枫湖国家级风景名胜区	AAAA
2	黄果树瀑布国家级风景名胜区	AAAAA
3	龙宫国家级风景名胜区	AAAAA
4	织金洞国家级风景名胜区	AAAA
5	九洞天国家级风景名胜区	AAAA
6	马岭河和万峰湖国家级风景名胜区	AAAA
7	舞阳河国家级风景名胜区	AAAA
8	黎平侗寨国家级风景名胜区	AAAA
9	荔波樟江国家级风景名胜区	AAAAA
10	都匀斗篷山—剑江国家级风景名胜区	AAAA
11	赤水国家级风景名胜区	AAAA
12	九龙洞国家级风景名胜区	AAAA
13	紫云格凸河国家级风景名胜区	AAAA
14	平塘国家级风景名胜区	AAAA
15	瓮安江届河国家级风景名胜区	AAAA
16	榕江苗山侗水国家级风景名胜区	AAAA
17	石阡温泉群国家级风景名胜区	AAAA
18	沿河乌江山峡国家级风景名胜区	AAAA

来源:贵州统计年鉴 2020。

　　注:根据《园林基本术语标准》(CJJ/T 91—2002)的规定,我国的国家重点风景名胜区相当于海外的国家公园,其英文名称是 national park of China。因此,在贵州统计年鉴中,国家级重点风景名胜区的英文名称是 national park。

随着我国全面进入大众旅游时代,旅游活动逐渐成为人们幸福生活中不可或缺的一部分。1997 年以来,中国旅游业快速发展。2019 年是改革开放以来中国旅游业发展的高峰期,全年旅游总收入达 66 300 亿元,相当于 1998 年的 19.28 倍。

与此同时,人们对美好生活的认识和追求进入了新时代,除物质需求外,逐渐关注高层次的精神文化需求。游客的诉求重点从观赏美丽风景转向拥有更好的生活体验,意味着更加注重旅游产品和服务体验的品质。

游客的需求有 4 种类型。

第一种是愉悦和休闲需求。现代生活的压力越大,人们内心的无聊感就越强,人类逃避日常烦恼和压抑的动力也就越大。当日常生活中的资源日益有限时,人们很难获得精神上的放松和愉悦。相较之下,非习惯环境中的资源正好可以满足人们的这些需求。当时间、经济等条件允许时,人们会暂时离开熟悉的生活环境,到非习惯环境中从事旅游活动。

第二种是对艺术审美的需求。人类社会从以草地和猎物为生的游猎社会演变为以村庄和城镇为固定居所的农业社会,再发展成为以城市为中心的工业社会,人们的生活环境通常被限制在相对固定的空间或区域。人们习惯性地忽视周围景观,对周围环境产生严重的审美疲劳,难以获得新鲜和美好的感受。然而,人类追求新奇和美好的本性是永恒的。一个人在一个地方生活的时间越长,对周围景观的探索和欣赏兴趣就越少,而对探索新奇美好事物的欲望则越强。

第三种是对尊重的需求。在现实生活中,大多数普通人长期生活在一个特定的习惯性环境中,与工作和生活相关的周围人群也相对固定。由于活动范围的限制以及工作和社交群体的特殊性,人们在工作环境中往往会展示一个不真实的自我,这凸显了生活的平庸和乏味,使他们失去了激情。然而,人们总希望获得他人的尊重,在非习惯环境中开展旅游活动有助于找到自己的价值和力量。

第四种是历史和文化需求。人类对与生命、人类演变和发展相关的历史及文化充满兴趣和疑问,尤其是想了解能源的来源及人类如何出现、生存和发展。满足这些兴趣和解决这些问题需要使用某些媒介、手段或资源,以探索与学习相关的文化和历史知识,包括但不限于书籍、影视作品和电子网络等。然而,以此获得的文化知识往往是间接的或是经过艺术加工的。通过间接媒介或手段获得的知识在图像、感觉、体验等方面通常与通过直接媒介和手段获得的知识存在差距。同时,经过艺术加工的文化和历史资料的真实性有限。与之相对地,具有图像感和真实性的文化和历史资源通常存在于习惯环境之外的区域。

新时代的快速变化迫使旅游景点发生根本性的变化。许多景区旨在满足游客对深度体验的心理需求,已采取措施来提升景区内各种产品的质量和优化游客对现有资源项目的体验,以提供健康、舒适和便捷的旅游环境。

国家公园对城市环境和气候调节具有重要的生态战略意义,为城市居民提供了一个接近自然和放松的绝佳娱乐场所。它可以满足游客对放松、美学、尊重和文化的需求。然而,随着游客数量的激增,游客的不文明行为对国家公园的自然环境造成了一定程度的破坏。作为发展国家公园旅游的重要参与者,游客在国家公园旅游的可持续发展中扮演着重要角色。游客所表现出的环境责任行为有效减少了休闲活动的负面影响,提升了国家公园的可持续发展能力。可见,国家公园是国家自然教育和休闲体验的重要场所,游客本身也是国家公园发展的重要组成部分。只有充分了解游客行为、满意度和重游意图等因素,才能对国家公园旅游服务质量和管理水平进行针对性的调整,从而促进国家公园旅游的高质量发展。因此,国家公园旅游的高质量发展必须加强对游客视角的研究和分析。此外,游客行为模式在评估旅游发展质量方面发挥着重要作用,对指导旅游发展和管理具有重要意义。国家公园中的社区居民自愿或被迫从传统生计转变为旅游生计,游客数量与社区居民的生存和发展密切相关。

1.2　问题陈述

尽管贵州省在过去 5 年中实现了经济快速增长,但其历史和地理因素限制了其发展。如表 1.4 所示,贵州省 2020 年的 GDP 仅为 178 26.56 亿元,仅为广东省(110 760.94 亿元)的 16.1%。贵州省虽然已经摆脱贫困,但是要从中国最贫困的省份之一成长为国际旅游目的地,仍需要一个强有力的经济驱动因素推动区域经济发展。

表 1.4　2020 年中国 31 个省份的 GDP 及其与 2015 年相比的排名变化

排名	省份	GDP(亿元)	相较于 2015 年排名的改变
1	广东	110 760.94	→
2	江苏	102 700.00	→
3	山东	73 129.00	→
4	浙江	64 613.00	→
5	河南	54 997.07	→
6	四川	48 598.80	→
7	福建	43 903.89	↑4
8	湖北	43 443.46	→
9	湖南	41 781.49	↑1
10	上海	38 700.58	↑2
11	安徽	38 680.60	↑3
12	河北	36 206.90	↓5
13	北京	36 102.60	→
14	山西	26 181.86	↑1
15	江西	25 691.50	↑3
16	辽宁	25 115.00	↓6
17	重庆	25 002.79	↑3
18	云南	24 500.00	↑5
19	广西	22 156.69	↓2
20	贵州	17 826.56	↑5
21	陕西	17 651.93	↑3
22	内蒙古	17 360.00	↓6

续表

排名	省份	GDP（亿元）	相较于 2015 年排名的改变
23	天津	14 083.73	↓4
24	新疆	13 797.58	↑2
25	黑龙江	13 698.50	↓4
26	吉林	12 311.32	→
27	甘肃	9 016.70	→
28	海南	5 532.39	→
29	宁夏	3 920.55	→
30	青海	3 005.92	→
31	西藏	1 902.74	→

注：→没有变化；↓下降；↑上升

来源：中华人民共和国 2015 年和 2020 年国民经济和社会发展统计公报。

自改革开放以来，中国人均可支配收入显著提高，居民工作压力剧增，因城市化带来的环境污染问题凸显，旅游对有旅游意向的消费者变得极具吸引力。

贵州省约 92.50% 的区域为山地和丘陵，其中 73.6% 为喀斯特地貌。贵州省是一个少数民族聚居区，居住着苗族、布依族和侗族等多个不同的少数民族，他们世代生活在这里，占总人口的 38.98%。无论是国内还是国外的游客，都为贵州的自然景观及少数民族原始朴素的生活方式和多样的风俗所吸引。相较于其他快节奏的城市和旅游景点，贵州省的资源成为一种令人耳目一新的选择。旅游业的发展增加了民族地区的就业机会、增强了基础设施建设，快速有效地推动了民族地区的社会经济发展。

贵州是一个著名的旅游大省，以其令人叹为观止的自然景观和丰富多彩的文化闻名全国。国家对西部地区的发展战略使旅游业逐渐成为贵州区域经济和社会发展的支柱产业。2019 年，贵州省的游客接待量增长了 17.20%，达到了 11.35 亿人次，旅游收入则增长了 30.10%，约为 12 318.81 亿元。

国家的"全域旅游"战略使旅游业成为贵州经济快速发展的主要驱动力。因此贵州的旅游业取得了飞跃式的发展,2009—2019 年的旅游收入和游客接待量就是很好的证明。贵州省也深刻认识到旅游业在 2009—2019 年的增长对地区经济发展的重要性。贵州省的 18 个国家级风景名胜区是其旅游业中最重要的组成部分,因为它们都是拥有优质资源的旅游景点。此外,在 2017 年到访贵州的游客中,有 28.65% 是国家公园的游客(Campoy-Munoz,2017),国家公园无疑在贵州旅游业中发挥着举足轻重的作用。因此,国家公园是重要的旅游目的地,是贵州旅游业的核心部分。正如前文所述,贵州的旅游业在消除贫困和推动区域经济发展方面发挥了重要作用。那么作为贵州旅游业的重要组成部分,国家公园的经济贡献是多少,在消除贫困方面的作用是什么?

由于旅游业是贵州经济的重要组成部分,与全省经济发展密切相关。因此贵州省省长李炳军表示,在"十四五"发展规划期间,通过发展新型工业化、城镇化和旅游产业化,推动农业现代化,提升城市建设,促进乡村发展,以及大力支持旅游业的发展来推动高质量经济发展是非常重要的(Yang,2021)。此外,旅游业必须在未来五年内被确立为贵州省经济增长的四大驱动力之一。那么国家公园如何能够帮助实现旅游产业化呢?

在"十三五"发展规划期间,贵州旅游业快速发展,质量显著提升,带来了旅游收入和游客数量的巨大增长。因此贵州计划在"十四五"期间每年向旅游业投资超 1 000 亿元,全面发展服务业,力争成为行业领军者。该计划将以 2021 年发布的《贵州省国民经济和社会发展第十四个五年规划和二〇三五年远景目标纲要》为指导。然而,要通过向旅游业分配投资来实现目标是一项复杂且重要的任务。那么,作为贵州旅游业最重要的组成部分,国家公园在经济效应上的排名如何?哪些国家公园值得投资,以实现"十四五"规划的经济发展目标?

1982 年,国务院宣布了第一批"国家重点风景名胜区",在英文中被称为"中国国家公园"(National Park of China)。在建立国家公园体制之前,中国政府使用国内的风景名胜区与海外的国家公园相对应(China Construction News,2022)。此外,自然资源部多次明确表示,在国家公园系统中将保留"整体风景名胜区体系"(China Scenic Area Association,2022)。

2019 年,中共中央办公厅和国务院办公厅发布了《关于建立以国家公园为主体的自然保护地体系的指导意见》,确立了初步的自然保护地体系,并将其分为 3 类:国家公园、自然保护区和自然公园(根据其生态价值和保护要求的强度进行划分)。根据 Yan 和 Song(2021)的提法,目前的法规和行政部门应将独立的风景名胜区与自然保护区同等对待。此外,由于它们具有显著的自然和文化生态景观价值,政府应加强对国家级风景名胜区、历史遗迹和自然保护区的保护。生态价值高的国家级风景名胜区应该升级为国家公园。基于此,在新国家公园体制下,哪些风景名胜区应升级为新国家公园呢?

从宏观经济角度和微观游客行为模式来全面评估国家公园可能会是有效的方法。从宏观经济角度来看,经济效应研究至关重要。学界普遍认为,投入产出理论通常应用于国家和地区层面。然而,投入产出理论是否适用于评估像国家公园这样的较小区域尺度的经济贡献呢? 对于微观层面的游客行为模式,如体验、满意度、推荐意愿和重游意图,许多研究基于计划行为理论从各个维度测量这些变量的水平。计划行为理论是否适合测量国家公园游客的行为模式? 如何测量国家公园游客的体验、满意度、推荐意愿和重游意图?

就贵州省经济影响研究而言,仍存在一些不足。首先,只有少数研究探讨了这个话题。在中国学术期刊数据库中国知网(CNKI)、Scopus 和 Google Scholar 数据库搜索关键词"经济贡献"和"贵州",仅限于社会科学、商业和经济学领域,时间跨度为 2000 年至撰写本文时,相关的文章寥寥无几(表 1.5)。

表 1.5 贵州经济贡献相关论文在 3 个数据库中的数量

数据库	文章数量
CNKI	3
Scopus	1
Google Scholar	4

其次,许多国际研究采用定量方法分析国家公园对旅游经济的影响。然而,只有少数研究考察了中国的国家公园。通过使用关键词"经济贡献"和"国家公园",在 CNKI、Scopus 数据库搜索 1999—2021 年的研究,发现全球范围内有诸多关于国家公园的相关文章,但关于中国国家公园的文章仅有少数(表 1.6)。

表 1.6　国家公园经济贡献相关论文数量

	数据库	文章数量
国际	Scopus	63
中国	CNKI	6

最后,应用货币生成模型(Money Generation Model,MGM)来研究中国旅游经济贡献评估的问题将是有价值的,因为至今没有关于中国的研究使用该模型。尽管 CNKI 数据库在中国最为流行和最具权威性,但使用关键词"货币生成模型"在 CNKI 数据库中进行搜索却没有找到任何结果。

此外,有关贵州省国家公园游客行为模式的研究也存在一些不足。尽管中国关于国家公园游客行为模式的文章有 44 篇,但从 2002 年至今,CNKI 数据库中没有关于贵州国家公园或国家级风景名胜区游客行为模式的文献。与此相比,在 Scopus 数据库中,使用关键词"国家公园"和"行为模式"在论文关键词、标题、摘要中搜索,结果显示,从 1969 年至今共有 108 篇文献,但关于贵州的仅有 2 篇。

总体而言,现有文献在研究背景、实践管理和研究理论等方面存在不足,弥补这些研究的不足具有重要意义。第一,从背景角度来看,填补贵州省的研究缺口至关重要。一方面,贵州省旅游经济发展迅速,2019 年,贵州省接待游客数量位居全国第一(Statistics,2019)。另一方面,旅游业是贵州省的支柱产业,2020 年旅游收入占 GDP 的 12.00%。此外,国家公园对贵州旅游至关重要,2017 年,贵州所有游客中有 28.65% 是国家公园游客(Campoy-Munoz,2017)。考虑到贵州省旅游的实际情况,深入了解贵州省的旅游经济贡献,尤其是国家公园的旅游经济贡献,是非常重要的。第二,从管理角度来看,填补这一缺口也具有重要的实践意义。

新的国家公园体制已经建立,确定贵州省的中国国家公园(国家级风景名胜区)在新国家公园体制下的发展方向迫在眉睫。目前,关于与海外国家公园相对应的中国国家公园(国家级风景名胜区)的未来方向尚无共识,合理评估国家公园的综合评价框架还未明确。因此,建立一种综合方法并对国家公园进行全面评估,可为政府决策者提供关于国家公园未来发展方向的参考。从理论角度来看,关于小空间尺度范围经济贡献的研究文献有限,研究国家公园旅游经济贡献对丰富有关旅游经济贡献理论的知识体系具有重要价值。此外,使用和扩展计划行为理论对推动理论发展也具有重要意义。

1.3　研究目标

本研究旨在探讨贵州省的中国国家公园国内游客的旅游经济贡献和行为模式。具体地说,有以下三个研究目标:

(1)调查贵州省的中国国家公园国内游客的消费模式;

(2)构建一个国家公园经济评估框架(NPEEF),用于衡量贵州省的中国国家公园的经济贡献;

(3)调查贵州省的中国国家公园国内游客的行为模式。

1.4　研究问题

根据研究目的和具体目标,需要解答以下三个研究问题:

(1)贵州省中国国家公园游客的消费模式是什么?

(2)贵州省中国国家公园的经济贡献水平怎么样?

(3)贵州省中国国家公园游客的整体体验、满意度、重游意图和推荐意愿怎么样?

1.5　研究范围与局限

有多项研究通过考察特定的国家或地区、省份和城市的旅游经济贡献,显著推动了旅游业对经济贡献的研究的发展。多种研究方法,如投入产出(I-O)分析、旅游卫星账户(TSA)和可计算一般均衡(CGE)模型,也得到了应用。本研究的研究区域为中国西部的贵州省,研究对象为贵州省的中国国家公园,研究方法是采用计量经济学模型评估贵州省中国国家公园旅游业经济贡献,并应用结构方程模型分析贵州省中国国家公园游客行为模式。社区和县级数据的缺乏限制了评估中国国家公园旅游对门户区域经济贡献的研究开展。

1.6　研究意义

国家公园在区域旅游发展中发挥着重要作用,是旅游业高质量发展的重要组成部分。贵州省以推动建设世界级旅游目的地为目标,将国家公园作为其旅游经济的重要组成部分,发挥其在推动经济发展和消除贫困方面的重要作用。国家公园的自然美景和奇观无法通过商业生产方法复制。自 1982 年中国首次批准设立国家级风景名胜区以来,其作为中国国家公园,显著推动了旅游经济的发展,普及了科学知识,弘扬了爱国主义,促进了社会和谐。2021 年,中国建立了新的国家公园管理体制。2024 年 8 月,党的二十届三中全会强调要持续推进国家公园体制建设。因此,从理论和实践来看,研究国家公园对有效开发和管理具有重要意义。

理论上,对国家公园进行旅游开发和其他形式的合理利用本质上都是重要的运营实践。因此,有必要从经济角度确定国家公园的经济贡献,并进行定量评估。在研究过程中,识别出的问题将有助于改进评估方法,同时有益于优化国家公园经济贡献机制,丰富现有的国家公园文献体系。

　　实践上,研究国家公园的经济贡献具有深远的意义。在国家公园管理方面,研究国家公园的经济贡献将帮助国家公园管理部门更好地理解资源开发与保护之间的关系。这也将帮助决策者清晰地认识国家公园的经济贡献,为改进国家公园管理系统提供参考依据。在国家公园开发方面,研究国家公园的经济贡献将帮助管理者合理开发国家公园的娱乐功能,特别是为管理者制订旅游产业化实现路径提供参考。此外,其还将有助于制订增加支出、提升游客满意度以及强化游客重游意图的措施。在推动地方经济方面,研究国家公园的经济贡献将帮助地方政府更好地了解国家公园旅游发展的现状和发展方向,并为确定未来资源配置参考依据。

第 2 章　文献综述

2.1　引言

　　本章讨论了全球旅游业的发展以及国家公园在旅游业发展中的重要作用，同时介绍了中国旅游业发展及其国家公园体制。由于研究区域是中国西南的贵州省，本章还探讨了贵州省的国家公园。此外，本章总结了现有的关于旅游经济效应评估的研究现状、研究理论、研究视角、主要评估模型及游客行为模式的相关研究，并在此基础上构建了本研究的概念框架。

2.2　世界旅游业发展现状

　　国际旅游创造了发展机遇，并促进了各国之间的和谐关系，而国内旅游增强了国家内部的团结。旅游业在保护和推广自然与文化遗产方面也起着至关重要的作用。

　　毫无疑问，旅游业是全球最重要的行业之一，为全球提供了约 1/10 的就业机会，因此成为数亿人的生计来源。根据联合国世界旅游组织（UNWTO）的数据，全球经济危机过后，2010—2018 年，所有行业的就业率增长了 11.00%，其中接待服务业，尤其是餐饮和酒店业，增长了 35.00%。2019 年，旅游业占全球

服务出口的30.00%,即1.50万亿美元,占发展中国家所有服务出口的45.00%
(UNWTO,2020)。

根据世界旅行及旅游理事会(WTTC)的数据,2019年旅游业占全球GDP
的10.40%。由于新冠疫情的影响,该比例在2020年下降至5.50%,总收入为
46710亿美元。WTTC在2021年的年度研究中强调了旅游业的重要性,指出由
于该行业的萎缩,全球GDP在2020年损失了约4.50万亿美元,因为旅游业对
GDP的贡献较2019年下降了49.10%(图2.1)。

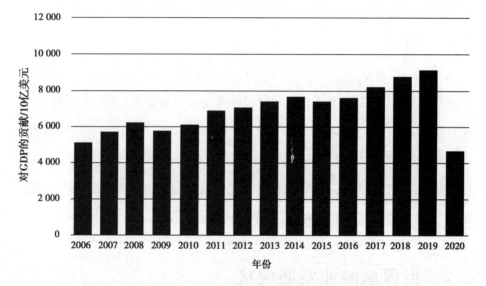

图2.1 2006—2020年旅游业对全球GDP的贡献

2019年,美国是全球GDP的最大贡献者,其次是中国。截至2020年,这一
情况保持不变,尽管总体贡献有所下降,美国和中国分别贡献了11000亿美元
和6670亿美元(图2.2)。

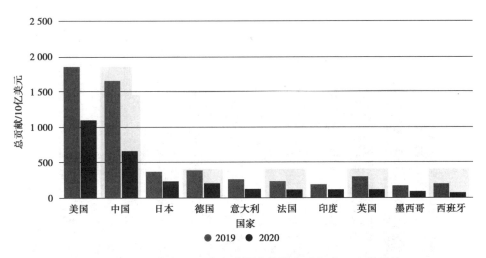

图 2.2　2019 年和 2020 年部分国家旅游业对全球 GDP 的贡献

2.3　全球国家公园旅游经济影响

国家公园是以自然资源为基底、拥有宝贵资源的旅游景区,能让人们更好地认识世界。此外,大多数国家公园保存了世界上一些最珍贵的植物和动物以及自然地标或奇观。根据著名旅游咨询网站排名,全球前三大国家公园是澳大利亚的乌鲁鲁-卡塔丘塔国家公园(Uluru-Kata Tjuta National Park)、美国的优胜美地国家公园(Yosemite National Park)以及意大利的五渔村国家公园(Parco Nazionale Cinque Terre)。2019 年,优胜美地国家公园接待了约 450 万游客。正如图 2.3 所示,由于新冠疫情,这一数据在 2020 年减少了近一半。

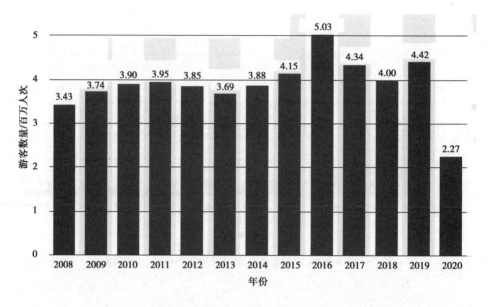

图 2.3 2008—2020 年美国优胜美地国家公园的游客数量

2.4 中国旅游业发展现状

自改革开放以来,中国旅游业发展迅猛。1978 年,中国接待国际游客 71.60 万人次,创造了约 2.63 亿美元的外汇收入。2019 年,这一数字剧增至 1.453 1 亿人次,创造了 1 313 亿美元(约 6.63 万亿元人民币)的收入,占服务业 对 GDP 贡献的 12.41%(Xu,Zhai & Zhang,2020)。2016—2019 年,国内旅游稳 步发展,但于 2020 年大幅衰减(图 2.4)。2020 年,国内旅游仅 28.8 亿人次,较 2019 年减少了 52.1%。此外,与 2019 年相比,城市居民旅游为 20.7 亿人次(减 少 53.8%),旅游收入为 17 967 亿元(减少 62.2%);而农村居民旅游为 8.1 亿 人次(减少 47%),旅游收入为 4 320 亿元(减少 55.7%)。2020 年,中国国内旅 游收入为 22 286.30 亿元,较上年减少了 61.1%。

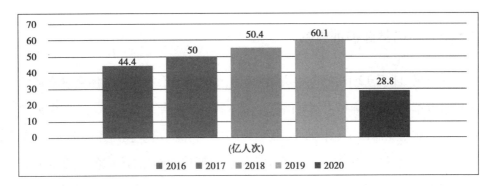

图 2.4　2016—2020 年中国国内旅游人次

2.5　中国国家公园旅游经济影响

2.5.1　旧自然保护地体系

中国在 1982 年建立并公布了首批国家级风景名胜区,被翻译为中国国家公园,对应海外的国家公园。截至 2017 年,旧自然保护地体系下共有 244 个国家公园,其中 18 个分布于贵州。图 2.5 展示了各省份国家公园的分布。在旧国家公园体制中,风景名胜区和历史遗迹都在国家公园的管辖范围内。

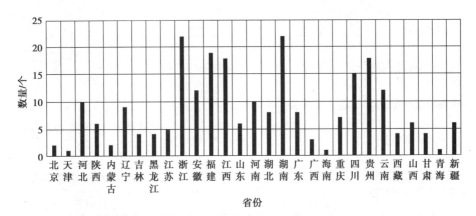

图 2.5　旧国家公园体制下中国国家公园的分布

2.5.2 新自然保护地体系

2013 年 11 月 12 日,中共中央第十八届中央委员会第三次全体会议决定大力推进改革,首次明确提出建立国家公园体制。2015 年 9 月 21 日,中共中央和国务院公布了生态改革总体方案,其中第 12 项详细列出了提出的要求,即建立国家公园体制,加强对关键生态系统的保护和可持续利用,改革各部门设定的自然保护区、风景名胜区、文化和自然遗产、地质公园、森林公园等体系(表2.1),合理规划上述保护区域,合理界定国家公园的范围。

表 2.1 中国国家公园和保护地类型

类型	审批部门	成立日期	公园数量	相关法律法规
国家级自然保护区	中华人民共和国国务院	1956	474	《中华人民共和国自然保护区条例》(1994)
全国重点文物保护单位	中华人民共和国国务院	1961	5058	《中华人民共和国文物保护法》(1982)
中国国家公园(国家级风景名胜区)	中华人民共和国国务院	1982	244	《风景名胜区条例》(2006)
国家森林公园	国家林业局	1982	897	《国家森林公园管理办法》(1994)
国家地质公园	国土资源部	2000	220	—
国家水利风景区	水利部	2001	878	《水利风景区管理办法(2004)
中国国家矿业公园	国土资源部	2005	72	—
中国国家湿地公园	国家林业和草原局	2005	901	《国家湿地公园管理办法》(2017)
国家城市湿地公园	住房和城乡建设部	2005	57	《城市湿地公园管理办法》(2017)

类型	审批部门	成立日期	公园数量	相关法律法规
国家 5A 级旅游景区	文化和旅游部	2007	280	《旅游景区质量等级管理办法》（2012）
国家海洋公园	国家海洋局	2011	42	—
中国国家沙漠公园	国家林业局	2014	103	—
中国国家旅游度假区	文化和旅游部	2015	30	《国家级旅游度假区管理办法》（2019）
国家公园	中华人民共和国国务院	2016	5	—

2.5.3　新自然保护地体系下的国家公园

2016 年 3 月,国务院批准了国家公园体制的试点项目——三江源国家公园。随后,青海省人民代表大会通过了一套关于三江源国家公园的规定（试行）。这是中华人民共和国首次出台的有关国家公园的地方性规定,而三江源国家公园是新自然保护地体系下首个启动的国家公园。2021 年,我国公布了首批国家公园名单,新自然保护地体系下共有 5 个国家公园。

表 2.2　新自然保护地体系下首批国家公园

	名称	地址	试行日期	建立日期
1	三江源国家公园	青海省	2021 年 3 月 9 日	2021 年 10 月 12 日
2	大熊猫国家公园	四川省、山西省和甘肃省	2017 年 1 月 31 日	2021 年 10 月 12 日
3	东北虎豹国家公园	吉林省和黑龙江省	2016 年 12 月 5 日	2021 年 10 月 12 日
4	武夷山国家公园	福建省	2016 年 3 月 14 日	2021 年 10 月 12 日
5	海南热带雨林国家公园	海南省	2019 年 1 月 23 日	2021 年 10 月 12 日

2.5.4 中国国家公园的影响

由于在新自然保护地体系下建立的中国国家公园为新兴项目，大多数研究集中于旧自然保护地体系下的国家级风景名胜区，以分析其经济价值。此外，大多数中国研究优先评估资源的价值。例如，Zha 和 Qiu（2015）使用区域旅行费用法（ZTCM）和旅行费用区间分析法（TCIA）来评估杭州市西湖风景区的国内娱乐价值，Lin（2013）则对风景名胜区旅游资源经济价值的评估方法进行了比较研究。与此同时，另一研究使用旅行成本法（TCM）计算了 2008 年宏村古村落的国内娱乐价值，确定为 2.36 亿元（Zhang，2011）。Cheng 和 Xiang（2016）运用 2001—2014 年九华山风景区的贡献率和拉动率，分析其对区域经济的影响：贡献率和拉动率的趋势一致，其中贡献率年均增长 18.24%，最高增长 56.12%；拉动率年均增长 91.00%，最高增长 12.05%；先上升后下降的趋势表明风景名胜区对区域经济有显著的积极影响，但增长趋势较弱。Zhao、Zhao 和 Geng（2010）的研究表明，2009 年访问千佛山风景区的游客主要来自山东省 15 个地方和城市，共消费了 83.42 亿元，用于交通、住宿、餐饮、门票和旅游商品。他们基于 2007 年山东省人口统计数据开发的旅游率与旅行构建成本回归模型，估算了千佛山风景区的娱乐价值，结果为 1.44 亿元，远高于其实际经济价值。

2.6 贵州旅游业发展现状

近年来，贵州省积极结合其优势资源，打造山地旅游品牌。该省蓬勃发展的旅游业惠及了约 90 万贫困人口。贵州旅游业虽然起步较晚，但在 1990—2018 年得以迅速发展。如今，旅游业成为该省的核心经济产业（Wang，2021）。

贵州省显著增加了旅游基础设施和行业要素，备受游客青睐。如表 2.3 和表 2.4 所示，2019 年共有 606 家旅行社和 231 家星级酒店。2020 年，游客总量达 6.18 亿人次,其中有 43 554 名入境游客和 19 428 名外国游客(表 2.5)。截至 2019 年年底,省内新增了 2 个 AAAAA 级旅游景区,总数达 8 个,同时新增了 5 个 AAAA 级旅游景区,总数达 126 个。贵州省还拥有 81 个国家级重点文物保护单位,189 个省级及以上重点乡村旅游村,2 422 个通过乡村旅游脱贫的重点村庄。然而,贵州省内的客房数量减少 5.20%,降至 781 400 间,床位数量减少 15.80%,降至 1 211 400 个。

表 2.3　2010—2019 年贵州省旅行社数量

年份	2019	2018	2017	2016	2015	2014	2013	2012	2011	2010
旅行社员工人数	5253	4572	6866	5873	5540	3068	2924	2613	2541	2285
旅行社数量	606	311	387	364	353	318	301	273	263	240
国际旅行社数量	29	28	28	27	22	20	17	12	10	10
国内旅行社数量	577	311	359	337	331	273	261	241	237	216

表 2.4　2010—2019 年贵州省酒店数量

年份	2019	2018	2017	2016	2015	2014	2013	2012	2011	2010
星级酒店数量	231	203	289	308	343	333	326	310	286	272
五星级酒店数量	6	6	6	6	6	6	5	4	4	4
四星级酒店数量	66	66	65	66	66	58	55	46	32	24

根据旧自然保护地体系,贵州省有 18 个国家级风景名胜区(对应国外的国家公园)。这些国家公园对贵州省的旅游发展至关重要,是吸引大多数游客到贵州的主要旅游景点。例如,2021 年国庆假期期间,织金洞风景区接待了 62 000 名游客,收入达 1.20 亿元;赤水市在国庆假期接待了 710 500 名游客,收入达 5.16 亿元;黄果树风景区接待了 121 680 名游客,收入达 2 367 万元;龙宫风景区接待了 34 870 名游客,收入达 467.21 万元(All the Headlines,2021);樟江风景区在五一假期接待了 156 700 名游客(表 2.6)。

表2.5 2011—2020年贵州省旅游人次和旅游收入

年份	2011	2012	2013	2014	2015	2016	2017	2018	2019	2020
旅游接待总量/万人次	17 019.36	21 401.18	26 761.28	32 134.94	37 630.52	53 148.42	74 417.43	96 858.12	113 412.47	61 781.49
国内旅游人次/万人次	16 960.85	21 330.68	26 683.58	32 049.44	37 535.92	53 038.22	74 290.64	96 712	113 365.29	61 777.13
入境旅游者/人次	585 148	705 038	776 992	855 047	941 012	1 101 925	1 267 877	1 465 539	471 800	43 554
入境旅游者-外国人/人次	250 852	288 480	252 884	351 276	398 299	518 277	648 563	795 744	235 005	19 428
旅游总收入/百亿元	1 429.48	1 860.16	2 370.65	2 895.98	3 512.31	5 027.54	7 116.81	9 471.03	12 318.86	5 785.09

表 2.6　贵州国家级风景名胜区（AAAAA 级旅游景区）在 2021 年黄金周假期的游客数量和收入

	名称	国家级别	旅游人数	收入／百万元	2021 年的时间段
1	黄果树国家级风景名胜区	AAAAA	121 680	23.67	国庆黄金周
2	龙宫国家级风景名胜区	AAAAA	34 870	4.67	国庆黄金周
3	荔波樟江国家级风景名胜区	AAAAA	156 700	—	国庆黄金周

注：根据《园林基本术语标准》（CJJ/T 91—2002）的规定，我国的国家重点风景名胜区相当于海外的国家
　　公园，其英文名称是 national park of China。因此，在贵州统计年鉴中，国家级重点风景名胜区的英文
　　翻译是 national park。

2.7　旅游经济影响研究动态

旅游业对经济有显著的影响，评估其影响已有较长的历史。自 20 世纪 60 年代首个旅游经济影响研究成果见刊以来，诸多相关研究紧随其后（Yu & Turco，2000）。总体来看，旅游经济的贡献可以从三个角度来考察，即生产增长、生产要素和国际贸易（Mikić，1988）。从时间角度梳理旅游经济影响研究成果，可以将其分为三个阶段。

2.7.1　早期阶段（1988—1995 年）

在这一时期，统计数据较为稀缺，旅游经济影响的评估主要使用投入产出模型。Mikić（1988）建立了旅游平衡表，并应用于国际货币基金组织（IMF）模型以测量旅游业对南斯拉夫国际贸易的影响。由于早期统计数据有限，估算旅游经济影响较为困难，也不能实现国际间旅游经济影响的比较。Kottke（1988）提出了一种线性规划方法，并评估了旅游增长对新伦敦县社区的潜在经济影响。然而，由于这项研究的范围有限，因此无法推广。随后，尽管在市级层面的应用具有争议性，随着经济影响分析的普及，投入产出模型方法开始被应用于旅游

领域。Parlett、Fletcher 和 Cooper(1995)在爱丁堡旧城区应用了迷你投入产出模型,并解决了相关问题。

2.7.2 发展阶段(1998—2010 年)

在这一时期,学界提出了新的方法,并对不同类型的旅游经济贡献进行了评估。随着新旅游类型的出现,旅游经济影响评估研究变得丰富起来。Dwyer(1998)提出了一个新的框架,用于衡量澳大利亚邮轮旅游的经济影响。美国农业部森林服务局首次开发了一个名为 IMPLAN 的新模型,该模型可以测量直接、间接和引致的经济效应。Yu 和 Turco(2000)使用该模型分析了阿尔伯克基国际热气球节游客消费的空间分布对产出、收入和就业的影响。Nowak、Sahli 和 Sgro(2005)利用 Ricardo-Viner-Jones(RVJ)和 Heckscher-Ohlin 综合模型,评估了农业和非贸易商品部门结构调整对旅游业的影响。研究指出,旅游业的一般均衡分析对于评估其正面或负面影响至关重要。随后,Dwyer、Forsyth 和 Spurr(2006)采用可计算一般均衡(CGE)方法,研究由某事件产生的旅游经济影响。在旅游经济影响评估领域,重大节事成为研究热点。基于区分节事游客与非节事游客的调查数据,Lee 和 Taylor(2005)采用投入产出分析,估算了 2002 年国际足联世界杯的经济影响。Kim、Kim 和 Agrusa(2008)描述了咸平蝴蝶节的正面影响和负面影响。Baumann、Engelhardt 和 Matheson(2010)估算了总统就职典礼对就业的影响,结果表明没有显著影响。Young 等(2010)通过因果链模型估算了四个城镇文化活动的总体因果影响。农业旅游也引起了学者的关注,投入产出分析仍然是主要方法。Das 和 Rainey(2010)使用投入产出框架,分析了农业旅游对阿肯色州三角洲沿线地区就业、收入和销售的影响。

2.7.3 成熟阶段(2010—2021 年)

在这一阶段,学界提出了更多动态评估方法,并且要求使用更精确的数据收集方法。大多数关于旅游经济影响的研究无法跟踪随时间变化的情况,鉴于此,能够追踪动态旅游经济影响的方法被开发出来。Seetanah(2011)采用广义矩估计法(GMM)解决了 19 个岛屿的旅游潜在经济贡献的动态问题,使用传统扩展的索洛增长模型证明了游客与经济增长之间的双因果关系,且旅游业在经济增长中起到了关键作用。VanBlarcom 和 Kayahan(2011)使用回归分析和投入产出分析评估了联合国教科文组织(UNESCO)世界遗产地(WHS)申请中的大史前遗址的经济影响。Campoy-Munoz、Cardenete 和 Delgado(2017)通过线性模型和社会核算矩阵(SAM)的集成方法揭示了科尔多瓦清真寺对生产和就业的经济影响。随着文化旅游的发展,新方法不断涌现。Hosseini、Stefaniec 和 Hosseini(2021)提出的由资源导向和设施导向效率组成的全新超效率并行框架,被证明是评估文化旅游影响的绝佳方式,他们揭示了世界遗产地(WHS)品牌对发展中国家旅游需求的积极影响。CGE 模型可以揭示旅游业与其他行业之间的均衡关系。因此,一些学者使用 CGE 模型估算了旅游业相关因素变化带来的经济影响。例如,Becken 和 Lennox(2012)通过两个阶段的 CGE 模型描绘了新西兰 18 个旅游细分市场中由油价上涨带来的旅游影响。Li(2012)使用 CGE 模型评估了北京奥运会对居民福利的影响。许多环境服务是非市场产品,受益于市场和非市场价值的资源。在估算农村旅游活动的价值时,与其他方法相比,旅行费用法(TCM)是最流行的方法(Afandi,Samdin & Shuib,2013)。Gouveia 和 Eusébio(2019)应用多种方法衡量了马德拉岛港口邮轮旅游的直接影响。Pedauga 等(2020)通过将旅游卫星账户(TSA)和体育旅游事件集成到社会核算矩阵(SAM)模型中,使用假设提取方法(HEM)描述了体育赛事与其他行业之间的相关关系,精确评估了体育旅游的经济影响。此外,Kim(2021)使用国际经济专业建模工具(EMSI)评估了美国密西西比州格林纳达县的经济影响,以及体育旅游的财政影响,包括对附加值、就业和收入的直接、间接和引致影响。

学界对旅游活动经济影响的关注始终存在,并且研究视角不断丰富。Lu、

Zhu 和 Wei(2020)认为,旅游活动应该被视为政策来研究,且可以作为一个系统进行分析,双重差分模型(DID)是研究其对旅游目的地城市影响的适当方法。此外,Nuryasman、Nuringsih 和 Cokki(2020)首次提出的偏离-份额分析法(Shift-Share Analysis),被证明是一种合适的方法,能够分析由实际增长、地区组合效应和竞争效应组成的经济影响。在印度尼西亚日惹特区的古农布罗戈县(Kulon Progo Yogyakarta)的案例中,旅游对当地经济表现出了积极影响。Kalvet 等(2020)建议,数据在旅游政策规划、实施和评估中至关重要,并且未来的研究可以采用创新的数据收集方法。

2.8 从供需角度分析旅游经济影响研究

经济影响研究已经形成了丰富的方法论、研究案例和研究目标,涉及旅游政策、事件、设施和投资等方面。然而,旅游的经济影响也可以从供给和需求的角度进行分类。因此,一些研究从这些视角出发,考察了旅游对国家经济的贡献。

2.8.1 旅游供给概念

旅游供给是指在特定价格和时间段内提供给旅游市场的产品和服务数量,包括旅游资源、设施和旅游经营者提供给游客的服务。旅游需求是指游客对特定旅游产品和服务的需求,即游客在一定时间段和价格条件下愿意并能够购买的旅游产品和服务数量(Ma,Luo & Feng,2019)。旅游需求的影响可以通过游客数量、支出、停留时间和旅行距离来衡量(Song et al.,2010),而旅游供给则可以通过住宿设施数量、餐饮公司及其他旅游系统的组成部分来衡量,这些通常在国家统计数据中被忽略。

2.8.2　从供给角度分析旅游业经济影响

旅游供给的类型包括旅游特区建设、新开发项目、新旅游景点建设以及对旅游业的新投资。为刺激经济发展,政府专注于提高这些供给对经济的贡献,因而有大量文章讨论旅游供给的效果,评估旅游供给是否产生了积极影响,而研究结果却出乎意料。Maslikhina(2016)使用官方效率评估技术,评估了俄罗斯的特区(SEZ)的效率,涉及工业区、技术开发区、旅游和休闲区、港口和特区综合体,发现这些特区仅对地区经济发展有微弱的贡献,说明旅游业未对当地经济产生积极影响。Puah 等(2018)使用自回归分布滞后(ARDL)模型分析1995—2006 年的数据,评估了马来西亚经济转型计划政策的影响,发现这些政策对旅游业的经济增长有积极作用,并证实了该研究关于旅游引导发展的假设。Rendle 和 Rodwell(2014)采用定性和定量方法,测量了英国博斯科姆人工冲浪礁的经济影响,得出人工冲浪礁对当地经济有长期积极影响的结论。Hwang 和 Lee(2015)使用二元逻辑回归模型和分解法,研究了农村旅游政策对农民非农业收入的影响。研究发现,如果没有这些政策,农场很难产生非农业收入,因为它们缺乏内部竞争且人力资源在不断退化。同时,Banerjee、Cicowiez和 Gachot(2015)使用区域性可计算一般均衡(RCGE)及其微观模拟(RCGE-MS)模型,分析了投入 3 600 万美元发展海地南部旅游业对该地区经济和贫困水平的影响。研究得出结论,RCGE-MS 模型是评估旅游业投资影响及其机制的强有力工具。Rolfe 和 Flint(2018)使用 I-O 模型评估了在澳大利亚昆士兰卡普里康海岸修建通往旅游区道路的经济影响。研究还概述了在投资建设新道路前评估该旅游区潜在经济影响的方法,最终得出结论,修建通往旅游区的新道路不会增加其对该地区的经济影响。

简言之,从供给角度评估旅游经济影响具有重要意义,因为不同供给的效果不一定是正面的。选择从供给角度研究旅游经济影响是旅游影响研究的一个良好方向。

2.8.3 从需求角度分析旅游业经济影响

多项研究探讨了旅游需求的经济影响，涵盖了不同的旅游形式，如国际研学、文化旅游、商务旅游、边境旅游等。López、Fernández 和 Incera（2016）使用 I-O 模型评估了国际学生对西班牙加利西亚地区经济的影响，认为国际学生对经济的影响微乎其微，甚至比入境旅游还要小。此外，研究还发现国际学生在提供支持方面对当地有负面影响。与此同时，Hussain 等（2017）使用货币生成模型评估了马来西亚商务旅游市场的规模及其经济影响，结果表明，该行业在 2014 年为马来西亚经济直接贡献了 47 亿林吉特，并为地方经济贡献了 97 亿林吉特，创造了 325 437 个就业机会以及 4.16 亿林吉特的税收收入。Pratt（2015）使用 I-O 模型、关联分析和 CGE 模型评估了旅游业对 7 个小岛屿发展中国家（SIDS）的经济和行业影响。研究得出，交通运输部门是一个关键部门，尽管旅游收入的乘数效应表明旅游业产生了显著的经济效应，但留在旅游目的地的收入往往很少。因此，解决办法是利用规模经济最大化旅游业的价值。Li 等（2017）结合计量经济学和 CGE 模型，评估了影视旅游的经济影响，主要案例是新西兰拍摄的《指环王》系列和《霍比特人》系列电影。研究发现，《霍比特人》系列电影带来了 7.72 亿美元的旅游收入，并贡献了 1.86 亿美元的福利收益。另外，Monterrubi、Osori 和 Bennítez（2018）运用依附理论研究了旅游对当地居民的社会和经济影响，发现当地居民认为旅游业是重要的就业来源。还有学者通过问卷调查评估了边境旅游对该地区经济的影响。

简言之，了解不同旅游需求的影响对区域发展具有重要意义。评估旅游影响的难点在于使用合适的方法，并在不同范围内收集准确的数据。

2.9 旅游经济影响测量模型

尽管普遍认为旅游在促进目的地经济发展方面发挥了作用，但对于其对经济发展的具体影响程度、涉及的行业以及如何衡量其经济影响仍然没有达成共识(Liu & Jiang,2017)。乘数分析、成本效益分析(CBA)及黑灰收入法等被用于衡量旅游的经济影响(Cooper et al.,1998)。Holloway(1998)建议通过评估旅游对地区收入、就业、国际收支以及投资和发展的影响来确定其经济影响。乘数效应(ME)是指收入的支出可以产生更多的收入。Mathieson 和 Wall(1992)将乘数效应定义为"初始旅游支出必须乘以的数字,以获得特定时期的总累积收入效应"。每个国家和地区的乘数效应因其经济基础的不同而有所差异。根据乘数理论,东西方的研究在确定旅游的经济影响时采用了不同的方法。

例如,Vanblarcom 和 Backman(2007)比较了 4 种评估模型:基于 I-O 的模型、基于经济的模型、凯恩斯乘数模型和区位商模型,利用二手数据研究了加拿大诺瓦斯科舍省旅游支出的影响。Dwyer 等(2013)识别了旅游专项账户(TSA)和评估模型在角色上的差异,认为基于 TSA 的 CGE 模型优于 I-O 模型。投入产出模型、社会核算矩阵(SAM)、CGE 模型和 TSA 是评估旅游经济影响的最常用方法。全面整合的定性和定量方法将成为未来研究的趋势,基础理论研究将为实际应用提供基础。梳理现有文献,用于研究旅游经济影响的主要方法有以下5 种。

2.9.1　投入产出模型

投入产出分析最早由美国经济学家 Wassily Leontief 于 1936 年提出,是一种定量方法,用于研究多个经济部门的投入与产出间的关联。基于资产阶级的庸俗经济学、一般均衡理论和产业相关性理论,I-O 分析通过假设同质性和比例,简化了一般均衡的方程,构建了一个多部门的经济系统,独立准备或利用现有的 I-O 表,根据 I-O 表中的数据计算乘数,并建立一个 I-O 模型,以评估间接和引致的经济影响。多项研究通常将 I-O 分析与产业相关性理论结合使用,主要用于衡量旅游的驱动能力、乘数效应(ME)和涟漪效应(Liu & Jiang,2017)。例如,Zuo 和 Bao(2010)使用 I-O 模型分析和测量了中国旅游业的产出和就业乘数效应。有学者利用该模型计算了旅游消费对上海旅游产出增长的乘数效应,发现各产业乘数效应的排名从高到低依次为企业服务业、化学工业、商业、餐饮业和客运行业。Zhou(2011)使用 I-O 模型测量了城镇和农村居民对国内旅游消费的贡献和变化,以及其对国家经济增长的影响。1997 年到 2007 年各行业的产出数据显示,旅游、住宿、餐饮、交通、仓储、邮政服务、金融和保险、其他服务、房地产、批发和零售对各行业产出增长的贡献呈下降趋势。Sánchez、Fernández 和 Lara(2017)使用 I-O 模型估算了西班牙帕伦西亚的圣周和复活节庆祝活动的直接、间接和引致经济影响,发现该活动产生了 225.80 万欧元的总收入,其中 82.00% 留在城市经济运行系统中。Liu 和 Jiang(2017)认为 I-O 模型是最全面的乘数工具。

2.9.2 可计算一般均衡(CGE)模型

Johansen 于 1960 年构建的挪威多部门增长模型被认为是第一个实用的可计算一般均衡(CGE)模型。CGE 模型考察工业部门及其之间的相关性,以及生产者、居民、政府和其他主体。CGE 模型产生的结果较其他现有模型更为详细。因此这些模型在经济研究中被广泛使用,但在中国研究旅游影响时仅被简要和少量使用。例如,Fan 和 Zheng(1998)认为 CGE 模型的优势包括其严格的理论基础、灵活的框架和对现实经济的全面描述。同时,其他研究考察了经济因素与旅游现象之间的平衡关系。例如,Zuo 和 Bao(2010)利用现有的 CGE 模型分析了国家债务旅游基础设施投资的经济效应。有学者基于 I-O 模型分析的结果及国内外 CGE 模型的发展与测试,探讨了在中国进行旅游相关研究时使用 CGE 模型的有效性,发现相关研究存在不足,并讨论了基于 CGE 的旅游系统的发展与应用。同时,也有学者构建了 CGE 模型,分析了金融危机对入境旅游和中国经济的影响。然而,由于 CGE 模型需要大量数据,该模型在中国进行旅游相关研究时使用较少。

2.9.3　计算机化投入产出建模系统

美国农业部森林服务局开发的区域经济分析建模软件 IMPLAN® 具有缩短使用时间和降低成本的优势,将 528 个行业进行细分,促进了 I-O 模型在经济影响分析中的应用。基于行业技术推导出 I-O 系数,IMPLAN® 建模可以生成两种类型的乘数:Ⅰ型乘数和Ⅲ型乘数,适用于多方面的就业、产出、增加值、个人收入和总收入效应研究。

Edwards 和 Thompson(2010)使用 IMPLAN® Pro 建模测量了罗伊保护区(Rowe Sanctuary)和美洲鹤保护协定(Whooping Crane Trust)的经济影响,发现它们每年产生了 380 万美元的收益,并维持 63 个工作岗位。Grunwell、Ha 和 Swanger(2011)利用 IMPLAN® 建模及其数据库分析了 2007 年在为期两周长的 Folkmoot USA 节庆活动中收集的超 1 000 份问卷,调查对象涵盖游客、非游客和管理团队,研究发现该活动为当地经济带来了 402.57 万美元的收益。此外,它还增加了 34.37 万美元的州和地方税收,并创造了 57 个工作岗位,因此 2007 年该节庆的经济影响较 2001 年高出 88.80%。多年来,随着 IMPLAN® 建模的进一步发展,它也被用于研究酒店行业。根据北美行业分类系统的标准,Kim 和 Kim(2015)使用 IMPLAN® 3.0 软件推导出每组乘数的平均值,比较了两个酒店相关行业对得克萨斯州经济的重要性和贡献,并与 10 个主要行业的贡献对比。此外,Guo、Robinson 和 Hite(2017)使用 IMPLAN® 建模评估了海岸旅游对阿拉巴马州和密西西比州经济的影响。研究发现,2013 年,平均每位游客的消费为 730.11 美元;海岸旅游创造了 176 亿美元的销售额,并在 5 个沿海县创造了约 200 000 个全职和兼职工作。鉴于国家湿地研究保护区对当地社区有重要贡献,Stokes-Cawley 等(2021)使用 IMPLAN® 建模开发了 I-O 模型,并验证了国家湿地研究保护区对当地经济收入和就业的显著影响。尽管 IMPLAN® 是美国领先的经济影响模型,但经常被滥用(Crompton,2020)。

IMPLAN® 的发展也支持了其他经济影响评估模型的发展。例如,有学者开发了一种自动化社会核算矩阵（ASAM）软件，可以直接获取估算经济影响所需的数据。IMPLAN®建模还被用于研究海洋旅游，可以使用游客消费数据计算经济影响。

2.9.4 区域经济模型（REMs）

（1）区域经济模型的基础模型

REM I 模型由区域经济模型公司（Regional Economic Models, Inc.）创建。1992 年发布的 EDFS-53 多区域版本的 REM I 模型包含 49 个主要为带有 2 位标准行业分类（SIC）代码的非农私营行业、3 个政府部门和农场部门。该模型还具体指定了商品的贸易和个人收入在地区之间的流动。尽管 REM I 模型是一个综合性模型，但基本上是一个与计量经济模型相连接的 I-O 模型。因此，如果计量经济模型未能响应，该模型将退化为 I-O 模型。然而，它具有动态特性，可以预测和估算区域经济增长及其影响的时间动态变化。它还可以生成 I 型、II 型和III型乘数。Rickman 和 Schwer（1995）对 REM I 模型的结构进行了批判性分析，认为该模型与 CGE 模型存在相似之处，均包含对价格敏感的产品以及需求和供应的因素。

（2）区域经济模型的衍生模型

REMI I 模型由美国商务部和经济分析局维护，基于 1982 年美国投入产出表开发的静态模型。该模型提供 39 个汇总部门和 529 个详细部门的标准III型乘数，涵盖产出、收入和就业。对 IMPLAN®、REMI 和 REMI I 模型的对比显示，它们在闭合规则、国家技术系数的方法以及构建模型的数据来源方面存在差异，因此它们得出的乘数也不同。

REMI II 型用于将游客消费划分为多个消费类别，进而可使用行业特定的乘数来直接估算总销售、收入及就业效应（Stynes,1999）。

2.9.5　货币生成模型（MGM）

货币生成模型（MGM）是一个定制工具，用于估算国家公园对地区的经济贡献，帮助国家公园管理者更好地管理国家公园（Fish，2009）。MGM 利用一个简单的公式来构建模型，只需三个输入：访问人数、平均游客消费和经济乘数，便可评估旅游对特定地区的经济影响（Stynes，2005）。Hussain 等（2017）使用 MGM 模型评估了马来西亚商务旅游市场的经济价值，得出的结论是，2014 年的总经济影响为 325 437 个就业机会和 4.16 亿林吉特的税收。

Stynes 开发了 MGM 2 模型，严谨地分析游客消费对当地收入、就业、销售和税收的经济影响（Hussain et al.，2017）。MGM 2 模型根据不同用户组之间的消费差异对游客进行划分（Stynes & Sun，2001）。根据 Stynes、Propst 和 Sun（2001）的研究，2000 年游客在华盛顿州的奥林匹克国家公园消费了 9 000 万美元；总经济影响为 7 400 万美元，包括 2 900 万美元的个人收入和 4 500 万美元的直接增加值，以及 1 881 个就业岗位。通过乘数效应，游客消费生成了 1 亿美元的地方销售、3 900 万美元的个人收入、6 200 万美元的增加值，并创造了 2 290 个就业机会。Fish（2009）应用 MGM 2 模型根据游客在 12 个消费类别中的消费特征，将游客划分为 8 个访客细分群体。研究发现，MGM 模型能有效帮助国家公园管理者评估国家公园对地方经济的经济影响。

2.9.6　经济影响测量模型比较

如表 2.7 所示，不同模型具有不同的优缺点。

表 2.7 经济影响测量模型比较

模型	理论依据	建立信息	性质	应用	优势	劣势
I-O	一般均衡理论与产业相关性理论	1936 年 Wassily Leontief	线性模型与静态模型	国家和省级经济影响	综合乘数分析工具	一些实质性的限制：现实经济变化无法满足
CGE	一般均衡理论	1960 年 Johansen	动态模型	国家和省级经济影响	比投入产出模型更先进，能够追踪经济影响的时间路径	由于其更加灵活和复杂的关系，分析起来很困难
IMPLAN®	一般均衡理论与产业相关性理论	1990 年美国农业部森林服务局	投入产出模型	国家和省级经济影响	现成模型：缩短时间，减少成本	无法追踪经济影响的时间路径且无法预测
REMs REMI	产业关联理论	马萨诸塞州阿默斯特的区域经济模型公司	将投入产出模型与计量经济模型联系起来的综合模型	国家和省经济影响	动态模型：缩短时间，减少成本	如果计量经济应被压制，则模型会崩溃（贵为投入产出模型）
REMI I	一般均衡理论与产业相关性理论	1982 年美国商务部和经济分析局	投入产出模型	国家和省级经济影响	现成模型：缩短时间，减少成本	静态且无法预测
MGM MGM	一般均衡理论与产业相关性理论	2000 年 Daniel Stynes 和 Dennis Probst	基于投入产出的静态模型	国家和省级经济影响及国家公园经济影响	便宜，快速且易于使用	无法揭示行业之间关系的汇总方法
MGM2		1995 年 Ken Hornback				

2.10　经济影响研究理论

2.10.1　乘数理论

乘数效应反映了现代经济的特点。通过使用乘数理论,凯恩斯确定了国民收入与投资规模之间的确切关系,并将这一经济理论应用于经济政策和实践。乘数是指在特定的边际消费倾向下,投资的增加(或减少)可以使国民收入和就业量增加(或减少)数倍。国民收入增加变化与投资增加变化的比率称为投资乘数,表示如下:

$$K = \frac{\Delta Y}{\Delta I} = \frac{\Delta Y}{\Delta Y - \Delta C} = \frac{1}{1 - MPC}$$

投资的变化会导致收入的多重变化。1931 年,英国经济学家 Richard Kahn 在一篇名为《国内投资与失业关系》的文章中首次提出了乘数理论。

根据 Kahn 的观点,政府支出的增加将产生直接和间接的影响。以乘数理论在就业方面的体现为例,政府支出增加直接创造就业岗位,而新投资所需的原材料的生产和运输会拉动间接就业。另一英国经济学家 Keynes 进一步完善了卡恩的乘数理论,提出了基于 Kahn 就业乘数的投资乘数。投资乘数解释了一个行业所获得的投资或收入如何增加其收入,并在整个国民经济中引发一系列反应,最终产生比初始支出高出许多倍的国民收入。在开放经济下,Keynes 的投资乘数模型表示如下:

$$K = \frac{1}{1 - c + m}$$

式中,K 为乘数;c 为边际消费倾向;m 为边际进口倾向。

2.10.2　旅游乘数理论

旅游经济学家认为,在某些情况下,可以使用 Keynes 改进的乘数理论来指导旅游经济效应的评估。1955 年,意大利经济学家 Troisi 发表了《旅游与旅游收入的经济理论》,这是西方首个关于旅游经济影响的研究。与此同时,著名的英国旅游经济学家 Archer 认为,区域旅游收入乘数基本上是一个衡量因旅行支出增加而产生的个人收入的工具。聚焦于境外游客进行旅游活动带来的消费情境,区域旅游收入乘数应是单位出口收入增加与当地家庭产生的直接、间接和引致收入之间关系的数学表达。旅游支出的乘数是由游客消费所引起的直接、间接和随之而来的经济变化与首次直接变化(游客在某旅游地的初次消费)之间的比率(Ying,2015)。根据 Archer 的研究,旅游乘数分为 4 种类型:旅游交易乘数、旅游产出乘数、旅游收入乘数和旅游就业乘数。

2.10.3 投入产出理论

1936 年,美国经济学家 Leontief 在他的论文《美国经济系统中投入产出的定量关系》中提出并详细阐述了投入产出经济理论。Leontief 构建的矩阵,即投入产出表能够反映整体经济活动,并记录一个国家经济在一定时期内多个部门的所有金融活动。

美国经济学家 Hamston 是首位研究旅游投入产出的学者,他开发了一个部门模型,将家庭和地方政府作为矩阵的内生变量,来研究美国西南怀俄明州的旅游乘数。后来,他在研究美国密苏里州的旅游乘数时,将家庭和地方政府作为内生部门,计算了一个包含 24 个部门的交易矩阵。为区分间接效应和引致效应,在重新计算矩阵时,家庭和地方政府被视为外生部门,研究表明地方旅游引致效应是间接效应的 3 倍。

Archer 在《国内旅游的影响》中提出了一个区域旅游投入产出模型,用于研究旅游收入乘数。该模型已广泛应用于旅游经济研究,并扩展到其他旅游乘数中,如旅游就业、居民收入和政府收入等。

波特钻石模型和 Archer 模型在投入产出分析中颇具知名度。投入产出分析可以用来研究旅游的经济效应,并测量不同产业的旅游产出和就业情况,分析相关产业的旅游乘数。因此,投入产出分析是一个有效的工具。

2.10.4　旅游经济效应

在众多旅游经济影响中,游客消费提升了地区的销售额、利润、税收和收入(Stynes,1999)。旅游与多个部门相关联,形成了一个系统(Hussain et al.,2017)。旅游市场具有显著的直接、间接和引致影响。游客在目的地的消费产生了所有这些影响,以居住酒店为例,直接影响是游客在目的地的消费(Kumar & Hussain,2014),即直接支付的住宿费;间接影响是指游客在酒店和餐厅购买产品,如床、蔬菜或其他商品;引致效应发生在酒店和餐厅员工购买当地商品和服务时。旅游活动对经济的影响既表明了旅游的贡献,又反映了经济部门之间的关联(Han & Fang,1997)。旅游的总经济贡献是一个地区直接、间接和引致效应的总和(Stynes,1999)。

(1)旅游直接经济影响

根据 Stynes(1999)的研究,直接经济影响是指对旅游消费变化的直接反应并由此导致的生产变化。例如,当酒店行业的游客数量增加时,销售额会立即上升。同时,游客消费直接影响酒店的额外销售,从而影响其收益、税收、供应和服务。

(2)旅游间接经济影响

间接经济影响是指旅游行业收入在其后向产业供应链中多次循环再支出的生产变化,指向产品和服务的供应商。供应商的收入变化、销售额和创造的就业机会等,构成了间接影响。当产品和服务供应商与线性供应产业互动时,另一间接影响循环就会发生,这将酒店与其他区域经济产业连接起来(Stynes,1999)。

(3)旅游引致经济影响

引致经济影响是指当地家庭使用直接或间接来源于游客旅游支出的收入而导致的经济活动变化。例如,酒店的员工及其供应链合作伙伴将来自旅游支出的收入用于在当地消费日常家庭产品和服务,如食品、住房和交通等。因此引致经济影响是家庭使用旅游销售、收入和就业带来的额外工资引发的消费变化(Stynes,1999)。

2.11　游客消费模式

不同类型的游客有不同的消费模式。Stynes(2005)将国家公园的游客分为外地游客和当地居民。Huhtala(2007)指出,使用日记法是一种衡量国家公园游客消费模式的出色方法。

根据 Fish(2009)的研究,货币生成模型将国家公园的游客按其访问特征分为 8 类,具体包括:当地日间游客、非当地日间游客、在国家公园内商业住宿过夜的游客、在国家公园内露营地过夜的游客、野外露营的游客、在国家公园外商业住宿的游客、在国家公园外露营的游客以及住在度假屋或与亲友同住的游客。货币生成模型还将游客的消费支出划分为 12 个类别,包括商业住宿、露营、餐馆和酒吧、杂货和外卖食物及饮品、燃油、非燃油车辆、当地交通、门票、服装、运动用品、赌博、纪念品等费用。

Fredman、Friberg 和 Emmelin(2007)对比了瑞典 Fulufjället 国家公园 2001 年和 2003 年的游客消费,发现尽管游客在 2003 年的平均消费仅为 294 瑞典克朗,低于 2001 年的 366 瑞典克朗,但 2003 年的游客总支出较 2001 年增加了 15%。与此同时,Saayman 和 Saayman(2009)使用伪面板数据分析、横截面回归分析和因子分析,研究了南非 Addo Elephant 国家公园游客支出的影响因素,结果表明,社会人口统计因素和动机因素都会影响游客支出。Veisten 等(2014)考察了挪威北 Gudbrandsdal 地区多个国家公园游客的心理特征因素对其平均支出的影响。此外,Cini 和 Saayman(2014)研究了南非 Table Mountain 国家公园的游客消费模式,发现年轻一代的支出更高。

2.12 国家公园旅游经济影响测度方法

尽管国家公园是具有重要价值的保护区,但其中大多数价值并不能直接通过市场交易来体现。多项研究探讨了国家公园的经济价值。例如,Walls(2022)将国家公园经济方面的研究归纳为 4 类:国家公园的经济价值和影响、国家公园面临的资金挑战、与气候变化相关的资源管理问题以及国家公园的拥挤问题。该研究得出的结论是,关于国家公园财务方面的研究需要采用更新、更现代的计量经济学方法,并建议未来研究关注国家公园的使用价值(Walls,2022)。评估国家公园经济方面的研究主要有 2 种趋势:一种是对其资源价值的评估,另一种是对其社区、地方区域和国家经济价值的评估。

通常在实施新法规之前或特殊的社会或经济需求导致环境恶化时,管理部门需要从经济角度评估国家公园的资源。评估国家公园资源经济价值的目的是识别其总体经济价值,包括使用价值和非使用价值。使用价值是游客直接或间接消费的自然环境价值,而非使用价值是当代人无法利用的环境价值。使用价值与非使用价值的总和构成了保护区自然资源的完整价值(Mayer & Job,2014)。然而,这种方法引发了广泛的讨论,因为量化当前和未来使用及非使用的价值很难实现。此外,由于这种方法不仅成本高,而且存在诸多限制,大多数研究仅探讨了保护区的直接使用价值,例如其对地区经济的影响或其自然资源在旅游和休闲用途上的价值(Mika,Zawilinska & Pawlusinski,2016)。

关于国家公园经济影响的研究,主要目的是探讨国家公园与其周围空间环境之间的功能性关联。因此研究重点通常在于如何将自然资源保护与旅游活动以及区域经济发展相结合,从而关注国家公园与社会、经济环境之间关系的演变(Koontz et al. ,2017;Fezeka & Stella,2020)。一种新的评估国家公园对地方经济贡献的模型强调了自然保护区的空间元素,突出保护区的社会功能,同时关注与国家公园周边社区之间建立的正向关联(Mika, Zawilinska &

Pawlusinski,2016)。然而,自 20 世纪 90 年代以来,尽管有多项研究探讨了国家公园的经济影响,对最佳评估方法还尚无一致意见。

2.12.1 国家公园的经济价值

旅行费用法(TCM)是一种评估国家公园用于旅游和休闲用途经济价值最流行的方法。该方法利用游客前往并停留在目的地时产生的所有财务成本和时间成本来确定国家公园的经济价值。时间成本是游客因旅行而损失的收入。Alessandro 等(2022)使用 TCM 评估了不同森林地区的娱乐经济价值,发现每次访问产生的消费者盈余为 7.33 ~ 17.37 欧元。有学者基于 TCM,通过结构性访谈收集游客数据,结合泊松分布和负二项回归模型分析,估算了马来西亚Pahang 国家公园和印度尼西亚 Srengseng 城市森林的经济价值。研究发现,Srengseng 城市森林的年总经济价值为 44 万林吉特,而彭亨国家公园的消费者盈余为 1530 万林吉特。

享乐定价法(HPM)是另一种用于测量国家公园旅游和休闲用途经济价值的方法。它可以评估与环境相关的商品和服务价格的影响,并将其转换为货币价值。例如,Kim 等(2020)使用了空间享乐定价法(S-HPM)来确定美国佛罗里达州的休闲海滩价值。一般来说,使用 TCM 和 HPM 研究市场上商品的价格,均与特定的非市场商品相关联。然而,在某些情况下,非市场商品没有相应的市场商品。在这种情况下,可以创建一个假设市场,相关非市场商品从而具有可交易性。

条件估值法(CVM)是最常用的假设市场技术(Zhu et al.,2019),其中两个概念非常重要,即支付意愿(WTP)和接受意愿(WTA)。WTP 是潜在用户愿意为获得商品支付的最高金额,而 WTA 是他们为不获得商品所愿意接受的最低赔偿。前者可用于估算环境项目或环境效益的价值,后者则可用于估算环境恶化导致的生态系统、可再生或不可再生自然资产损失的价值。

然而,一些学者质疑 CVM 方法的有效性,因为其结果仅适用于少数特定情况。此外,其程序(如样本选择、访谈方法及受访者的意识)容易受影响。CVM方法的固有假设也受到质疑,商品的价格等于人们愿意为其支付的金额这一预设并不完全准确(Zhu et al.,2019)。

除评估保护区价值的方法外,许多研究还探讨了评估在特定自然区域内执行行动的经济效应及其方法,最为人所知的是成本效益分析法(CBA)(Swemmer,Mmethi & Twine,2017)。

2.12.2　经济贡献与经济影响分析

经济贡献分析描述了游客在区域经济中的总经济活动。经济贡献是通过将区域经济乘数与游客总支出相乘来估算的,其中包括居住在目的地区域的本地游客和来自其他地区的非本地游客的支出(Koontz et al.,2017)。与普遍看法相反,经济贡献分析与经济影响分析之间存在区别。更具体地说,经济影响分析评估的是非本地游客带来的新资金流入产生的区域经济基础的净变化。它也可以被视为如果该国家公园不存在,该区域就无法获得的经济活动(Koontz et al.,2017)。因此,经济贡献包括区域内本地居民的支出,而经济影响不包括。

(1)国家公园的经济影响

分析国家公园经济影响的前提是,每单位货币支出所产生的交易波动在一个地区的经济中传播,对与游客互动的企业产生直接影响,对供应链企业产生间接影响,以及通过工资支出循环产生引致影响。

国家公园的主要影响可以通过游客消费来衡量,这部分消费能够覆盖管理国家公园的成本(Coleman,2011),次要影响则包括国家公园的间接和引致效应,表现为非本地游客向该地区经济引入的新资金的边际效应,这些资金通过地方或国内价值链进行循环利用。

在全球范围内,国家公园对城市、地区和国家的经济发展发挥着重要作用(Koontz et al.,2017)。国家公园的经济影响是游客消费对经济的影响或效果。因此,识别国家公园游客的经济影响对于公众对国家公园作用的认知提高、国家公园保护以及管理和规划决策制定非常重要（Mika,Zawilinska & Pawlusinski,2016）。国家公园更大的经济影响体现在与国家公园相关的私营产业发展、旅游服务的增值税以及其对周边社区的边际效应上（Chidakel,Child & Muyengwa,2021）。

在国家层面上，评估国家公园价值的传统方法为分析经济活动，如就业机会、收入、税收和国内生产总值（GDP），这些分析有助于国家做出重要决策。地方层面的分析则是通过调查以确定直接、间接和引致效应，这些发现有助于国家公园管理者、社区利益相关者及土地利用规划者进行规划和实施。开展研究的方法是使用自动社会核算矩阵（ASAM）、投入产出（I-O）模型、IMPLAN®和MGM模型，以直接支出为输入来测算国家公园的经济影响（Chidakel,Child & Muyengwa,2021）。

旅游经济影响的范围广泛，包括游客消费、就业创造和工资变化、收入变化及税收收入增加等，学者将这些视为集体经济效应（Mayer & Job,2014）。国家公园经济影响的评估主要基于一手数据，如国家公园内游客的消费数据，以及面向当地居民和企业家的定性调查；而二手数据主要由国家公园的管理机构和公共统计部门收集（Koontz et al.,2017）。投入产出模型是国家公园众多经济影响评估方法中最常用的方法。如果在国家层面上缺少用于I-O分析的数据，则可以假设国家公园内部各部门之间的相关性与该国家公园所在国家或地区相同。在美国，国家公园管理局（NPS）使用不同的空间乘数报告其国家公园在州、区域和国家层面的经济影响，这些乘数可以利用不同的空间IMPLAN®模型测算得出，以它所提供的县、州、区域和国家级别的经济数据为输入。由于资金外流和边际效应在不同空间尺度上存在差异，国家公园在区域、州和国家层面的总经济影响几乎等同于国家级别（Koontz & Thomas,2019）。因为计算乘数所需的数据在其他国家并不像美国那样完整，所以其他国家通常根据不同地点空间谱系（如目的地、区域、省、州和国家）变化评估旅游经济影响。

（2）国家公园的经济贡献

Zawilińska 和 Mika（2013）开展面向 61 个市镇的问卷调查，从市镇层级研究了波兰国家公园之间的关联，发现被调查者对国家公园的看法总体上是积极的，表明国家公园对该地区的社会和经济发展至关重要；还发现旅游业可以从国家公园中受益，意味着国家公园在促进发展方面可以发挥更大的经济作用。因此，将国家公园与社会和经济环境联系起来，并将其视为一个整体系统，可以确定国家公园的经济贡献。

Mika，Zawilinska & Pawlusinski（2016）研究了国家公园对周边环境的直接和间接经济贡献，提出了国家公园的地方经济系统模型以分析其内外部环境，研究发现，法律法规、国家公园位置的吸引力、旅游的增长和商业化规模，以及该地区的社会和经济因素是国家公园经济功能的决定因素。

Kim 和 Jakus（2019）收集了 1993 年 5 月至 2015 年 12 月每月的野火和游客访问数据，以及来自美国国家公园管理局报告的游客消费数据，研究了自然灾害对美国犹他州 5 个国家公园经济贡献的影响。该研究将犹他州南部的 6 个相邻县视为一个单一经济区域，采用计量经济模型来测算因野火导致的游客流失，还使用 IMPLAN® 得出区域乘数，评估野火对国家公园经济贡献的影响（Kim & Jakus，2019）。研究发现，野火对其中的 4 个国家公园造成了负面影响，导致每个国家公园的平均游客访问量下降 0.5% ~ 1.5%；同时对区域经济产生了负面影响，造成了 270 万 ~ 450 万美元的损失，以及 31 ~ 53 个就业机会的流失（Kim & Jakus，2019）。

Koontz 等（2017）提出了一个用于研究美国国家公园游客消费的贡献的框架。该框架使用了三个输入，即游客使用数据、游客消费档案和区域经济乘数，以评估国家公园的经济贡献。该研究将游客分为 7 类：当地一日游、非当地一日游、在国家公园内的过夜住宿、在国家公园外的过夜住宿、在国家公园内露营过夜、在国家公园外露营过夜，以及在私人住宅中过夜；游客使用数据则通过 VUstats 统计程序将游客访问数据转换为团队停留天/夜数。该研究所提出的框架结合 IMPLAN® 获得的美国乘数,能够有效评估国家公园对其区域、州和国家的贡献。此外,受国家公园旅游行业直接影响的行业被分为 8 类:露营、燃油、杂货、酒店、休闲、餐饮、零售和交通。

2.12.3　国家公园对地方经济的贡献

由于难以将经济影响以比例形式呈现,分析国家公园对地方的经济影响的研究往往通过识别地方经济乘数的方式实现,以更好地评估区域经济贡献。

Martin Barroso 等(2022)提出了一种区域投入产出模型,利用跨行业位置商数来获取区域乘数,以评估西班牙山区一个国家公园的经济贡献。研究先通过传统方法解决了高估问题,再应用理论公式基于自然旅游者访问数据估算其消费,主要是按月估算游客在住宿、杂货、休闲活动、交通,以及酒吧、餐厅和其他商店方面的消费。该研究仅使用了包含住宿、零售贸易、休闲活动和陆上交通部门的投入产出表,发现该国家公园的经济贡献包括生成 2.09 亿欧元的产出和 7 129 万欧元的收入,涵盖了直接、间接和引致效应,并创造了 2 429 个就业机会。Chidakel,Child & Muyengwa(2021)研究了赞比亚南卢安瓜国家公园的资金外流、边际效应和推进环境保护的成效。游客消费分为 3 类:住宿、交通和国家公园入场费,根据赞比亚酒店、餐饮和交通行业的社会核算矩阵(SAM)得出的乘数,结合其政府管理政策,评估其在国家层面的总贡献;用一套迭代调查追踪地方旅游收入的流动,包括其直接、间接和引致消费的估算,用于评估其在区域层面的总贡献;对游客、旅游企业及其员工进行调查以识别资金外流,对家庭进行调查以获取当地看法。尽管该地区经历了高额资金外流,但国家公园占该地区家庭收入的 40% 和企业增长的 50% ,可见,其对国内生产总值的贡献远超管理成本。Koontz 和 Thomas(2019)使用地理信息系统(GIS)数据部分或完全识别了每个国家公园 60 英里(1 英里 ≈ 1.61 千米)范围内的所有县,并使用 IMPLAN® 软件基于该地区所有县的数据建模获取县级乘数,以评估国家公园对地区经济的影响。

2.12.4　国家公园对社区的经济贡献

定性方法被用来研究国家公园在社区层面的经济贡献,因为该层面的经济贡献很难被量化。例如,Jaafar 等(2013)对生活在马来西亚金马伦国家公园周边社区的 16 名受访者进行了深入访谈。研究结果表明,财务、人力资本和社会资本等因素决定了旅游的经济收益,社区居民认为旅游对地方经济的增长有很大贡献。Fezeka 和 Stella(2020)召集 42 名国家公园官员、社区信托人员和市政官员开展了中心小组讨论,审查了相关文件,以评估旅游对阿多大象国家公园周边 3 个农村社区的社会经济影响,研究发现,阿多大象国家公园对当地经济的改善程度微乎其微,与国家公园签订商业合同的女性收入低且合同期限短,而黑人、非洲人被排除在特许经营合同之外;当地社区在获得的企业支持和资金方面存在明显不平等;社区发展缺乏民主,未与当地居民进行咨询和沟通,且技能发展被认为无关紧要;创造的就业机会薪资也较低;社区发展背离了可持续和伦理旅游的原则。

2.12.5　游客类别、游客消费和旅游相关行业

游客消费数据是经济影响分析的前提,可以依据游客类别和游客消费类别进行划分;相关的旅游行业数据则用于识别国家公园的乘数效应。

Wilton 和 Nickerson(2006)聚焦美国蒙大拿州游客消费数据的收集和运用,研究发现,游客旅游目的包括钓鱼、参观开放空间、游览黄石国家公园和冰川国家公园、学习历史和文化、与朋友和亲戚一同狩猎、山区徒步以及参与特别活动;根据不同类别,可对游客进行分类,包括 18 岁以下青少年游客、18 岁以上游客、首次访问者和回头客;游客消费构成也被分为多种类别,包括燃料购买、零售销售、餐厅和酒吧、住宿、杂货、车辆租赁、维修、装备、导游、许可证、入园费、国家公园内房车、交通以及其他杂项支出和服务。

  Saayman 和 Saayman(2009)开展了 3 项独立调查来收集游客消费、商业消费和社区态度的数据,再运用投入产出理论和矩阵逆运算进行数据分析,评估南非西博福特的卡鲁国家公园的社会影响和经济影响。根据住宿类型进行分类,游客被分为营地或小屋住宿 2 类,日间游客则被排除在调查之外;针对企业层面的调查提供了编制国家公园层面部分投入产出表所需的数据,针对社区层面的调查提供了分析国家公园社会影响所需的数据。游客消费类别与该研究编制的一个包含 9 个部门的九乘九部分投入产出表一致,分别为:①住宿(Kalvet et al.,2020);②餐厅和食品;③旅游纪念品;④市政;⑤运输(包括燃料);⑥零售;⑦批发;⑧制造业(Saayman & Saayman,2009)。结果表明,尽管其对相关行业的经济影响程度不如其他国家公园显著,但卡鲁国家公园依然对西博福特的生态经济产生了积极影响;虽然当地企业主要依赖游客消费而非国家公园游客消费,但国家公园游客消费仍对社区产生了一定的积极影响(Saayman & Saayman,2009)。

  Chidakel,Child 和 Muyengwa(2021)将游客消费分为 3 类:住宿、交通和国家公园入场费,并使用与政府管理、交通和酒店行业相匹配的社会核算矩阵(SAM)确定了与旅游相关的行业。

2.12.6 货币生成模型和游客消费效应模型

  美国拥有众多国家公园以及成熟的国家公园系统,美国国家公园管理局(NPS)在发布游客消费和经济效应报告中使用货币生成模型(MGM)和游客消费效应模型(VSE),已有超过 25 年的历史。美国国家公园管理局在 1990 年首次使用 MGM 来衡量和报告国家公园的经济贡献。随后,他们在 2001 年开发了MGM 2,这是 MGM 的更新版本,首次用于生成系统性估算。直到 2012 年,随着Stynes 和 Sun(2003)提出的 VSE 模型的发展,该模型以 MGM 2 为框架,能够更好地随时间更新和优化输入数据,在实践中得到广泛应用(Koontz et al.,2017)。

2.12.7 货币生成模型框架

MGM 模型于 1990 年开发,用于研究游客消费对当地经济的影响,包括销售、收入、税收和就业机会等。然而,由于缺乏进行经济分析所需的数据,该模型很少被使用。MGM 2 作为 MGM 的升级版本被开发出来,帮助确定平均游客消费和地区经济乘数。此外,当国家公园所在地区缺乏一些所需数据时,模型会提供推荐的默认消费值和乘数,从而使近似评估得以实现(Stynes, Propst & Sun, 2001)。MGM 2 模型使用地方经济乘数、国家公园官方游客统计数据以及国家公园游客的近期调查数据,形成以下公式模型以确定国家公园的经济影响:

经济影响=访问次数×每次访问消费×地区经济乘数

2.12.8 VSE 模型框架

VSE 模型以 3 类数据作为输入,具体包括国家公园游客数量、游客消费模式和游客旅行特征以及区域经济乘数。VSE 模型能够利用这些数据,得出游客总支出以及其对当地社区、州和国家的经济贡献(Koontz & Thomas, 2014)。VSE 模型的框架如图 2.6 所示。

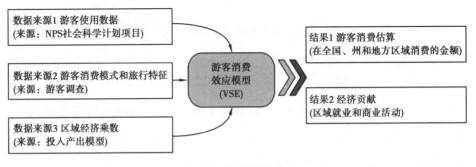

图 2.6　VSE 模型框架

2.12.9　货币生成模型与游客消费效应模型的比较

MGM 和 VSE 都以投入产出理论为基础,并依赖投入产出模型识别乘数。识别乘数是评估国家公园的经济贡献的必要前提。两个模型均需调查、收集重要数据,如游客支出和旅行特征。由于 VSE 是 MGM 的升级版本,仍然保留了 MGM 2 的特征,但在分析准确性和透明度上有所改善。两者的结果不能相互比较(Thomas,Huber & Koontz,2014),主要是因为 VSE 模型将游客支出数据转换为每组每昼/夜的支出,而将访问数据转换为总天数/夜数。

MGM 使用三个关键输入,即按住宿类型划分的访问次数、每个细分市场的平均支出以及地区的经济乘数。游客首先被区分为日间游客和过夜游客,然后对过夜游客根据住宿等级划分,以此来比较不同群体支出的差异。对日间游客进行本地游客和非本地游客的区分,因此所有游客被分为 7 个细分市场,即本地一日游游客、非本地一日游游客、国家公园内汽车旅馆住宿游客、国家公园外汽车旅馆住宿游客、国家公园内营地露营游客、国家公园外露营游客、国家公园内野外露营游客。在计算游客支出时,为避免重复纳入单日内多次进入国家公园的游客数据,访问数据被转换为每组的天数/夜数。转换公式如下:

$$进入国家公园的车辆数=\frac{娱乐访问次数}{每组人数}$$

$$进入国家公园的团体旅行次数=\frac{车辆进入次数}{重入率}$$

$$\frac{在该地区的团体天数}{夜数}=团体旅行次数×在该地区的停留时间$$

游客支出分为 8 类:①汽车旅馆、酒店小屋或民宿(Airbnb);②露营;③餐厅和酒吧;④杂货、外卖食品/饮料;⑤天然气和石油;⑥当地交通;⑦门票;⑧纪念品及其他(Stynes & Sun,2002)。

VSE 收集游客支出数据时,划分旅行团体以估算每个团体在当地的总支出。它将团体定义为一起旅行并共同分担费用的个人群体,将当地地区定义为国家公园周围 60 英里的区域。游客基于住宿的旅行类型进一步被细分为：本地一日游游客、非本地一日游游客、在国家公园内住宿过夜游客、在国家公园外住宿过夜游客、在国家公园内露营过夜游客、在国家公园外露营过夜游客，以及在朋友或亲戚家或其他类型的无偿住宿中过夜游客，以多样完备的分类解释支出模式。

每组游客每昼/每夜的支出被用来描述游客支出特征，而天数/夜数的总和表示总团体天数/夜数。

游客支出分为 12 类：①住宿（酒店、汽车旅馆和民宿）；②露营；③餐馆；④杂货；⑤燃料；⑥当地交通；⑦导游和游览；⑧设备租赁；⑨纪念品；⑩服装；⑪日常用品；⑫其他零售。国家公园的访问数据提供旅行特征信息，包括平均团体人数、入园率和停留时间，以计算总团体天数/夜数。以下公式用于将访问数据转换为总团体天数/夜数：

$$团体天数（针对一日游游客类别）= \frac{访问次数}{每组人数}$$

团体夜数（针对过夜游客类别）=（访问次数/再入率/每组人数）×在当地的夜数

2.13　游客行为模式理论

理解游客行为非常重要，因为他们对目的地的选择和评价以及未来的旅游行为会显著影响旅游业。游客行为可以分为 4 个阶段：识别旅游需求，收集旅游数据，选择旅游目的地，评估旅游目的地（Wachyuni & Kusumaningrum,2020）。

2.13.1　理性行为理论

Fishbein 和 Ajzen 在 1975 年提出了理性行为理论（TRA），充分剖析了多项基于态度的行为及决定人类行为动机因素的过往研究。根据理性行为理论，人类是理性的，能够从多种来源系统地获得信念和知识，如经验、教育、媒体以及与亲友的交流。行为意图是由执行实际行为的态度和主观规范形成的,在反映实际行为中具有重要作用。

态度是由个人的行为信念支配的正面或负面认知,影响个体参与特定行为的意图。行为信念是个体对某种行为可能带来的特定结果的认知。根据期望价值模型,基于多个结果和个人经验的行为信念决定了对某种行为的态度(Ajzen,2020)。在评估行为的可能后果时,个体会本能地产生对行为完全正面或负面的评价,这可能影响行为意图。另外,主观规范是规范性信念,受他人对参与或不参与特定行为的看法和评价的显著影响。当执行或不执行某一行为时,个体感受到的社会压力就是主观规范。值得注意的是,主观规范基于计划执行该行为,形成个人对他人看法的认知。尽管理性行为理论是一种广泛用于预测个人行为的社会心理模型,但它并非没有局限性。作为人类,个体不总是理性的,行为也不总是一致的,因为它们受时间、知识和认知限制的影响(Wachyuni & Kusumaningrum,2020)。

2.13.2　计划行为理论

计划行为理论(TPB)是基于理性行为理论(TRA)发展而来的,用于预测行为意图,以反映个体执行特定行为的意愿。根据 TPB,意图支配行为,可用于预测个体行为。意图由态度、主观规范和感知行为控制决定。其一,态度取决于对执行特定行为后果的信念和评价,是对执行某一行为的感受。因此,个体对某一行为的态度是其对执行该行为后果信念的函数,即个体的行为信念。换言之,行为信念是指执行某一行为将导致某种结果或体验的主观概率(Ajzen,2020)。当然,个体对执行任何行为都有正面和负面的态度。在旅游情境下,认知、情感和行为因素影响游客的态度。认知因素是关于某个旅游目的地的态度形成所依据的评估结果,情感因素是游客对某个旅游景点偏好的心理反应,行为因素是对访问目的地意图的口头表达。其二,行为意图受到主观规范的支配,主观规范本质上是社会性的。具体而言,是参与或不参与某一行为所感知的社会压力,以及个体适应这种社会压力的倾向。主观规范是个体有关他人对某一行为的看法的认知,可以说是他人的动机如何由信念和期望构成的函数。其三,意图还受感知行为控制的影响,更具体地说,是个体感知到的执行某一行为的能力(Ulker-Demirel & Ciftci,2020)。个体产生的执行特定行为的信念取决于资源和机会的可获得性。这一信念产生包含两个过程:执行某一行为所需资源的可用性,如金钱、时间和其他资源,在此基础上,个体评估自己执行该行为能力的信心。当个体拥有大量资源和机会时,其同时具有高自我效能感,行为控制应该处于最高水平(Soliman,2010)。可见,TPB 阐明了实际行为的关键要素,指出当将行为付诸实践的意图强烈时,个体执行该行为的概率将最高。图 2.7 展示了 TPB 的概念框架(Ulker-Demirel & Ciftci,2020)。

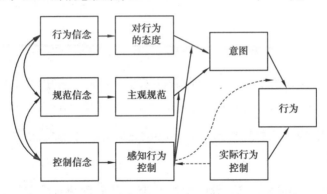

图 2.7　计划行为理论的概念框架

2.13.3　理性行为理论与计划行为理论的比较

根据理性行为理论,社会和行为科学家关注的大多数行为都是由潜在意志控制支配的,且由两个构念决定:态度和主观规范。计划行为理论则增加了"控制"构念,包括感知控制和实际控制。情境行动理论(TCA)是 TPB 的一个特例,当个体对感兴趣的行为具有良好的控制能力或相信自己能够执行该行为时,行为控制就会变得无关紧要,TPB 则简化为 TCA(Ajzen,2020)。

2.14　游客行为模式

　　了解游客的行为模式有助于预测旅游需求,政策制定者、规划者和旅游景点能够以此为依据提供满足游客期望的产品和服务。游客的消费行为包括研究、购买、使用和评估产品和服务,以满足他们在旅行期间的需求(Gürdoğan,2022)。游客行为模式是衡量游客行为的一系列指标,包括游客感知价值、满意度和行为意图。在旅游情境下,行为意图是指游客重游某一目的地和向他人推荐该目的地的可能性。多项研究考察了游客行为模式的不同方面。有些研究采用诸如一般影响、态度、偏好、安全和卫生影响因素,来评估严重急性呼吸综合征(SARS)疫情期间中国游客消费行为的变化情况。其中,一般影响包括对生活产生影响的决定因素以及与个人因素(如职业和生活方式)相关联的旅游行为后果;而态度和偏好受到与心理因素(如感知和旅行偏好)相关的旅游倾向以及其他旅游相关因素的综合影响(Lin,Wang & Chiu,2022)。根据 Gürdoğan(2022)的研究,影响旅游行为的社会人口变量包括年龄、家庭状况、收入、性别以及是否拥有旅行车辆,而旅游满意度是一个非常重要的衡量旅游行为的指标,因为它影响重游意图。Ye 等(2022)研究了新冠疫情对游客行为模式的影响,重点关注游客的住宿偏好,通过收集疫情前后国内和出境游客的数据构建相对偏好模型,以此对游客行为进行评估,分析游客住宿偏好形成模式。一些关于游客行为的研究显示,游客更倾向于选择国内游作为假期出行方式、缩短旅行时长、购买更全面的保险保障、选择便利的旅行日期,以及减少使用公共交通和共享服务(Farmaki et al.,2020)。安全和卫生因素在旅行中也至关重要(Godovykh et al.,2022),而感知安全已被证实是影响游客酒店选择的一个因素(Atadil & Lu,2021)。

　　旅行体验是游客行为模式的一个重要组成部分,因为它会影响游客对目的地的选择决策。从本质上来说,旅游产品就是一种体验。鉴于此,一些近期关于游客行为模式的研究优先关注旅行体验。例如，Paul、Roy 和 Mia（2019）的研究得出结论，游客目的地选择受旅行体验以及在互联网上分享的照片、视频等其他内容的影响。与此同时，Novianti、Susanto 和 Rafdinal（2022）提出了一种基于 TPB 的扩展模型，将体验作为态度的观察变量和潜在变量，运用部分最小二乘（PLS）模型分析游客智慧旅游的行为。游客行为模式包含多种元素，但本研究仅考察了体验、满意度、重游意图和推荐意愿，这些与旅游营销功能密切相关。

2.14.1 体验

Pine 和 Gilmore（1998）首次定义了顾客体验的概念。根据他们的说法，当一家公司有意识地将服务作为舞台，将商品作为道具，以一种能够为个别顾客创造难忘事件的方式吸引顾客时，就发生了体验。Hussein、Hapsari 和 Yulianti（2018）认为，体验是个体对刺激的一种反应，是参与旅游活动的结果。游客未来的行为意图可能受其对旅游景点促销活动的理性和情感反应的影响（Suhartanto et al.,2020）。同时，Gohary 等（2020）指出，由于游客对旅游景点会产生社会和心理层面的反应，旅游体验可以具有主观性和多重象征意义，体现了游客在游览期间的感受，并影响其满意度（Kastenholz et al.,2018）。

大量文章讨论了游客的体验，所涉及的体验维度各不相同。例如，质量、娱乐、逃避现实、美学感受和教育意义是游客体验的部分构成要素（Pine & Gilmore,1998）。此外，像心灵平静、员工服务、独特性和学习收获等其他要素也得到了确认（Suhartanto et al.,2020）。一项近期的研究结果表明，旅游景点应致力于打造帮助游客逃离日常生活束缚的体验（Dean & Suhartanto,2019）。在南非的国家公园中，商品和服务、定价策略和质量水平等要素被证明影响了游客的零售体验；而质量、种类、价值和自然氛围等方面影响了他们的就餐体验（Kruger,Saayman & Slabbert,2015）。还有研究考察了难忘假期的关键要素以及满意度对行为意图的影响（Lončarić,Prodan & Dlacic,2021）。难忘体验量表测量了游客回忆的 7 个体验组成部分,即享乐主义、新颖性、当地文化、焕新感、意义感、参与感和知识(Gohary et al.,2020)。Paul、Roy 和 Mia(2019)认为,体验是一种由所有服务特征共同构成的旅游产品。这可能影响目的地选择过程,而这一过程又受诸如可达性、景点、住宿条件和基础设施等因素的影响(Ivars-Baidal et al.,2019)。

基于以往研究成果,测量体验的量表可以包括情感维度,如享乐主义、新颖性、当地文化、焕新感、意义感、参与感和知识,以及理性维度,如入口、购物、餐饮、住宿、交通和零售。

2.14.2 满意度

满意度是衡量游客体验质量的主要指标,代表一种包含积极情感的心理状态(Oliver,2010)。它是消费者在消费服务或产品后所进行的评估的结果(Gundersen,Hride & Olsson,1996)。满意度与顾客期望和后期感知质量之间难以区分(Parasuraman,Zeithaml & Berry,1985)。实际上,满意度可被视作消费者在体验前后对期望进行比较的产物(Oliver,2010)。

多项研究考察了国家公园游客的满意度。Agyeman、Aboagye 和 Ashie(2019)调查了加纳卡库姆国家公园游客对属性质量的感知。他们通过对 191 名游客进行问卷调查,以识别影响游客满意度的特征,游客表示了他们对这些特征重要性和表现的感知。这些属性涵盖了公园的环境状况、社会文化氛围和管理水平等多个方面,受访者需要使用 5 分李克特量表对同一特征列表的表现水平进行评分,并从"极不重要"到"极为重要"来表明该特征对游客的重要性程度,结果发现游客重视文化和自然环境(Agyeman,Aboagye & Ashie,2019)。Chihwai(2019)提出了一种基于 SERVQUAL 分析工具的综合框架,用于测量南非克鲁格国家公园的游客满意度。研究人员通过对 605 名受访者进行调查,开发和测试了 SAFSERV 量表,对该量表的 21 个维度和 121 个项目的数据进行交叉表分析、因子分析、结构方程模型(SEM)和 Logit 分析,结果表明,除了原有的

5 个服务质量维度,还有更多变量可以用于衡量南非狩猎旅游和观兽行业的服务质量,并进一步评估满意度水平(Chihwai,2019)。

有学者分析了游客参与国家公园生态旅游后的满意度情况,以明确满意度水平,研究结果表明,高水平的满意度和忠诚度与公园的宁静氛围、自然和文化遗产的有效保护、人性化服务以及优质食品供应等因素密切相关,这些因素被认定为最有价值的满意度衡量标准。与此同时,Ramyar 和 Halim(2020)认为,旅游基础设施可能显著影响伊朗戈勒斯坦国家公园游客的满意度和期望,而 Cheng 等(2022)报告称,价格合理性、国家公园服务水平、举办的活动和事件以及人工景点等因素在一定程度上降低了中国张家界国家公园的游客满意度。Seebunruang、Burns 和 Arnberger(2022)探讨了国家公园亲和力与游客在旅行、服务和设施方面的满意度,以及游客忠诚度、消费支出和休闲质量感知之间的关系,结果显示,亲和力较低的国家公园的游客对旅游设施、服务和国家公园的管理满意度相对较低。大多数文献通过评估服务质量来衡量满意度水平,鲜有研究从体验角度来衡量满意度水平。

推荐意愿与游客满意度水平密切相关,而游客满意度又与行为意图相关(Jo,Lee & Reisinger,2014)。满意度高的游客更倾向为他人推荐某个景点,并有可能重游该景点。推荐意愿有两种类型:电子口碑(eWOM)和传统口碑(WOM)。eWOM 是指游客以节省时间且非正式的方式在网络平台上与他人分享关于产品或服务的体验。大多数游客在旅行前会在 eWOM 应用和沟通平台上搜索有关目的地的信息。关于旅游景点的用户评论是一个重要的信息来源,尤其是积极的在线评论,因为它们强化了游客对该景点的态度。然而,eWOM 与 TPB 核心构建间的关系在学术界仍然存在激烈争论。尽管如此,一些研究表明游客态度可能会受来自 eWOM 的信息显著影响。然而,也有研究认为,积极的态度可能源于积极的口碑传播(Soliman,2010)。

2.14.3　重游意图

行为意向是指个体基于期望实施具体计划行为和行动的可能性。它是衡量忠诚度的重要因素,因为它能直观反映顾客的意图行为(Oliver & Swan,1989)。重游意图具体是指游客重新访问以前游览过的目的地的意愿或渴望。

关于国家公园的游客行为意图研究领域,Lee、Jeong 和 Qu(2020)认为,在众多体验中,逃避现实是唯一能够引发游客重游意图的有意义的体验维度。另一项针对游客重游北加纳意图的研究显示,满意度是重游意图的决定因素(Dayour & Adongo,2015)。同时,Isa、Ariyanto 和 Kiumarsi(2020)使用结构方程模型分析了 455 名印度尼西亚巴淡岛游客的问卷数据,得出地方依赖维度与重游意图正相关的结论。Ramli、Rahman 和 Ling(2020)以马来西亚京那巴鲁公园为研究对象,分析了游客动机、目的地形象与重游意图之间的相关性,发现重游意图的决定系数(R^2)为 30.10%。Chan 等(2022)使用偏最小二乘结构方程建模(PLS-SEM)对马来西亚 Semenggoh 自然保护区服务质量、游客满意度与重游意图之间的关系进行实证研究,发现服务质量对满意度有显著的正面影响,而满意度推动重游意图的产生,目的地形象对游客满意度也有显著的正面影响。

2.14.4　消费与行为模式变量之间的相关性

(1)消费与满意度之间的相关性

满意度已被确定为游客消费的决定因素。然而,这两个变量之间的正相关性并非简单线性关系,而是取决于特定细分市场中的商品、服务或需求(Bernini & Galli,2019)。除了满意度,相关研究通常还会考察其他协变量的影响,如目的地与客源地的距离、交通出行方式、住宿等级、停留时间和旅行团体的人员构成,这些都受社会经济和人口因素的综合影响。在方法论方面,过往研究通常使用普通最小二乘法（OLS）来构建方程模型（Brida & Scuderi,2013）。然而，Tobit 回归模型在实际研究中被广泛使用,该模型假定任何消费都是正值。与此同时,D'Urso、Disegna 和 Massari(2020)将著名的双障碍模型和模糊集合理论相结合,创建了一种新的混合模糊双障碍模型,以研究游客消费与游客满意度之间的相关性。该新模型利用双障碍模型和模糊集合理论的优势,能够在数据不精确时分析存在缺失值的观测数据。它还便于有效评估通常具有零值的、非负且非正态分布的变量的平均值,如游客消费,同时考虑到决策过程的两阶段特性。此外,由于回归模型使用了模糊集合理论,它可以处理通过满意度水平调查和测量工具（如李克特量表）所收集的信息。Cárdenas-García、Pulido-Fernández 和 Pulido-Fernández(2016)使用了伽马回归模型,并分析了来自西班牙 14 个新兴城市文化旅游目的地的 2 967 份调查数据,以研究游客满意度对旅游消费的影响程度,并阐明二者之间的相关性。

大多数研究结果表明,游客满意度与消费之间存在正相关关系（Cárdenas-García,Pulido-Fernández & Pulido-Fernández,2016;D'Urso,Disegna & Massari,2020）。例如,有学者发现,不满意的游客较满意的游客少消费 31.70%。而 Disegna 和 Osti(2016)结合双障碍模型与 Heien 和 Wessells 估计量,分析了国际游客在意大利北部多洛米蒂地区的消费行为,发现满意度每增加 1 分,消费就增加 7.50%。然而,一些研究发现这两个变量之间存在模糊甚至负相关关系。这种情况的出现是因为高满意度水平使游客定期重游（Perles-Ribes et al.,2021）。

（2）消费与体验的相关性

一些研究探讨了消费与体验之间的相关性。例如,Marksel、Tominc 和 Bozicnik(2017)使用 Fisher 精确检验对 2013 年 9 月 2 日至 23 日收集的 357 名邮轮乘客的调查数据进行分析,全面研究了斯洛文尼亚科佩尔港的消费数量和结构,发现运输服务的体验对邮轮乘客的消费有关键影响。Brida 和 Scuderi(2013)讨论了用于研究消费决定因素的模型构建,重点关注因变量、按类别划分的解释变量及其对消费的影响。研究发现,收入、社会人口统计学特征和旅行相关因素是消费最常用的解释变量,而经典的回归技术,如 OLS、分位数回归、Tobit 回归、两阶段最小二乘法和逻辑回归等,则用于研究消费与其决定因素之间的相关性。先前的旅行体验也被确定为与旅行相关的消费决定因素指标。Veisten 等(2014)研究了游客消费与心理因素之间的相关性,涉及自然导向、娱乐体验偏好、新生态范式和荒野偏好量表的应用。研究使用回归模型分析,以每人每次旅行的消费对数作为因变量,以消费者心理因素作为自变量,应用结构方程模型分析心理因素与消费之间的直接和间接相关性。结果表明,风险偏好因素和娱乐体验偏好因素与消费水平相关。Reis、Vieira 和 Borges(2021)使用 OLS 方法分析了国内外游客的访谈数据,研究游客消费与葡萄牙波尔图市的美食和葡萄酒体验之间的关系,同时将游客的社会人口统计学特征和旅行属性纳入考量。结果显示,年龄和教育程度等指标对游客消费有正向影响,而停留时间与消费呈负相关。研究还发现,先前的体验非常重要,并对游客消费产生了积极影响。

Borges、Vieira 和 Gomes(2018)综合运用因子分析、Tobit 回归等方法对国内外游客的调查数据进行建模,研究了游客消费与无形和有形因素之间的相关性。除了常规变量,研究还将城市社会责任感的感知作为有形的消费者特征纳入分析框架。研究发现,社会人口统计学特征(如年龄、婚姻状况、教育程度、工作状况和国籍)、旅行体验、对城市社会责任感的感知、遗产财富的重要性、参观城市的整体情况以及重游意图等因素对游客消费产生了积极影响(Perles-Ribes et al.,2021)。

(3)消费与重游意图之间的相关性

有少数研究讨论了消费与重游意图之间的相关性,但大多数研究分别考察了这些构念。例如,Eren(2019)通过对 407 名外国游客的调查,研究了土耳其的食品形象,包括烹饪文化与美食、烹饪活动、食物和饮料等属性,以及游客的重游意图和消费情况。该研究还探讨了游客感知与重游意愿、食品和饮料平均消费之间的相关性。结果表明,游客对土耳其的食品和饮料感到满意,食品和饮料的形象影响了游客的重游意图。此外,游客在食品和饮料上的平均消费为575 美元。Larsen 和 Wolff(2019)使用 2011—2018 年的数据,对国内外游客的重游意愿、口碑推荐的倾向、满意度和消费水平进行了对比分析。研究发现,国内游客的重游意图、口碑推荐倾向和满意度均高于国际游客,他们的消费水平也高于国际游客。Kusumah 等(2022)使用结构方程模型和随机抽样分析了重游意图的决定因素,如虚拟现实体验、旅行动机和旅行限制。结果显示,目的地形象在虚拟现实体验对重游意图的影响中起到了中介作用。Jung 等(2015)研究了 Mold 慢食与饮品节的整体体验、满意度和重游意图。研究发现,该节日的三个特征(节目内容、食物、其他设施以及娱乐项目)影响了整体体验和满意度,不过只有部分体验影响了重游意愿。Wicker、Halllmann 和 Zhang(2012)通过回归分析研究了德国马拉松比赛中消费和重游意图的决定因素。研究得出结论,收入是消费的重要决定因素,而重游意图受感知形象和满意度的影响。然而,该研究并未讨论消费与重游意图之间的相关性。

(4)消费与推荐意愿之间的相关性

根据计划行为理论,该理论的基本前提是个体的行为受其行为意图支配,而行为意图又受态度、主观规范和感知行为控制这三个因素的影响(Ajzen,2020)。其中,态度是指个体在执行某一行为时所产生的感受,它源于个体对该行为的显著信念和对行为结果的评估(Ajzen,2020)。基于此,个体往往会对这一行为形成积极或消极的态度(Bianchi,Milberg & Cúneo,2017)。在本研究中,计划行为理论被用于构建潜在变量之间的关系。具体而言,游客对国家公园的体验和满意度是评价国家公园的结果,这些结果会促使游客形成对重游意图或推荐意愿的态度。重游意图或推荐意愿会受感知行为控制的影响,感知行为控制的信念包括资源的可用性,如资金、时间及其他执行行为所需资源,同时还包括个体对自身执行该行为的信心(Ajzen & Madden,1986)。

体验与满意度之间存在密切的相关性。根据 Jung 等(2015)的研究成果,体验能够预测满意度,并对满意度产生积极影响。近年来,一些学者对与目的地满意度相关的情感决定因素进行了归纳总结,并将其整合到"难忘的旅游体验"(MTEs)概念中,包括 7 个情感体验维度。例如,Gohary 等(2020)评估了"难忘的旅游体验"对目的地满意度的影响,并证实了"难忘的旅游体验"与满意度之间的正相关关系。同时,Suhartanto 等(2020)指出,游客对景点的理性和情感反应都会影响其满意度和行为意图。其中,理性体验主要受景点的可达性、景点自身特点、住宿条件和设施设备的影响(Ivars-Baidal et al. , 2019)。Lee、Jeong 和 Qu(2020)运用了体验经济模型,研究了不同类型的体验对满意度的影响机制,结果表明,主题公园中的教育体验和美学体验都对游客的满意度有显著提升作用。

(5)满意度与推荐意愿之间的相关性

公平性与游客满意度水平密切相关,而满意度又与行为意图相关(Jo,Lee & Reisinger,2014)。通常情况下,满意度较高的游客更可能向他人推荐某个景点并重游该景点。推荐意愿有电子口碑和传统口碑两种类型。一些研究表明,游客的态度可能会受电子口碑所传递的信息的显著影响。也有研究认为,积极的态度可能源于积极的传统口碑(Soliman,2010)。

(6)满意度与重游意图之间的相关性

许多文章已经证明,满意度是重游意图的决定因素。Chan 等(2022)使用偏最小二乘结构方程模型(PLS-SEM)对马来西亚 Semenggoh 自然保护区服务质量、满意度与重游意图之间的相关性进行了实证研究,发现服务质量对满意度有显著的正面影响,而满意度是驱动重游意图的重要因素。Dayour 和 Adongo(2015)认为,满意度是重游意图的决定因素。

2.15 结论

旅游在全球经济发展中发挥着至关重要的作用,因为它在增加值和就业创造等方面有显著影响。国家公园是基于自然的景点,为游客提供了珍贵的自然奇观、地标以及与动植物接触的机会。因此,无论在西方还是东方,国家公园都是旅游行业的重要组成部分。

中国的旅游业发展迅速。即使在新冠疫情期间,2020 年中国仍然在全球旅游收入排名中位居第二。在贵州省的 18 个国家级风景名胜区中,有 3 个是 AAAAA 级景区。这些国家级风景名胜区,作为中国国家公园体制的重要构成部分,与海外国家公园对标,是旅游业的重要组成部分,在推动经济发展中发挥着关键作用。因此,有必要评估国家公园对贵州省经济的影响。

经济影响评估有着悠久的历史,其发展历程可以分为 3 个阶段。从研究视角来看,主要可以分为供给和需求 2 类。最初,旅游经济评估采用直接和简单的经济方法。随着研究不断进展,学者对评估框架进行了优化和调整,以适应旅游行业的特点,从而提高经济评估的准确性。随后,研究重点转向收集更精确的数据,以提供更科学的评估结果,这涉及对框架的升级和数据收集方法的优化。

在评估旅游业对经济的直接、间接和引致影响时,投入产出模型、可计算一般均衡模型、IMPLAN®、REMI 和 REMI Ⅰ 模型,以及 MGM 模型等工具被广泛应用。其中,MGM 模型在评估国家公园的经济价值方面具有独特价值,因为它是专门为评估国家公园的价值而开发设计的。

国家公园的经济影响主要通过经济价值、经济影响和经济贡献 3 个维度来评估。经济价值是一个广泛的概念,包括使用价值和非使用价值。使用价值是指游客直接或间接使用自然环境的价值,而非使用价值是指当前世代尚未利用的环境价值。使用价值和非使用价值的总和构成了受保护地区自然资源的完整价值(Mayer & Job,2014)。然而,这一概念在实际应用中存在一定争议,主要原因在于准确衡量当前和未来使用及非使用的价值较为困难。此外,由于此类研究成本高昂,大多数研究仅考察直接使用价值,即评估保护区对区域经济的经济影响或其自然区域在旅游和休闲活动中的价值(Mika, Zawilinska &

Pawlusinski,2016）。

评估国家公园经济价值的方法主要有两种：资源价值评估及其对社区、地方区域和国家的经济价值评估。旅行成本法（TCM）是评估国家公园资源经济价值最常用的方法（Alessandro et al.,2022），还有边际价格法（HPM）（Kim et al.,2020）和条件估价法（CVM）（Zhu et al.,2019）。与此同时，国家公园对社区、地方区域和国家的经济影响，即国家公园最大的经济价值体现，涉及与国家公园相关的私营产业发展、旅游服务的税收增值以及超出邻近社区的经济带动效益（Chidakel,Child & Muyengwa,2021）。多项研究考察了国家公园的经济影响，包括其对国家、地区区域及社区的影响。近年来，关于国家公园的经济影响和经济贡献这两个争议性概念的讨论日益增多。根据 Koontz 等（2017）的观点，经济贡献包括居住在该区域的居民的消费支出，而经济影响不包括这部分。MGM 模型和 VSE 模型是美国国家公园服务局常用于评估国家公园经济贡献的工具，这两种模型均基于投入产出理论构建。然而，由于美国国家公园与其他国家之间在管理模式、游客特征和经济环境等方面存在差异，需要适当调整模型才可将其应用于其他国家。在研究国家公园的经济影响时，游客类别、游客消费结构和旅游相关行业等关键因素在不同国家和地区各不相同。因此，在不同背景下考察国家公园的经济贡献时，准确识别游客类别、游客消费结构和旅游相关行业对确保评估结果的科学性和有效性非常重要。

本研究从游客需求角度考察国家公园的经济贡献，重点关注游客支出所产生的影响，并讨论国家公园对贵州省经济发展所带来的直接、间接和引致影响。在游客行为模式方面，多项研究考察了全球国家公园游客的体验、满意度、推荐意愿和重游意图等方面。在游客消费、体验和满意度之间的相关性方面，一些研究证明了消费与满意度之间的相关性，只有少数研究考察了游客消费与体验之间的相关性以及消费与行为意图之间的相关性。在测试消费及其决定因素之间相关性的方法上，多数文献使用了经典的回归分析技术，如普通最小二乘法、分位数回归、Tobit 回归、两阶段最小二乘法和逻辑回归（Brida & Scuderi,

2013），而少数研究使用了结构方程模型（Perles-Ribes et al.,2021）。由此可见，尽管相关研究在实践和理论贡献方面已取得了一定的重要成果，但关于游客消费、满意度和体验之间相关性的讨论仍然很重要。大多数文献通过服务质量维度来衡量满意度水平，只有少数文献从体验角度来评估满意度水平。不仅如此，学者在研究游客体验时，更倾向关注体验的情感层面，而忽视了体验的理性层面。鉴于现有研究的不足，在国家公园的背景下，建立一套全面且科学的体验指标，并深入识别体验与满意度之间的关系具有重要的理论意义和实践意义。

第3章　方法论

3.1　引言

本章讨论了本研究的方法论。为回答研究问题和实现研究目标,本研究提出了一个评估国家公园经济贡献与游客行为模式的概念框架。本章还详细描述了研究过程、研究设计、研究工具、抽样和数据收集方法,并解释了所使用的经济分析方法。

3.2　研究目标与问题

如第一章所述,本研究旨在探讨作为中国 AAAAA 级景区的贵州省国家公园的国内游客所带来的经济贡献及其行为模式。

3.2.1　研究目标

(1)研究贵州省的中国国家公园国内游客的消费模式。

(2)构建一个国家公园经济评估框架,以测量贵州省的中国国家公园国内游客的总经济贡献。

(3)考察贵州省的中国国家公园国内游客的行为模式。

3.2.2　研究问题

研究问题 1 : 贵州省国家公园游客的消费模式是什么？

研究问题 2 : 贵州省国家公园的经济贡献水平怎么样？

研究问题 3 : 贵州省国家公园游客的整体体验、满意度、重游意图和推荐意图怎么样？

3.3　研究范式

根据《剑桥英语词典》的解释，"范式"是某事物的模型、明显且典型的例子，抑或是一种一般性的框架或观点。从更广泛的意义来讲，范式还提供了一种看待生活的视角，它是关于现实本质的一系列假设。

在学术研究领域，研究范式是一组科学家共同秉持并达成共识的信念体系，界定了关于问题应该如何理解和解决的基本思路。研究范式的特征可以根据科学家对 3 个基本问题的回应来加以描述，这 3 个基本问题分别是本体论、认识论和方法论，如图 3.1 所示。

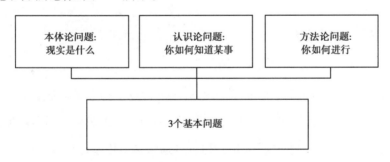

图 3.1　范式的 3 个基本问题（Guba, 1990）

本体论是对"存在"的研究，认识论是对"知识"的研究，而方法论是对数据生产技术的批判性分析和研究。Rehman 和 Alharthi (2016) 认为，本体论、认识论、方法论和方法这 4 个组成部分构成了一个范式，其中"方法"是指收集和分析数据的具体手段。

一般来说,主要有3种研究范式:实证主义、解释主义和批判理论。实证主义认为我们的感官不会改变现实,因为现实受不可变的法则支配,所以现实独立于人类存在。实证主义者的本体论立场是现实主义,因此他们很难将社会世界理解为自然世界。此外,即便在不同时间和地点进行了多项研究,这些研究可能会得出关于某一现象的相同结论(Rehman & Alharthi,2016)。解释主义是对过于占据主导地位的实证主义的一种回应(Rehman & Alharthi,2016),它主张不存在独立于我们感官之外的单一可验证现实。在社会现实研究中,研究者往往无法与研究对象脱离关系。这是因为解释性研究旨在理解研究对象所面临的个人社会问题。解释主义还认为研究者可以从多个不同的角度接触现实(Rehman & Alharthi,2016)。就批判理论而言,批判理论家的本体论立场是历史现实主义,他们认为现实是由文化、政治、种族、性别和宗教等多种因素塑造的。批判研究者的目标不仅是解释和理解社会(DeLuca,2001),更在于改变社会。他们强调限制人类自由的信仰和行为,致力于改变现状,而不像实证主义和解释主义那样侧重生成关于社会世界的知识。因此,批判研究者肩负与权力者对峙的责任,并揭露导致不平等和束缚人们的教条(Richards,2003)。

3.4 研究性质

本研究属于应用研究范畴,旨在解决旅游行业中存在的问题,为政府决策者提供参考。在日常情境下开展且致力于解决个人、组织和/或行业的特定问题的研究,被称为"应用研究"。应用研究者通常会应用基础研究中所产生的相关成果和理论。换句话说,基础研究侧重产生具有普遍性的知识,而应用研究通常将这些知识应用于解决特定客户所面临的具体问题(Baimyrzaeva,2018)。进行应用研究的专家旨在提升他们的实践经验或学术知识水平,并为现有问题开发切实可行的解决方案,同时与决策者所在的组织开展密切合作(Roll-

Hansen,2009）。

本研究应用现有的经济理论和模型来评估国家公园的经济贡献,并运用现有的理论和概念来探讨国家公园游客的行为模式。本研究所使用的经济模型以乘数理论为基础,需大量的原始数据作为支撑。基于此,本研究采用了定量研究方法。此外,由于本研究属于演绎研究,因此本研究使用了实证主义范式。该范式通过对研究问题进行实证测试,以验证多种理论观点（Kothari,2008;Roll-Hansen,2009）。同时,本研究还进行了描述性分析,以描述和阐释贵州省国家公园的经济贡献。

3.5 研究步骤

已有许多作者,如 Baimyrzaeva（2018）以及 Theofanidis 和 Fountouki（2018）确定了几种模型来指导研究过程。根据 Baimyrzaeva（2018）的模型,研究主要有四个阶段:第一步,确定主题、开展文献综述和提出研究问题;第二步,进行研究设计并确定调查工具;第三步,开展数据收集工作;第四步,进行数据分析、建模,得出结论和提出建议。

基于上述模型,本研究对贵州省的背景信息进行了分析,内容包括经济结构、国家公园的相关情况和国家公园的旅游政策。在第一步的文献综述中,我们发现 MGM 模型最适合本研究。在第二步中,开发了一份问卷作为调查工具。在第三步中,收集了一手数据和二手数据。最后,进行了包括初步数据分析、结构方程模型和经济建模在内的数据分析工作。图 3.2 展示了整个研究技术路线。

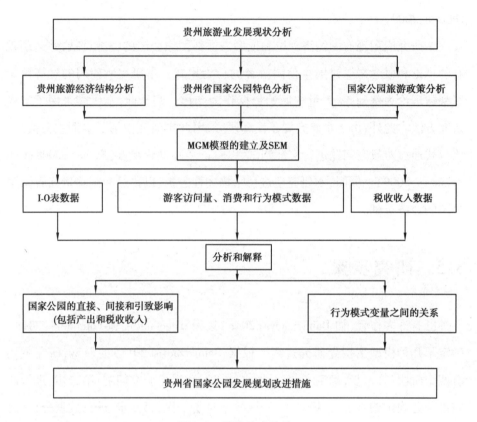

图 3.2　研究技术路线

3.6　研究设计

研究设计是实证研究中数据收集阶段的一个全面规划方案,旨在解答研究问题或验证假设。它至少包括三个部分:工具开发、抽样过程和数据收集过程(Bhattacherjee,2012)。因此,本研究依据既定的研究设计框架来开发工具、确定样本规模和收集数据。

3.6.1　研究工具开发

研究设计的第一步涉及工具开发。本研究的重要任务是开发一个工具,以识别经济贡献和游客行为模式。因此,必须明确国家公园游客的消费、体验、满意度和重游意图等方面,这些要素构成了工具的主要构念,并需要以科学、准确的方式进行测量。

研究工具开发过程包括两个部分:其一是概念化,即明确定义模糊和不精确的概念及其组成部分;其二是操作化,即开发用于测量概念的指标或项目。在对概念进行概念化时,确定这些概念是单维还是多维至关重要。单维概念通常只存在一个潜在维度,而多维概念则包含两个或多个潜在维度(Bhattacherjee,2012)。

本研究根据这一原则厘清了消费、体验、满意度和行为意图等概念。消费属于单维概念,可以通过反射指标进行测量;而体验、满意度和行为意图属于多维概念,需要形成指标进行测量,以实现该工具的有效运作(Bhattacherjee,2012)。在对一个构念操作化时,最关键的环节是确定预期的测量水平或评分量表。本研究在工具中使用了被广泛认可的量表,即李克特量表和古特曼量表(Bhattacherjee,2012)(附录1)。

3.6.2 抽样方法

抽样是指从研究的总体中选取一个子集,以进行观察和开展统计推断的过程。抽样过程的三个主要部分是总体、抽样框和样本(Bhattacherjee,2012)。在本研究中,贵州所有国家公园的游客构成了总体,贵州具有代表性的国家公园的所有游客构成抽样框,样本则是从该抽样框中选取的。抽样技术有两种类型:概率抽样和非概率抽样。在概率抽样中,总体中的每个单位被选入样本的可能性是相同的,而在非概率抽样中,一些样本单位无法被分配,或者无法确定其被选中的可能性大小。这两种方法的详细信息在表 3.1 和表 3.2 中进行了更具体的说明(Bhattacherjee,2012)。

表 3.1 概率抽样方法

类别	抽样方法	定义
概率抽样	简单随机抽样	总体的每个个体都有相等的机会被选中纳入样本
	系统抽样	将抽样框中的个体根据某些标准进行排序,然后从有序列表中按固定的规则间隔抽取个体组成样本
	分层抽样	在使用简单随机技术选择样本之前,抽样框按某些特征或属性被划分为若干个同质且不重叠的子集
	整群抽样	在根据地理边界将总体划分为"群"之后,随机抽取部分整群并测量该整群中的所有单位
	配对样本抽样	先将总体中的个体按某些特征进行两两配对,使每对个体在这些特征上尽可能相似,然后从每对中随机抽取一个个体组成样本,或对每对中的两个个体进行不同的处理或测量,以进行对比分析
	多阶段抽样	将抽样过程分多个阶段进行,在每个阶段,根据研究要求,结合单阶段抽样技术,如简单抽样、系统抽样、分层抽样、整群抽样和配对抽样,逐步从总体中抽取样本

表 3.2 非概率抽样方法

类别	抽样技术	定义
非概率抽样	方便抽样	从易于接触或方便的总体中选择样本
	配额抽样	在预定义配额之前,总体被划分为相互排斥且互不重叠的子群,然后从每个子群中选择非随机的单位集
	专家抽样	一种非随机技术,根据受访者在研究现象方面的专业知识有针对性地选择受访者
	滚雪球抽样	识别几个符合纳入标准的样本,并通过初始的受访者推荐选择满足选择标准的其他受访者

本研究采用非概率抽样方法。具体而言,本研究使用方便抽样在国家公园

的出口处收集数据,因为受访者是从一个容易接近的群体中选择的。

3.6.3　数据收集

本研究主要通过问卷调查获取关于游客消费、体验、满意度、推荐意愿和重游意图的数据,同时进行了二手数据收集,以获得投入产出表和来自政府机构的就业及税收相关数据。

3.7　研究路径

推理有两种常见的方法:演绎法和归纳法。

3.7.1　演绎法和归纳法

演绎推理方法被非正式地称为"自上而下"的方法,因为它的推理过程是从一般到具体。首先,针对研究的话题构建一个理论。其次,将其细化为可以检验的具体假设。在收集到观察数据以验证假设时,研究范围进一步缩小。最后,运用详细的数据来检验假设,进而验证最初的理论(Soiferman,2010)。图 3.3 展示了演绎方法的具体过程。

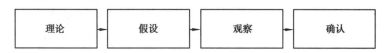

图 3.3　演绎推理过程

归纳推理方法被非正式地称为"自下而上"的方法,因为它是从具体观察出发,进而得出更广泛的理论。首先,要进行详细的观察和测量。其次,识别出其中呈现的模式和规律。再次,提出需要探索的初步假设。最后,得出结论或发展理论(Soiferman,2010)。图 3.4 展示了归纳方法的具体过程。

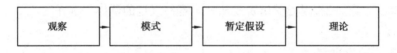

图 3.4　归纳推理过程

3.7.2　研究路径

本研究采用了演绎推理方法。更具体地说,本研究应用了来自贵州省国家公园的最新实证数据,并使用许多学者普遍认可的模型对这些数据进行分析。基于此,本研究可被视为基于现有理论的应用研究。演绎推理方法契合本研究的理论发展需求。在数据收集过程中,本研究以旅游经济影响理论和游客行为模式理论为基础,考察了国家公园游客的经济和非经济特征(表 3.3)。

表 3.3　数据收集

经济数据		非经济数据
消费	人口统计数据	性别、年龄、婚姻状况、
		教育水平、月收入、职业客源
	旅行信息	交通方式
		旅行伴侣
		旅行规划
		住宿等级
		住宿时间
		访问次数
	行为模式	体验
		满意度
		重游意图
		推荐意愿

3.8　概念框架

如第二章所述,本研究的概念框架是基于消费类别、计划行为理论和投入产出理论构建的。它包括"概念框架(a)"和"概念框架(b)"。其中,概念框架(a)是一个宏观经济模型,主要涉及国家公园的经济贡献;而概念框架(b)是一个微观模型,主要涉及国家公园游客的行为模式。本研究根据国家公园的经济价值和游客的行为模式,提出了针对国家公园的改进建议。

3.8.1　概念框架(a)

概念框架(a)中的主要构念是消费、区域乘数和国家公园的经济贡献,其中经济贡献包括直接、间接和引致的经济效应。

消费。消费是指每位游客的消费支出。每位游客的消费乘以总游客数量即可得到总支出。不同类型的旅游会引发不同的消费模式。根据 Fish(2009)的研究,国家公园游客可以分为 8 个细分市场:①当地一日游游客;②非当地一日游游客;③在国家公园内的商业住宿(如汽车旅馆、小屋和旅馆)过夜的游客;④在国家公园露营的游客;⑤偏远地区露营者;⑥在国家公园外的商业住宿过夜的游客;⑦在国家公园外露营的游客;⑧在朋友或亲戚家过夜的游客。同时,游客支出可以分为 12 个类别:①商业住宿,如汽车旅馆、小屋和民宿;②露营;③餐厅和酒吧;④杂货和外卖食物或饮料;⑤燃料;⑥非燃料相关的车辆费用;⑦当地交通;⑧入场;⑨服装;⑩运动器材;⑪赌博;⑫纪念品及其他费用。Driml、Brown 和 Silva(2020)将国家公园游客的支出分为 3 种类型:国家公园相关支出、国家公园产生的支出和明确的国家公园产生的支出。本研究参考游客支出类别,明确了自身的支出类别,包括:①住宿;②露营;③餐饮;④零售商店;⑤交通;⑥购物;⑦入场;⑧娱乐;⑨其他费用。

区域乘数。区域乘数源于贵州省的投入产出表,反映了该地区支出的连锁效应及其经济结构。本研究使用了贵州省的投入产出表来确定区域乘数。

经济贡献。国家公园的经济贡献是使用货币生成模型的方程,通过采用区域乘数和游客支出数据进行评估的,评估结果包括直接、间接和引致效应。

3.8.2 概念框架(b)

概念框架(b)考察了游客行为模式,包含 4 个构念:体验、满意度、推荐意愿和重游意图。

体验。体验在游客的行为意图中起着至关重要的作用,涵盖了游客在目的地所经历的一切,包括感知、认知、情感、文化、意义、参与感和知识(Gohary et al.,2020)。根据 Pine 和 Gilmore(1998)的说法,娱乐、逃避现实、审美和教育意义是 4 个体验维度。同时,商品与服务、定价策略以及质量水平影响零售体验,而质量、种类多样性、价值和自然氛围则影响用餐体验(Kruger,Saayman & Slabbert,2015)。两种体验,即对景点促销的理性和情感反应,可能会影响游客未来的行为意图(Suhartanto et al.,2020)。因此,本研究的体验构念是基于情感体验和理性体验而形成的。情感体验包括享乐主义、新颖性、焕新感、当地文化、意义感、参与感和知识等,而理性体验包括入场、购物、餐饮、住宿、购物和交通。

满意度。满意度是衡量游客体验质量的主要指标,它是一种心理状态,代表积极的情感。满意度可以通过游客的体验来预测(Jung et al. 2015)。一些文献将不同类型的体验视为满意度的自变量(Lee,Jeong & Qu,2020),另一些则将一般体验视为满意度的自变量(Gohary et al. ,2020)。本研究将满意度视为一般体验的因变量,并通过 5 分李克特量表来测量其水平。

推荐意愿。如第二章所述,多项研究证明了满意度对推荐意愿具有预测作用(Jo,Lee & Reisinger,2014;Soliman,2010)。本研究将推荐意向视为满意度的因变量,并通过 5 分李克特量表进行测量。

重游意图。重游意图是另一种行为意图,与推荐意愿不同。重游意图与满意度之间的关系在学术界引起了广泛关注。本研究将重游意图视为满意度的因变量,并使用 5 分李克特量表来测量重游意图。

3.8.3 概念框架(a)与概念框架(b)之间的相关性

正如前文所述,本研究的概念框架包括宏观层面和微观层面。消费与潜在行为模式变量之间的关系连接了宏观框架和微观框架。本研究对消费与满意度、消费与体验、消费与推荐意愿以及消费与重游意图之间的相关性进行了测试,旨在更深入、更全面地理解旅游经济贡献与游客行为模式之间的关系。此外,概念框架还基于国家公园经济贡献及其游客行为模式,提出了相应的应对措施。

总体而言,因变量是通过每位游客的平均消费支出来衡量的消费数据,这些数据来自对游客旅行期间 9 个类别的调查。自变量包括体验、满意度、推荐意愿和重游意图,采用 5 分李克特量表对这些自变量进行测量。满意度是体验的因变量,又是推荐意愿和重游意图的自变量。

整个概念框架如图 3.5 所示。

3.9 数据收集方法

3.9.1 二手数据收集

研究者从国家公园管理部门收集了二手数据并进行了分析,以描述游客参观期间国家公园的发展状况。同时,从统计部门获取了贵州省投入产出表,并对其加以分析,以识别贵州省的经济结构,计算区域乘数。表 3.4 展示了需要收集的二手数据。

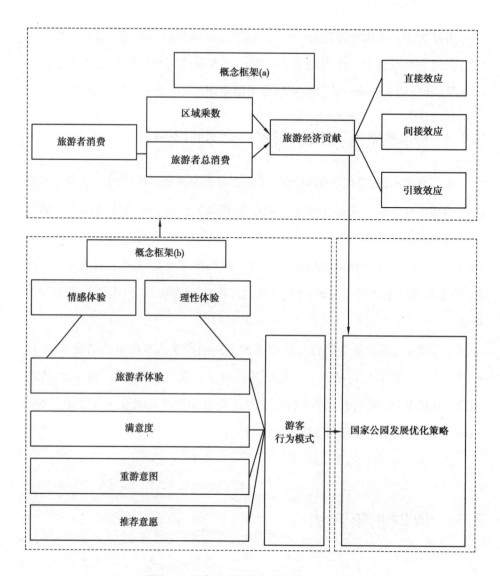

图 3.5　国家公园经济评估框架(NPEEF)

3.9.2　一手数据调查

　　一手数据调查,包含标准化问卷或访谈,旨在收集行为模式研究所需的数据。本研究在很大程度上依赖问卷,因为其有助于对人们的偏好、思想和行为进行系统性调查。此外,调查适用于描述性、探索性或解释性研究。问卷调查方法对测量许多不可观察的数据具有优势,例如,人们的偏好、信念和行为。它也非常适合收集大规模偏远人群的相关数据,这些数据往往无法通过直接观察获得。此外,受访者通常更喜欢参与问卷调查,因其方便且能保证匿名性。访谈调查则适用于研究特定人群,如无家可归者或非法移民,这类人群往往没有现成的抽样框架。在分析多个变量时,访谈调查能够在较大的样本中检测出微小的效应,还可对比人口的子群体。与实验研究和案例研究相比,调查也更具经济性,因为其所需的时间、精力和成本较少。然而,调查方法也存在不少独有的偏差。因此,非响应偏差、抽样偏差、社会期望偏差和回忆偏差是调查的主要缺陷(Bhattacherjee,2012)。表 3.4 展示了本研究所需的方法和数据。

表 3.4 数据收集方法与所需数据

研究方法	主要数据和资源	目的
二手数据分析	现有的关于经济影响的研究、研究论文、学位论文、报告,以及关于国家公园及其相关产业的统计数据和数据报告	评估国家公园产业的规模,确定访客规模,总结和衡量国家公园的经济贡献
	贵州省统计局投入产出表(2017 年)	评估国家公园的总经济贡献,包括其直接、间接和引致效应
	增加值、就业和税收收入数据	评估国家公园在增加值、就业和税收收入方面的经济影响
调查问卷	一手数据收集,即国家公园游客的经济和非经济信息的定量数据	构建产业概况,识别国家公园游客的行为模式

3.10 定量与定性研究

定量研究通过考察可由测量工具测定的变量之间的相关性来检验客观理论,以便根据统计程序处理数字数据。而定性研究使用新出现的问题和程序来探索和理解个体或群体赋予社会或人类问题的意义。对收集的数据从特定到一般进行归纳分析,以解释数据的含义。定性研究在很大程度上依赖定性数据的收集,这些数据可以分为互动式和非互动式两类。

因此,本研究采用定量方法来确定贵州国家公园游客在支出、体验、满意度和行为意图等变量之间的相关性,以及支出的经济贡献。

3.11　描述性研究与推论分析

描述性分析和推论分析是对定量研究所收集的数字数据进行评估的两种方法。描述性分析被用于描述聚合数据,并以统计方式呈现相关主题或其构成要素之间的相关性,推论分析则用统计方法检验假设(Khaldi,2017)。本研究使用 IBM® SPSS 统计分析工具,遵循数据准备和分析的步骤,对国家公园游客的消费、体验、满意度和重游意图等数据进行统计分析。

3.12　研究风格

研究风格在很大程度上受研究对象的心理或社会背景影响,这也决定了研究的视角。基于理念和基于数据是两种不同的研究风格。基于理念的研究通常在实验室环境中,与学生共同展开。而基于数据的研究是对事后收集的数据进行检验(Khaldi,2017)。

本研究收集了国家公园游客在参观后的消费、体验、满意度和行为意图等方面的数据。因此,本研究的研究风格无疑是基于数据的研究。

3.13　调研工具

3.13.1　调查问卷

本研究使用结构化问卷收集关于游客支出和行为模式的数据。Francis Galton 发明了问卷,其包含一组问题,以标准化的方式获取受访者的反馈。问卷应易于阅读、理解和回答。更具体地说,受访者只需从一组选项中选择一个答案。然后,可以根据受访者的反馈开发一个复合量表,以便进行统计分析。

3.13.2　本研究的调查问卷

问卷是本研究的调查工具。筛选问题置于问卷的开头,目的是筛选合适的受访者。问卷的主体部分由四个部分组成。

第一部分收集了受访者的人口统计信息,如性别、年龄、婚姻状况、月收入、职业和受教育水平。

第二部分收集了受访者的旅行信息,如交通方式、旅行伙伴人数、旅行规划、住宿等级、停留天数和访问次数。

第三部分收集了受访者的消费信息。根据 Fish(2009)之前的研究以及本研究的实际情况,消费被分为 9 个类别:住宿、露营、餐饮、零售商店、交通、购物、门票、娱乐和其他费用。

第四部分收集了受访者在游览国家公园后的体验数据。基于理性体验和情感体验的观点(Suhartanto et al.,2020),情感体验的概念适用于本研究。不过,本研究的问卷同时收集了理性体验和情感体验数据。理性体验数据包括入口体验、零售体验、餐饮体验、住宿体验和交通体验。感情体验数据包括享乐主义、新颖性、当地文化、焕新感、意义感、参与感和知识。问卷还收集了受访者的满意度和重游意图等数据。问卷采用 5 分李克特量表来衡量对潜在变量的同意程度。其中,得分 1 表示强烈不同意,2 表示不同意,3 表示中立,4 表示同意,5 表示强烈同意。研究者于 2022 年 8 月在 3 家国家公园对刚结束国家公园旅行的 110 名受访者进行了试点测试。问卷的可靠性和有效性通过 SPSS 27.0 进行了检测。各选项的相关系数为 0.3~0.9,每个构念的最小 CITC 结果均高于 0.3,Cronbach's alpha 数值为 0.993,高于 0.7,这表明问卷具有较高的可靠性(Chinna,Karuthan & Choo, 2012)。

表 3.5 为测试结果。

表 3.5   问卷的可靠性分析

选项	Minimum CITC	Cronbach's alpha
享乐主义	0.834	0.993
新颖性	0.816	0.993
当地文化	0.854	0.993
焕新感	0.884	0.993
意义感	0.855	0.993
参与感	0.882	0.993
知识	0.882	0.993
人口	0.776	0.993
零售	0.819	0.993
餐饮	0.856	0.993
住宿	0.713	0.993
交通	0.853	0.993
旅行满意度	0.850	0.993
重游意图	0.828	0.993
推荐意愿	0.835	0.993

此外,研究通过 SPSS 27.0 应用探索性因子分析(EFA)检验问卷中变量之间

的潜在结构。在探索性因子分析中,所有因子载荷均高于 0.5,如表 3.6 所示。Kaiser-Meyer-Olkin(KMO)值为 0.961,高于 0.7,结果良好,如表 3.7 所示。鉴于试点研究的测试结果,问卷是有效的,最终使用的具体问卷见附录 1。

表 3.6　探索性因子分析-因子荷载

选项	因子荷载
享乐主义	0.847
享乐主义	0.839
享乐主义	0.863
享乐主义	0.848
新颖性	0.820
新颖性	0.848
新颖性	0.860
新颖性	0.829
当地文化	0.877
当地文化	0.857
当地文化	0.861
焕新感	0.889
焕新感	0.885
焕新感	0.889
焕新感	0.898
意义感	0.875
意义感	0.870
意义感	0.859
参与感	0.887
参与感	0.909
参与感	0.909
知识	0.884
知识	0.887
知识	0.878
入口	0.872
入口	0.777

续表

选项	因子荷载
入口	0.868
入口	0.881
零售	0.865
零售	0.820
零售	0.880
购物	0.881
购物	0.873
购物	0.883
餐饮	0.858
餐饮	0.868
餐饮	0.868
餐饮	0.875
餐饮	0.838
住宿	0.729
住宿	0.717
住宿	0.765
交通	0.886
交通	0.874
交通	0.856
旅行满意度	0.902
旅行满意度	0.874
旅行满意度	0.857
旅行满意度	0.860
重游意图	0.850
重游意图	0.833
重游意图	0.843
推荐意愿	0.859
推荐意愿	0.858
推荐意愿	0.845

表 3.7 探索性因子分析-KMO 和巴特利特检验

KMO 取样适切性量数		0.961
巴特利特球形度检验	近似卡方	44 777.658
	自由度	1 485
	显著性	<0.001

3.14 研究地点

国家级风景名胜区一直被作为与海外国家公园相对应的中国国家公园开展交流、研究工作。基于此,本研究考察了贵州具有 AAAAA 旅游景区荣誉的 3 个国家级风景名胜区的经济效应。A 级标准是中国的旅游景点评级体系,相关部门会从安全、清洁、卫生、购物和交通(距离最近机场的距离)等方面对中国旅游景点的质量进行评估。参观景点的游客数量也是一个指标,会影响评级。该评级体系共有 5 个类别,从低到高依次为 A、AA、AAA、AAAA、AAAAA。根据游客数量的具体分类标准如下:

——AAAAA:年游客数量超 60 万,其中海外游客不少于 5 万名。

——AAAA:年游客数量每年超 50 万。

——AAA:年游客数量超 30 万。

旅游景点评级系统根据中国国家旅游局(现文化和旅游部)在 1999 年制定的标准执行,并于 2004 年进行了修订。

文化和旅游部会根据地方旅游管理部门的年度检查结果调整景点评级,如果景点未能达到国家标准,则可能被降级。因此,表现不佳的 AAAAA 级景点可能会被降级(Zhou,2011)。

截至 2022 年,贵州省 18 个国家级风景名胜区中有 3 个被评为 AAAAA 级旅游景点。本研究根据 2022 年的数据,选择了维护状况最好的 3 个国家公园作为研究地点(表 3.8)。

表 3.8　贵州三大国家级风景名胜区

序号	名称	景区等级
1	黄果树国家重点风景名胜区	AAAAA
2	龙宫国家重点风景名胜区	AAAAA
3	荔波樟江国家重点风景名胜区	AAAAA

注:根据《园林基本术语标准》(CJJ/T 91—2002)的规定,我国的国家级风景名胜区相当于海外的国家公园,其英文名称是 national park of China。因此,在贵州统计年鉴中,国家级重点风景名胜区的英文翻译是 national park。

3.14.1　黄果树国家级风景名胜区简介

黄果树国家级风景名胜区位于贵州省西南部,距离省会贵阳市 128 千米,距离安顺市 45 千米,青黄(青镇至黄果树)高速公路直通景区。景区平均海拔 900 米,总面积 163 平方千米。环境优美、空气清新、景色迷人。每立方厘米负氧离子的含量超 28 000,被誉为"天然氧吧"。以黄果树瀑布为中心,景区内有 18 个风格迥异的大大小小的瀑布,包括黄果树瀑布、陡坡塘瀑布、银链坠潭瀑布、螺丝滩瀑布、星峡瀑布、滴水滩瀑布、连天瀑布、冲坑瀑布、关脚峡瀑布、落叶瀑布、大树岩瀑布、蜘蛛岩瀑布、绿眉潭瀑布、下瓜瀑布、临潭瀑布、龙门瀑布、三叉湾瀑布、挑水河瀑布。其中,已开发的瀑布有 5 个,分别是黄果树瀑布、陡坡塘瀑布、银链坠潭瀑布、星峡飞瀑、龙门飞瀑,未开发的瀑布有 13 个,共同构成了一个巨大的"瀑布家族"。该瀑布群被世界吉尼斯总部评为世界上最大的瀑布群,并被收录在"吉尼斯世界纪录"中。

黄果树景区是我国首批重点国家风景名胜区之一,也是国家首批评定的 AAAAA 级景区之一。1999 年 11 月,它被中国科技部指定为国家科普教育基地;2017 年,被教育部办公厅评定为"全国中小学生研学实践教育基地"。黄果树景区地处中亚热带,以亚热带高原季风湿润气候为主。受印度洋西南季风和太平洋东南季风的影响,四季气候温和,冬暖夏凉,降水丰沛,湿度较高,日照较少。年降水量超1 300毫米,降水集中在5月至7月,平均月降水量超200毫米。尤其在6月,降水量接近300毫米。此后,降水量在接下来的几个月中逐渐减少,12月是全年降水量最少的月份。丰沛的降水为河流带来了巨大的水流,这是形成黄果树瀑布的主要外部力量——水蚀。黄果树景区的地貌主要为喀斯特地貌,喀斯特地貌可分为地表和地下两类。地表包括石芽、喀斯特沟、喀斯特漏斗、塌陷坑、喀斯特洼地、喀斯特盆地、喀斯特平原、峰丛和峰林以及孤峰等;地下则有喀斯特洞穴和地下暗湖。显然,黄果树景区的地形是地表与地下喀斯特地貌的结合。黄果树国家重点风景名胜区地处贵州西部的低洼地带,海拔较低、全年无霜。年平均气温约为14 ℃。1月是最冷的月份,平均气温约为4.3 ℃,最低气温很少降到0 ℃以下;7月是最热的月份,平均气温约为22 ℃,高温天气很少发生。主要景点如下:

黄果树瀑布景区。黄果树瀑布景区是黄果树国家重点风景名胜区的核心景点,面积约为8.5平方千米,有黄果树瀑布、盆景园、水帘洞、犀牛滩、马蹄滩等景点。黄果树瀑布在古代被称为白水河瀑布,因该地区广泛分布的黄葛榕(黄葛树)而得名。它是黄果树瀑布群中最大的一级瀑布,也是世界著名的瀑布之一,以其巨大的水量而闻名。瀑布高77.8米、宽101米,是喀斯特地貌中的典型瀑布。当水量大时,瀑布飞溅到高出100米的黄果树街上,雷鸣般的声响能在两三里之外听见;当水量小时,河水仍然分成4个支流,均匀地洒落在整面岩壁上,仍不失其"宽大"的气势。瀑布后面有一条长134米的水帘洞,穿过瀑布,洞内有6个洞窗、5个洞厅、3处泉水和6个通道。游客可以从水帘洞观赏大瀑布,这在全球瀑布中非常罕见。瀑布前面是一个深箱型的喀斯特峡谷,左侧是悬崖,右侧是钙华坡和石笋山,中间是犀牛池和马蹄池,池塘与沙滩相连。犀牛池深17米,常被飞溅的水珠覆盖。当水雾飞溅到空中时,经阳光折射,会形成彩虹。"水帘阁"建在瀑布对面,阁内有清代书法家严寅亮的著名对联:"白水如棉,不用弓弹花自散;红霞似锦,何须梭织天生成。"瀑布下游不远处,有一座黄果树瀑布酒店,坐落在岸边的绿树间,酒店建筑采用布依族石头建筑风格。

天星桥景区。天星桥景区位于黄果树瀑布景区下游 6 千米处,规划面积为 7 平方千米,开发旅游区面积为 4.5 平方千米。该景区由自然盆地景区、天星洞景区和水石林景区组成,融汇了喀斯特地貌的精华,集山、水、林、洞、根、藤、石和瀑布于一体。作家梁衡在 2003 年游览天星桥后,留下了经典散文《天星桥:桥那边有个美丽的地方》。自然盆地区域约 800 米长,位于 500 米长的暗流表面和河岸的西侧,生长着大小不一的天然岩石和水石盆景。一条 3 千米的石径穿过石墙、壕沟和裂缝,蜿蜒穿过盆景。沿着小径游览,抬头可见美景,低头也是风景。在此徘徊,不仅可以欣赏山水之美,还能领略石林的壮丽。附近的石林、远处的山脉,倒映在清澈的水中,呈现出一幅色彩优雅、和谐美妙的自然风景画。这里的部分区域还可以乘坐竹筏,穿行于峡谷和石林之中。天星盆地景区还拥有非常真实的自然景观,如形态优美的榕树、宛如仙山的棕榈树、歪扭的梳子石、似抱竹子的熊猫、展翅欲飞的雄鹰等。天星洞景区位于天星桥景区的中央,主要由八八桥、回望石、狭石桥、天星洞、冒水潭等景观组成。天星洞曾经是一条地下河流,后来由于排水面的降低和水流的分流,形成了一个没有水的地下洞穴。人们以"虚天星桥"之名称其为天星洞。天星洞由一个大厅和多个侧厅组成,面积约 18 000 平方米,洞内直径 150 米、高度 50 米。洞内的 4 根石柱高达 20 米以上,景观丰富多样,洞中有石笋、石柱和石花等奇特景观。冒水潭位于天星洞的出口处,一股水从桥上的悬崖流出。在汛期,水流湍急,形成超过 2 米高的水柱,当地人称此地为冒水潭。水流流出后,经过一片岩滩,形成了冒水潭瀑布。86 版《西游记》中白龙马出水的场景就是在这里拍摄的。在水石林区域,这一段河床宽达 400 米,面积约 0.4 平方千米的石林生长在河床中,经过多年的河流冲刷,石林中长有大片的仙人掌和小灌木,四季常绿。在寒冷的石头上,生命的繁荣展现出来。正所谓"水在石上流,石上有水,石上有石,石上有树"。水石林区域有许多景观,如榕树成群、根王、根墙屏障、根墙画、似天上飞舞的仙女等。银链坠潭瀑布和星峡瀑布分别位于水石林的左右两侧。

陡坡塘景区。陡坡塘景区位于黄果树瀑布上游约 500 米处,内部有一个由钙华滩坝形成的瀑布。该瀑布顶部宽 105 米、高 21 米,是黄果树瀑布群中最宽的瀑布。陡坡塘瀑布顶部是一个面积达 15 000 平方米的巨大融水池,瀑布形成在一个超过 100 米长的钙化滩坝上。每当洪水来临时,瀑布就会发出"轰隆轰隆"的咆哮声,因此也被称为"咆哮瀑布"。在平水期,白水河的水流不大,水质清澈,瀑布的水层均匀地分布在缓坡的瀑布面上,宛如一层薄薄的半透明面纱,或像一排排打开的素丝扇子。其下闪烁着银光,因此有人戏称其为"新娘面纱"。当汛期来临时,白水河因挟带大量由山洪冲刷下来的沉积物而变成黄褐色,陡坡塘瀑布失去平水时的优美,变得极为汹涌壮观。黄色混浊的河水翻涌着翻越坝体,犹如狂奔的野马。瀑布左侧由钙华积累形成的洞穴在洪水经过时会产生奇特的口哨声效,发出深沉厚重的轰鸣声。在陡坡塘瀑布东侧的悬崖上,有一条从芦苇丛中飞泻而下的小瀑布。在水流到达地面之前,瀑布已化作层层水雾,轻盈飘扬,在阳光下折射出美丽的彩虹。细长而娇嫩的瀑布与宽广而雄伟的陡坡塘主瀑布形成强烈对比,但它们似乎和谐地结合在一起。这种瀑布组合并不常见。陡坡塘瀑布的另一特点是,瀑布下方有一片宽阔平坦的滩地,滩地上散布着几十个大小不一的小水池,浅的仅有几十厘米,深的可达几米。水潭中还藏着鱼和虾,当地布依族人常常手持渔网在池中捕捉小鱼和虾。雨季时,水流极为湍急。

黄果树国家级风景名胜区举行了两项重要活动。

黄果树瀑布节。黄果树瀑布节是向世界推广黄果树瀑布,也是向全球人民展示贵州风俗和特色的重要节日。在瀑布节期间,主办方不仅要向游客全方位展示大瀑布的美丽,还会举办许多庆祝活动。贵州有许多当地少数民族,因此会举行各种民族民俗活动。当然,还会有许多文化表演,旨在向来自世界各地的朋友展示黄果树景区旅游和贵州旅游的特色。自 2006 年"贵州黄果树瀑布节"成功举办以来,黄果树景区每年都会举行该活动,以扩大贵州的外部影响力,提升贵州旅游的知名度和美誉度,促进自然生态旅游、民族风俗旅游和红色旅游的有机融合,推动贵州旅游的快速发展。

"六月六"布依文化节。"六月六"是布依族的传统节日。由于生活区域的不同,节日的日期并不统一。在一些地区,节日在农历六月初六庆祝,被称为"六月六";在其他地区,则在农历六月十六或农历六月二十六庆祝新年,分别被称为六月街或六月桥。布依族非常重视"六月六"节日,称其为"小年"。节日来临时,各村都会宰杀鸡和猪,使用白纸制作小三角旗,用鸡血或猪血染色,插入农田中。据说这样做可以防止蝗虫吃庄稼。节日早晨,村里几位受人尊敬的老年人会带领年轻和中年人举行传统的祭祀活动,向古锅献祭,并扫村驱赶"鬼魂"。除了参与祭祀的人,其他男女老少还根据布依族习俗,穿上民族服装,带着糯米、鸡、鸭、鱼和酒水到村外的山坡上"躲山"。祭祀结束后,祭司会带领大家扫村驱赶"鬼魂",而"隐居"在山上的人会在村外谈古论今,然后进行各种娱乐活动。自 2007 年以来,黄果树景区举办了黄果树"六月六"布依文化节,旨在通过节日活动挖掘和积累布依文化,服务于黄果树景区的文化品牌建设和文化旅游发展。

3.14.2 龙宫国家级风景名胜区简介

贵州龙宫国家级风景名胜区位于安顺市南郊,毗邻黄果树风景区,总面积为60 平方千米。龙宫于 1984 年开放,1988 年被评为第二批国家级风景名胜区,2007 年被评为首批国家 AAAAA 级景区。景区地理位置优越,是贵州省西线"黄金旅游线路"上的重要节点,距贵阳市约 120 千米,距安顺市约 30 千米,距黄果树风景区约 35 千米。龙宫以其地下河溶洞而闻名,是集旱洞、峡谷、瀑布、峰林、绝壁、溪流、石林等喀斯特地质地貌景观于一体的国家重点风景区。龙宫拥有中国最长的水溶洞和中国最大的洞厅,是国家 AAAAA 级旅游景区和中国首批国家公园之一。

龙宫国家级风景名胜区获得了 2 项世界纪录:拥有数量最多的旱涝喀斯特洞穴,以及最集中且最低的天然辐射剂量率。公园还拥有多种神奇美丽的喀斯特景观,其中 4 个景观备受游客青睐。

地下河洞。它被游客誉为"中国最美的水洞"。龙宫水洞全长 15 千米,是中国最长的水洞。目前景区开放了两段,总长 1 260 米。洞内钟乳石形态各异,相较于北方的喀斯特洞穴更为细腻精致,相较于南方的喀斯特洞穴则更为神秘奇特。洞厅结构犹如神话中的龙王宫殿。其呈现出的"地下漓江,天上石林"的喀斯特洞景在中国已发现的类似景区中无可比拟。著名诗人艾青称其为"自然界的伟大奇迹",中国画大师刘海粟称其为"世界奇观",国家喀斯特洞穴专家更是感叹道:"看龙宫可知天下水洞,乘舟游可达人间仙境。"正如古话所说:"山不在高,有仙则名;水不在深,有龙则灵。"龙宫正是如此的人间天堂。龙宫观音洞是全国最大的洞窟寺庙。观音洞总面积超过 2 万平方米,最显著的特点是所有殿堂均为天然洞穴。洞内有 32 尊人工雕刻的佛像,其中观音像高达 12.6 米。主殿内有一尊形似观音的钟乳石,与人工佛像相得益彰。虽然世界上有许多名山古刹,但天然喀斯特洞窟寺庙极为罕见,其规模在国内居首位。

龙门瀑布。这是全国最大的洞穴瀑布。龙门瀑布高 50 米、宽 26 米,流水汹涌冲入山中,激流击石、气势磅礴。龙宫旋塘是一个面积超过 10 000 平方米的圆形池塘。池塘中的水不借助风力,昼夜不停、年复一年地以顺时针旋转。

3.14.3　荔波樟江国家级风景名胜区简介

荔波樟江国家级风景名胜区总面积为 118.8 平方千米。景区先后获得国家重点风景名胜区、国家生态旅游示范区和 AAAAA 级旅游景区等称号。其中,大七孔景区和小七孔景区是"中国南方喀斯特"荔波世界自然遗产的核心区域。

荔波樟江风景区的喀斯特地貌复杂多样,河流蜿蜒、溪流潺潺、森林植被繁茂。景区内存在许多奇特、珍贵且美丽的地貌、水文和森林景观。景区内的原始森林是全球同纬度唯一保存完好的喀斯特森林,具有珍贵而独特的生态系统和科研价值。在景区的喀斯特森林中,分布着形态各异的漏斗森林、洼地森林、谷地森林、盆地森林、沼泽森林、石林和水上森林。各种动植物在此繁衍生息,创造出独特而奇幻的森林景观。喀斯特森林中的高大乔木、低矮灌木和藤蔓相互交织,形成了相对封闭的内部空间,各种奇花异草、鸟类和动物自由生长,充满生机与活力。这里的喀斯特森林生态系统完整,展现出脆弱与坚韧、丰富与稀缺、奇特与独特的矛盾统一,不仅是美的精华,也是生命力的象征。景区的森林覆盖率达92%。进入景区就如同步入了石头上的绿色世界——喀斯特"石上森林"。景区的负氧离子浓度高,森林区域的负氧离子含量为每立方米112 800个,空气中悬浮颗粒物含量低,森林区域的总悬浮颗粒物日均值为每立方米0.09毫克。空气中细菌含量也低,森林区域的日均空气细菌含量为每立方米13个。

荔波樟江风景区以典型、丰富且集中的喀斯特原始森林为基础,拥有多样的水文景观、独特的地貌景观、神奇茂密的原生植被、珍稀罕见的生物物种以及秀美的山川。这里以自然水体为特色,辅以美丽的田园风光和丰富的民族风情,是开展探险和科普等各种活动的最佳场所。景区由4大部分组成,即小七孔景区、大七孔景区、水春河景区和樟江风光带。

小七孔景区距离县城29千米,主要以峰丛洼地、地表溪流、地下河和天然原始森林为特色,面积达46.4平方千米。景区内包括野猪林、68级跌水瀑布、龟背山、水上森林、鸳鸯湖、瑶山古寨、卧龙潭、小七孔桥、飞云洞、天钟洞、天坑、龙戏九珠、涵碧潭和拉雅瀑布14个主要景点,景色秀美怡人。景区集山、水、林、洞、湖、瀑、石、潭等景观于一体,翠峰环抱、森林密布、怪石嶙峋、溪流清澈如玉、瀑布飞溅,完全是大自然的杰作。

小七孔桥原名为"万古兴桥",始建于清朝道光年间,是古时贵州通往广西的要道。涵碧潭清幽静谧、潭影倒映、碧蓝深邃。拉雅瀑布飞流直下,喷洒出如珍珠和美玉般的水花。68级跌水瀑布群高低错落、光彩夺目。龟背山根茎藤蔓交错盘绕。溪流环抱的水上森林景区四季常绿,生机盎然。野猪林景区则是色彩斑斓的藤蔓覆盖了天空,遮蔽了阳光。此外,湖光山色交相辉映的天钟洞,景致浑然一体的鸳鸯湖,银色与翠绿交织的卧龙坝,珠帘横挂、碧水绿树掩映的卧龙湖等,都是整个景区的精华所在。

大七孔景区距离县城26千米,距离小七孔景区3千米。该景区主要由喀斯特深切峡谷、地下暗流、地下湖泊和原始森林组成,面积达36.2平方千米,包括地峨森林、地峨宫、天生桥、风神洞、恐怖峡、地峨洞、小天河和大七孔桥 8 个主要景点,神秘而壮观。这里的景观险峻而奇幻、雄伟而巧妙。在景区内,峡谷中有桥,洞穴里有瀑布,瀑布下方有湖泊;原始森林绵延不绝、四季常青、绿荫蔽日,被游客称为"天然氧吧"。整个景区充满了奇妙、神秘和冒险的氛围。尤其是天生桥,横跨于恐怖峡的两侧,桥宽超 10 米、长 20 米、高 100 米,受到国内外游客的赞誉,被称为"东方凯旋门"。

水春河景区距离县城 13 千米。该景区主要以喀斯特深切峡谷和地表河流为特色,包括水春河峡谷、白岩、姐妹峰、苦竹滩、水春布依村、水甫石棺墓、水葩水寨、马尿滩等多个主要景点,气势磅礴、险峻壮观。水春河两岸山峰林立、奇峰入云、古树参天。古藤、异树、苔藓等交错在陡峭的岩石上,展现生命力;谷中的奇石巍然屹立,阻挡着激流,形成层层大浪,造就了长达 13 千米的"十三波七层滩"漂流梦幻天然景观。

樟江牧歌风光带以田园风光、景点、历史遗址和文化景观为特色,彰显诗意与画意。该风光带于从荔波县到小七孔景区近 30 千米的樟江河段形成,水流平缓。河两岸交错着低矮的丘陵、远山、农田、堤坝和村庄。樟树成荫、翠竹摇曳、山川秀丽、鸟语花香,山间云雾缭绕、远山上雏菊点点,渔夫唱晚,河水潺潺流淌,构成美丽的田园风光画卷。

樟江风景区所在的荔波县以布依、水、苗、瑶等民族为主,分别占该县总人口的 59.62%、20.65%、5.41% 和 3.33%。每个民族都有其独特的传统文化、悠久的婚丧习俗、独特的民居建筑以及丰富多彩的民族节庆,这些特色独具魅力,构成了迷人的人文风景。

荔波的布依族是一个勤劳聪明的民族,拥有自己的语言和多姿多彩的服饰。他们独特的民居、婚礼习俗和节庆文化有着悠久、质朴、古老而神秘的历史。每年四月初八的牛王节、端午节、祭神扫寨等都能让人们领略古老的布依族文化和淳朴的民风。

荔波的水族风俗和文化丰富多彩,颇具特色。他们穿着无领的长袍、绿色布裤,佩戴银质领饰、耳环、头饰等。主要节庆有端节和卯节。卯节也被称为东方情人节。在卯节这天,通常会下雨,年轻男女会到卯坡撑伞,成双成对地唱歌。如果彼此有好感,便会对歌并许下终身承诺。水族的风俗多样而神秘,如造木棺墓、抢亲、用草绳表达爱意,以及在神圣的山上祭拜祖先等。当地水族的水书文字独特,堪比丽江纳西族的东巴文字,受到专家和学者的高度赞誉,被称为象形文字的"活化石"。

荔波是贵州瑶族主要聚居地。瑶族拥有色彩斑斓的民族服饰、独特的生活习惯和鲜明的节日。瑶族的猴鼓舞、狩猎舞等舞蹈,原始、粗犷且充满英勇气概。瑶族的婚丧习俗,如婚礼纪念碑、悬棺葬和洞葬,以及用刻壁讲述婚姻故事等,引发考古学家和世界各地的游客无限遐想。

荔波的苗族擅长歌舞,其音乐、舞蹈和戏剧有着悠久的历史。传统的芦笙舞和板凳舞让人心情愉悦。他们保留了古老的民族乐器,如芦笙。苗族的刺绣、织锦、蜡染、剪纸等手工艺华丽多彩。各种传统的银饰,如手镯、项圈、头饰、胸饰、银衣等,雕刻精美,享有盛誉。

3.15 研究人群

本研究的研究人群是曾经访问过并值此研究开展之际正在访问上述贵州国家级风景名胜区的游客。曾经访问过或正在访问贵州任何一个获得 AAAAA 级旅游景区荣誉的国家级风景名胜区的游客构成了抽样框。表 3.9 展示了 2017—2021 年每个国家级风景名胜区的游客数量,表 3.10 概述了本研究的研究样本总体规模,即 2022 年 3 个国家级风景名胜区的游客数量。

表 3.9　2017—2021 年贵州三大国家级风景名胜区（AAAAA 级景区）的游客数量

单位：百万人次

序号	名称	2017 年	2018 年	2019 年	2020 年	2021 年
1	黄果树国家级风景名胜区	4.5	4.5	4.5	2.5	2.5
2	龙宫国家级风景名胜区	0.8	0.8	0.8	0.5	0.5
3	荔波樟江国家级风景名胜区	2.146	3.428	3.53	2.35	2.35

注：根据《园林基本术语标准》（CJJ/T 91—2002）的规定，我国的国家级风景名胜区相当于海外的国家公园，其英文名称是 national park of China。因此，在贵州统计年鉴中，国家级重点风景名胜区的英文翻译是 national park。

表 3.10　2022 年贵州三大国家级风景名胜区（AAAAA 级景区）游客接待数量

单位：万人次

序号	名称	2022 年
1	黄果树国家级风景名胜区	250
2	龙宫国家级风景名胜区	50
3	荔波樟江国家级风景名胜区	235

注：根据《园林基本术语标准》（CJJ/T 91—2002）的规定，我国的国家重点风景名胜区相当于海外的国家公园，其英文名称是 national park of China。因此，在贵州统计年鉴中，国家级重点风景名胜区的英文翻译是 national park。

3.16　样本规模

适当的样本规模可以减轻抽样误差或偏差。根据 Krejcie 和 Morgan（1970）的研究，样本规模确定公式如下，该公式可用于根据游客总体规模确定每个国家级风景名胜区的样本规模。

$$S = \frac{X^2 NP(1-P)}{d^2(N-1) + X^2 P(1-P)}$$

式中,S 为所需的样本规模;X^2 为指定置信水平下自由度为 1 的卡方值;N 为总体规模;P 为总体的比例;d 为所需的误差边际。

然而,由于本研究的人口规模过大,该公式不适用本研究。因此,本研究使用 GPower 3.1 软件来确定样本规模。通过对在 3 个国家公园结束旅行后离开的游客进行调查,进行预试验。在获得的 110 个回复中,排除一些因支出数据不完整或受访者年龄小于 18 岁而无法使用的回复后,有 95 个回复是可用的。使用 GPower 3.1 软件,基于可用回复对每个人口统计特征指标不同群体的平均总支出进行计算(表 3.11)。

预试验的结果用于确定最大样本规模,最终确定 3 个国家级风景名胜区的样本规模(表 3.12)。

表 3.11　贵州三大国家公园游客基于人口统计特征的总支出差异

选项	平均数/元	标准差/元	样本量/人
性别			
男	2 501.97	1 875.26	318
女	1 995.64	1 774.37	
婚姻状况			
单身	2 014.18	1 744.04	258
已婚	2 594.79	1 980.745	
离婚	0	0	
丧偶	0	0	
年龄			
19 ~ 25 岁	2 014.18	1 744.04	
26 ~ 35 岁	2 498.85	1 923.435	
36 ~ 45 岁	1 901.43	1 301.799	54
46 ~ 55 岁	4 625	4 348.707	
56 ~ 65 岁	2 400	0	
>65 岁	4 830	0	

续表

选项	平均数/元	标准差/元	样本量/人
月收入			
<5 000	2 221.94	2 089.09	
5 001～10 000	2 763.72	2 065.202	
10 001～15 000	2 275.00	1 157.94	282
15 001～20 000	2 450.00	70.711	
>20 000	2 476.67	2 067.88	
失业	1 691.09	1 357.28	
职业			
企事业单位工作人员	3 240	2 248.60	
公务员	2 535.00	1 786.08	
私营部门员工	2 513.11	2 564.18	252
创业人员	2 459.00	1 777.17	
其他	2 124.57	1 904.10	
失业	1 764.26	1 439.23	
教育水平			
初中及以下	1 303.00	430.778	
高中	1 773.91	1 336.760	
本科学位	2 126.58	1 811.648	35
硕士学位	4 158.00	2 574.232	
博士学位	2 400.00	0	
来源	2 160.86	0	24
最大值			318

表 3.12　贵州三大国家级风景名胜区的样本规模

序号	名称	样本规模/人
1	黄果树国家级风景名胜区	318

续表

序号	名称	样本规模/人
2	龙宫国家级风景名胜区	318
3	荔波樟江国家级风景名胜区	318

3.17　数据收集

本研究使用方便抽样法选取参观完任一国家级风景名胜区的受访者。

在 2022 年 8 月至 12 月,笔者在 3 个贵州具有 AAAAA 级景区荣誉的国家级风景名胜区进行了现场游客调查。在每个国家级风景名胜区都组建了一个调查团队,团队主要由其市场部门的员工组成,他们经过了培训,以便开展现场调查并收集所需数据。完成游览、即将离开公园的游客可以通过扫描二维码轻松参与调查,并在调查团队成员的帮助下填写问卷。完成问卷调查后,受访者将获得一份纪念品。

黄果树国家级风景名胜区的有效问卷回收率为 89.83%,其中 472 份完成的问卷中有 424 份可用。龙宫国家级风景名胜区的有效问卷回收率为 90.74%,其中 454 份完成的问卷中有 412 份可用。荔波樟江国家级风景名胜区的有效问卷回收率为 92.15%,其中 510 份完成的问卷中有 470 份可用。因此,有效数据的总量为 1 306 份。在数据清理过程中,因受访者年龄未满 18 岁或各支出类别的总和与报告的总支出不符,本研究排除了 110 份问卷。

3.18　数据分析

数据分析包括检查、清理、转换和建模,以发现有用的信息、得出结论并支持决策。尽管有诸多不同的方法和技术,它们名称各异,但在统计应用中,数据分析主要有 3 种方法:描述性统计、探索性数据分析和验证性数据分析(Kudyba,2014)。

描述性分析包括频率、百分比、图表、均值、标准差(SD)和交叉表,均使用 IBM@ SPSS Statistics 27.0 版本进行分析。同时,使用与支出相关的经济模型评估这 3 个国家公园的经济贡献。此外,使用 MGM 来估算对就业和政府税收的影响,以及直接、间接及引致影响。

交叉表分析对探究分类数据之间的相关性至关重要,使用其卡方值进行分析。随后进行非参数检验,即曼-惠特尼 U 检验和克鲁斯卡尔-沃利斯检验,以揭示每个类别的排名,这 3 项检验的实施旨在获得相关和准确的研究结果。

3.18.1　描述性分析

描述性分析用于描述国家公园游客的数据特征,包括旅行信息和人口统计因素的频率、均值、标准差和百分比。当研究样本涉及人类时,收集人口统计信息(如性别和年龄)以及与研究相关的其他信息是有帮助的。

3.18.2　交叉表模型

交叉表模型使用似然比、P 值和卡方值来测量不同类别变量之间的相关性。卡方检验中的拟合优度检验用于确定观测数据和理论数据之间的拟合程度。

3.18.3　一般线性模型

一般线性模型用于探究游客的人口统计学变量和旅行相关变量对其消费的影响,并用 P 值判断各因素对消费影响的显著性。

3.18.4　经济模型

经济贡献评估需要对一手数据和二手数据进行综合分析。面向国家级风景名胜区游客的调查问卷用于一手数据收集,而二手数据分析是利用投入产出表计算乘数。研究发现,国家公园游客在贵州游览期间的消费对该地区整体经济产生了贡献。更具体地说,他们的消费带动了销售和生产,增加了收入,创造了就业机会并增加了税收,从而影响了贵州的经济。经济贡献评估的主要目的是全面评估新资金流入对经济各方面(如收入、就业、产业结构)的影响。经济贡献还通过估计当地企业对需求增加的反应程度来揭示新资金带来的结果。新资金还支持和扩展了当地企业的产品供应。MGM 被用于评估国家公园对贵州的经济贡献。MGM 以三个主要输入构建了一个简单的方程:

$$经济贡献 = 访问次数 × 每次访问消费 × 区域经济乘数$$

其中,访问次数来自各国家公园的统计数据,国家公园游客的消费来自一手资料数据收集,区域经济乘数则来自贵州省统计局 2017 年发布的投入产出表。游客消费的分类和编码反映了国家公园产业结构的实际情况,而与就业贡献相关的数据来自贵州省统计局 2021 年发布的统计年鉴。

根据 Wilton 和 Nickerson(2006)的研究,收集不同领域的详细支出信息对理解游客支出至关重要。因此通过分析游客消费数据,本研究识别了 3 个国家级风景名胜区对贵州经济的直接、间接和引致效应。

3.18.5 偏最小二乘结构方程模型

结构方程模型是一种综合建模工具,融合了多种统计技术,如回归分析、路径分析、因子分析和典型相关分析等多变量统计分析。在 SEM 中,有两种主要的方法:基于成分的方法,以偏最小二乘结构方程模型(PLS-SEM)为代表;基于协方差的方法(CB-SEM)。

运用偏最小二乘法进行结构方程模型分析,以探究国家公园游客在体验、满意度、重游意图和推荐意愿方面的相关研究问题。由于本研究涉及多个潜变量及复杂关系,且 IBM® SPSS 在处理多因变量及潜变量方面存在局限性,无法全面深入分析本研究问题,因此必须使用结构方程模型进行分析。SEM 是用来考察体验、满意度、重游意图和推荐意愿等方面的整体模型。通过自助法（bootstrapping）使用 SmartPLS 来评估因子载荷和路径系数的显著性。在测试模型结构之前，先估计了模型的有效性和拟合优度（Purwanto & Sudargini，2021）。

第4章 分析与结果

4.1 引言

本研究基于 3 个国家级风景名胜区收集的 1 306 份问卷数据进行分析。其中,黄果树国家级风景名胜区的有效数据是 424 份,龙宫国家级风景名胜区的有效数据是 412 份,荔波樟江国家级风景名胜区的有效数据是 470 份。

由于数据庞大,为便于分析并清晰呈现分析结果,本章将在以下 4 个主要主题下讨论分析内容:受访者的人口统计特征和旅行信息、受访者的消费情况及消费模式、国家公园经济评估和受访者行为模式。

4.2 受访者的人口统计特征和旅行信息

本节进一步细分为以下 4 个子标题:受访者的人口统计特征、受访者的旅行信息、受访者人口统计特征与总消费情况、受访者旅行信息与总消费情况。

使用 SPSS 27.0 对受访者的人口统计特征和旅行信息进行描述性分析,并展开交叉表分析,以探究消费与人口统计特征之间的关系,以及消费与旅行信息之间的关系。

4.2.1　受访者的人口统计特征

4.2.1.1　贵州三大国家级风景名胜区受访者的人口统计学特征

（1）贵州三大国家级风景名胜区受访者的性别特征

如图 4.1 所示，受访者大多为女性，占 62%，男性受访者占 38%。

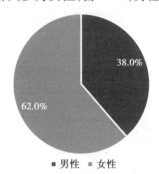

■ 男性　■ 女性

图 4.1　贵州三大国家级风景名胜区受访者的性别分布

（2）贵州三大国家级风景名胜区受访者的年龄特征

如图 4.2 所示，大多数受访者年龄为 19～25 岁（63.8%），剩下的依次为 26～35 岁（21.7%）、36～45 岁（9%）、46～55 岁（3.9%）、55～65 岁（1%）和 65 岁以上（0.7%）。

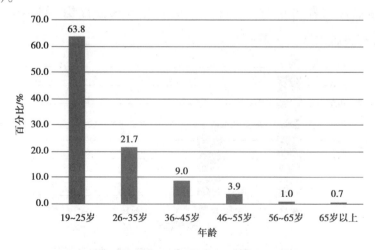

图 4.2　贵州三大国家级风景名胜区受访者的年龄分布

(3)贵州三大国家级风景名胜区受访者的收入特征

如图4.3所示,大多数受访者的月收入不超5 000元(40.9%),剩下的依次是月收入为5 001~10 000元(26.3%)、不计收入的失业者(26.3%)、月收入为10 001~15 000元(3.1%)、月收入超20 000元(2.3%)以及月收入为15 001~20 000元(1.1%)。

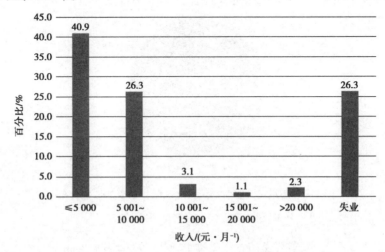

图4.3　贵州三大国家级风景名胜区受访者的收入分布

(4)贵州三大国家级风景名胜区受访者的婚姻状况特征

大多数受访者为单身(66.2%),剩下的依次为已婚(33.5%)、离婚(0.3%)和丧偶(0.1%)(图4.4)。

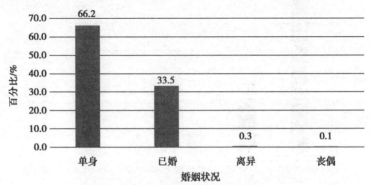

图4.4　贵州三大国家级风景名胜区受访者的婚姻状况分布

（5）贵州三大国家级风景名胜区受访者的职业特征

如图 4.5 所示,仅有 1.6% 的受访者为公务员。其他受访者则为失业者（22.4%）,个体经营者（9.3%）,事业单位、国有企业工作人员（15.2%）,私营企业员工（13.6%）或从事其他类型工作（38%）。

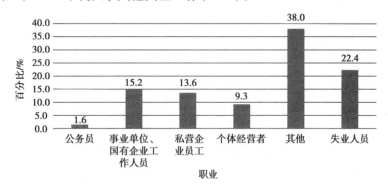

图 4.5　贵州三大国家级风景名胜区受访者的职业分布

（6）贵州三大国家级风景名胜区受访者的教育特征

大多数受访者拥有本科学历（77.6%）,剩下的依次是高中学历（9.2%）、初中及以下学历（7.4%）、硕士研究生学历（4.5%）和博士研究生及以上学历（1.3%）（图 4.6）。

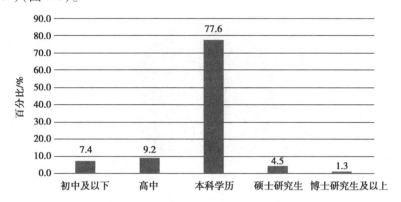

图 4.6　贵州三大国家级风景名胜区受访者的教育水平分布

（7）贵州三大国家级风景名胜区受访者的地域特征

大多数受访者来自贵州（84.7%）,剩下的依次是广西（3%）、湖南（2.6%）、北京（1.3%）、浙江（1.3%）、云南（1.1%）以及其他 16 个省（6%）（图 4.7）。

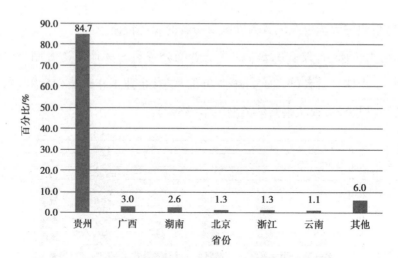

图4.7　贵州三大国家级风景名胜区受访者的地域分布

注:这1 306名受访者来自22个不同省份。该图仅显示了占比较高的6个居住省份。其余76名受访者所在的16个省份被标记为"其他"。

4.2.1.2　黄果树国家级风景名胜区受访者的人口统计特征

（1）黄果树国家级风景名胜区受访者的性别特征

图4.8显示了黄果树国家级风景名胜区受访者的性别特征。大多数受访者为女性,占53.5%,男性占46.5%。

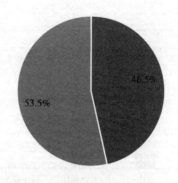

■男性　■女性

图4.8　黄果树国家级风景名胜区受访者的性别分布

（2）黄果树国家级风景名胜区受访者的年龄特征

如图4.9所示,大多数受访者年龄为19~25岁(54%),剩下的依次是26~

35 岁(25%)、36~45 岁(13.2%)、46~55 岁(6.8%)和 55~65 岁(0.9%),而没有受访者的年龄在 65 岁以上。

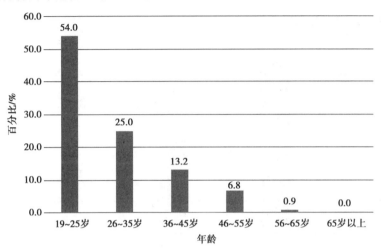

图 4.9 黄果树国家级风景名胜区受访者的年龄分布

(3)黄果树国家级风景名胜区的受访者收入特征

如图 4.10 所示,大多数受访者的月收入低于 5 000 元(37.3%),剩下的依次是月收入为 5 001~10 000 元(31.1%)、不计收入的失业者(21.2%)、月收入为 10 001~15 000 元(3.3%)、月收入超 20 000 元(3.8%)以及月收入为 15 001~20 000 元(3.3%)。

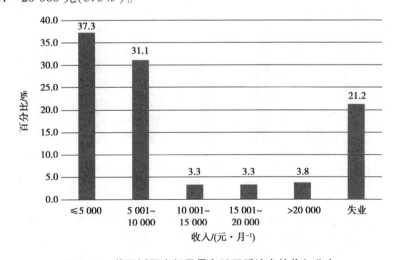

图 4.10 黄果树国家级风景名胜区受访者的收入分布

（4）黄果树国家级风景名胜区受访者婚姻状况特征

如图4.11所示，大多数受访者为单身（56.4%），然后是已婚（43.2%）和离婚（0.5%），而没有受访者为丧偶。

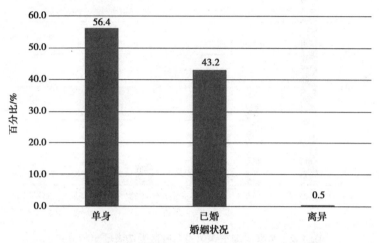

图4.11　黄果树国家级风景名胜区受访者的婚姻状况分布

（5）黄果树国家级风景名胜区受访者职业特征

如图4.12所示，仅有2.8%的受访者为公务员，其他受访者则从事国有企业、事业单位工作（21.2%），私营企业工作（13.4%），个体经营（12.7%）或其他职业（27.8%），而21.9%为失业人员。

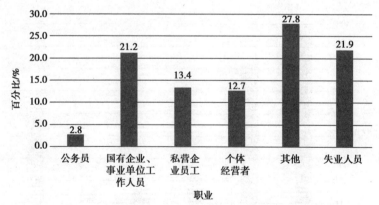

图4.12　黄果树国家级风景名胜区受访者的职业分布

（6）黄果树国家级风景名胜区受访者教育特征

如图 4.13 所示,大多数受访者拥有本科学历(71.5%),剩下的依次是初中及以下(9.7%)、高中学历(8.5%)、硕士研究生学历(8.5%)和博士研究生及以上学历(1.9%)。

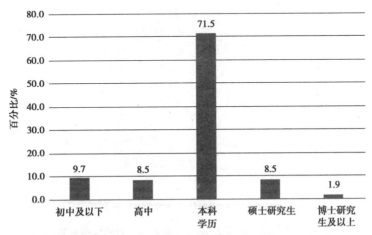

图 4.13 黄果树国家级风景名胜区受访者的教育水平分布

（7）黄果树国家级风景名胜区受访者的地域特征

如图 4.14 所示,大多数受访者来自贵州(81.4%),剩下的依次是北京(3.1%)、广西(2.8%)、浙江(1.9%)、河南(0.9%),以及其他 16 个省(9.9%)。

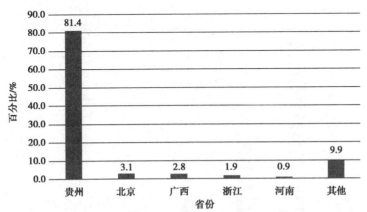

图 4.14 黄果树国家级风景名胜区受访者的地域分布

注:这 424 名受访者来自 20 个不同的省份。图中仅显示有超 10 名受访者的省份。其余 76 名受访者来自的 15 个省份被列为"其他"。

4.2.1.3 龙宫国家级风景名胜区受访者的人口统计特征

（1）龙宫国家级风景名胜区受访者的性别特征

图 4.15 描述了龙宫国家级风景名胜区受访者的性别构成。大多数受访者为女性，占 61.2%，男性占 38.8%。

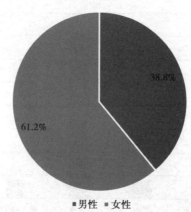

图 4.15 龙宫国家级风景名胜区受访者的性别分布

（2）龙宫国家级风景名胜区受访者的年龄特征

如图 4.16 所示，大多数受访者年龄为 19～25 岁（59.2%），剩下的依次是 26～35 岁（27.2%）、36～45 岁（8.7%）、46～55 岁（2.9%）、55～65 岁（1.0%），以及 65 岁以上（1%）。

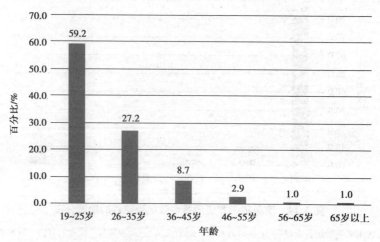

图 4.16 龙宫国家级风景名胜区受访者的年龄分布

（3）龙宫国家级风景名胜区受访者的收入特征

如图 4.17 所示,大多数受访者的月收入低于 5 000 元(42.7%),剩下的依次是月收入为 5 001 ~ 10 000 元(28.2%)、不计收入的失业者(25.2%)、月收入为 10 001 ~ 15 000 元(2.9%),以及月收入超 20 000 元(1.0%),而没有受访者的月收入为 15 001 ~ 20 000 元。

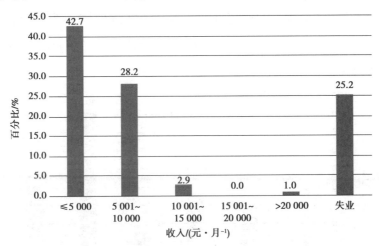

图4.17　龙宫国家级风景名胜区受访者的薪资分布

（4）龙宫国家级风景名胜区受访者的婚姻状况特征

如图 4.18 所示,大多数受访者为单身(64.1%),剩下的依次为已婚(35.7%)和丧偶(0.2%),而没有受访者是离婚状态。

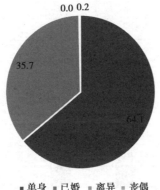

■单身　■已婚　■离异　■丧偶

图4.18　龙宫国家级风景名胜区受访者的婚姻状况分布

(5)龙宫国家级风景名胜区受访者的职业特征

如图4.19所示,只有1.0%的受访者为公务员,其余从事国有企业、事业单位工作(11.7%),私营企业工作(18.4%),个体经营(7.8%),其他职业(40.8%),还有20.4%的失业人员。

(6)龙宫国家级风景名胜区受访者的教育特征

如图4.20所示,大多数受访者拥有本科学历(77.7%),其次是高中学历(10.7%)、初中及以下学历(8.7%)、硕士研究生学历(1.9%)和博士研究生及以上学历(1.0%)。

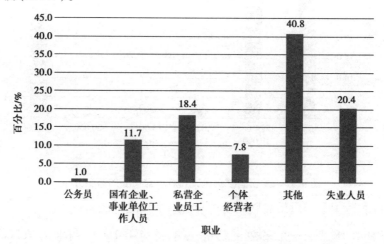

图4.19 龙宫国家级风景名胜区受访者的职业分布

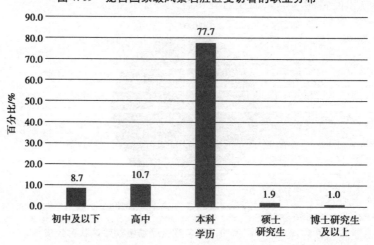

图4.20 龙宫国家级风景名胜区受访者的教育水平分布

（7）龙宫国家级风景名胜区受访者的地域特征

如图 4.21 所示，大多数受访者来自贵州（86.4%），剩下的依次是湖南（2.9%）、广西（2.9%）、云南（1.9%）和其他 5 个省份（5.8%）。

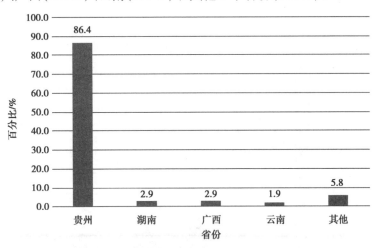

图 4.21 龙宫国家级风景名胜区受访者的地域分布

注：这 412 名受访者来自 20 个不同的省份。图中仅显示有超 8 名受访者的省份。其余 24 名受访者来自的 16 个省份被列为"其他"。

4.2.1.4 荔波樟江国家级风景名胜区受访者的人口统计特征

（1）荔波樟江国家级风景名胜区受访者的性别特征

图 4.22 描述了荔波樟江景区受访者的性别特征。大多数受访者为女性，占 69.1%，男性占 30.9%。

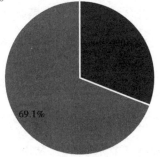

■男性 ■女性

图 4.22 荔波樟江国家级风景名胜区受访者的性别分布

(2)荔波樟江国家级风景名胜区受访者的年龄特征

如图4.23所示,大多数受访者年龄为19~25岁(76.6%),剩下的依次是26~35岁(13.8%)、36~45岁(5.3%)、46~55岁(2.1%)、55~65岁(1.1%)和65岁以上(1.1%)。

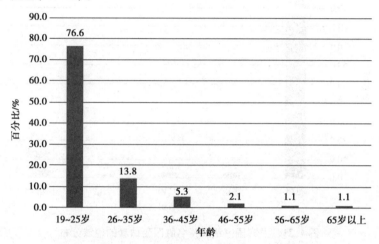

图4.23　荔波樟江国家级风景名胜区受访者的年龄分布

(3)荔波樟江国家级风景名胜区受访者的收入特征

如图4.24所示,大多数受访者的月收入低于5 000元(42.6%),剩下的依次是不计收入的失业者(31.9%),以及月收入为5 001~10 000元(20.2%)、10 001~15 000元(3.2%)和超20 000元(2.1%)的人,而没有受访者的月收入为15 001~20 000元。

(4)荔波樟江国家级风景名胜区受访者的婚姻状况特征

如图4.25所示,大多数受访者为单身(76.8%),剩下的依次是已婚(22.8%)和离婚(0.4%),而没有受访者丧偶。

(5)荔波樟江国家级风景名胜区受访者的职业特征

如图4.26所示,只有1.1%的受访者为公务员,其余分别在国有企业、事业单位工作(12.8%),私营企业工作(9.6%),从事个体经营(7.4%),从事其他职业(44.7%),还有24.5%的失业人员。

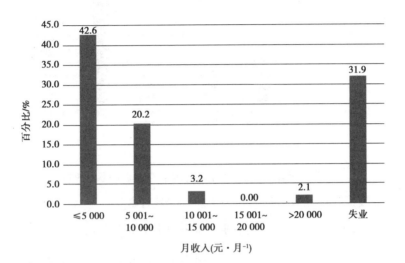

图 4.24　荔波樟江国家级风景名胜区受访者的收入分布

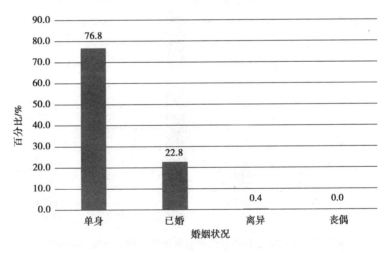

图 4.25　荔波樟江国家级风景名胜区受访者的婚姻状况分布

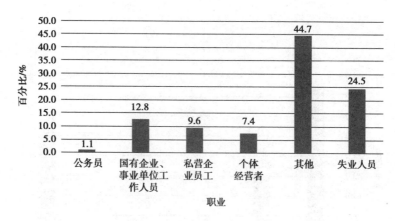

图4.26　荔波樟江国家级风景名胜区受访者的职业分布

(6)荔波樟江国家级风景名胜区受访者的教育程度

如图 4.27 所示,大多数受访者拥有本科学历(83%),剩下的依次是高中学历(8.5%)、初中及以下学历(4.3%)、硕士研究生学历(3.2%)和博士研究生及以上学历(1.1%)。

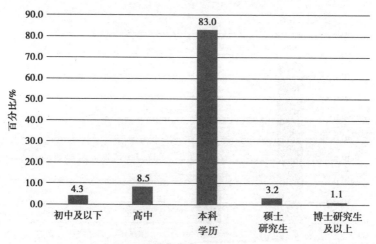

图4.27　荔波樟江国家级风景名胜区受访者的教育水平分布

(7)荔波樟江国家级风景名胜区受访者的地域特征

如图 4.28 所示,大多数受访者来自贵州(86.2%),剩下的依次是湖南(4.3%)、广西(3.2%)和其他 5 个省(5.3%)。

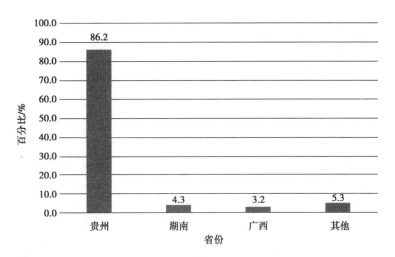

图4.28 荔波樟江国家级风景名胜区受访者的地域分布

4.2.2 受访者的旅行信息

4.2.2.1 贵州三大国家级风景名胜区受访者的旅行信息

（1）贵州三大国家级风景名胜区受访者的交通方式

如图4.29所示，大多数受访者选择汽车出行（67.6%），剩下的依次是火车（22.7%）和飞机（9.7%）。

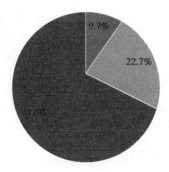

■飞机 ■火车 ■汽车

图4.29 贵州三大国家级风景名胜区受访者的交通方式分布

（2）贵州三大国家级风景名胜区受访者的旅行伴侣

如图4.30所示，大多数受访者与朋友一起旅行（58.3%），其余受访者则与家人一起旅行(29.1%)或独自旅行(12.6%)。由此可见,大多数受访者是以团队形式旅行的。

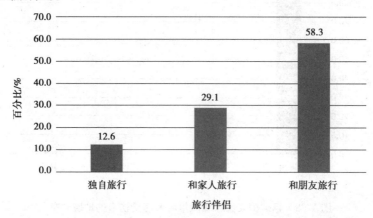

图4.30 贵州三大国家级风景名胜区受访者的旅行伴侣分布

(3)贵州三大国家级风景名胜区受访者的旅行模式

如图4.31所示,大多数受访者是自己规划旅行的(86.8%),而13.2%的受访者通过旅行社进行旅行规划。

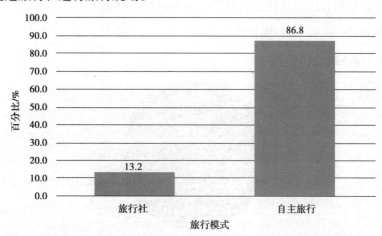

图4.31 贵州三大国家级风景名胜区受访者的旅行模式分布

(4)贵州三大国家级风景名胜区受访者的住宿类型

如图4.32所示,大多数过夜受访者选择住在民宿(21.3%),剩下的依次是三星级及以下酒店(17%)、四星级或五星级酒店(11.1%)、亲朋好友家

（6.7%）、青年旅社（2.5%）和营地（1.2%）。

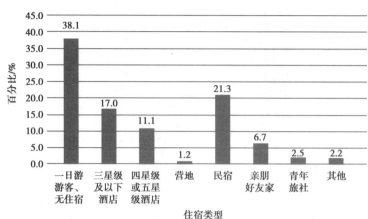

图 4.32 贵州三大国家级风景名胜区受访者的住宿等级分布

（5）贵州三大国家级风景名胜区受访者的住宿时间

如图 4.33 所示，大多数过夜受访者选择 2～3 晚住宿（31.1%），剩下的依次是 1 晚住宿（28.2%）和 4～7 晚住宿（2.1%）。

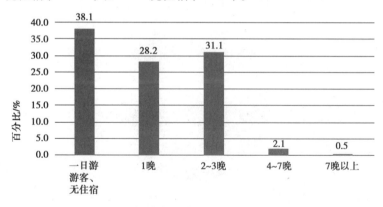

图 4.33 贵州三大国家级风景名胜区受访者的住宿时间分布

（6）贵州三大国家级风景名胜区受访者的访问次数

如图 4.34 所示，大多数受访者是首次访问（63.8%），剩下的依次是第二次访问的受访者（20.8%），以及访问三次或更多次的受访者（15.6%）。

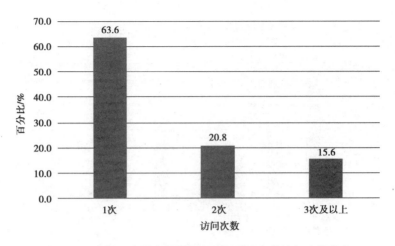

图4.34　贵州三大国家级风景名胜区受访者的访问次数分布

4.2.2.2　黄果树国家级风景名胜区受访者的旅行信息

（1）黄果树国家级风景名胜区受访者的交通方式

如图4.35所示,大多数受访者选择汽车出行(56.4%),其次是火车(28.3%),而只有15.3%的受访者选择飞机出行。

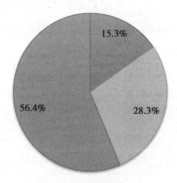

■飞机　■火车　■汽车

图4.35　黄果树国家级风景名胜区受访者的交通方式分布

（2）黄果树国家级风景名胜区受访者的旅行伴侣

如图4.36所示,大多数受访者与朋友一起旅行(50.0%),其余受访者则与家人一起旅行(41.7%)或独自旅行(8.3%)。由此可见,大多数受访者是以团体形式旅行的。

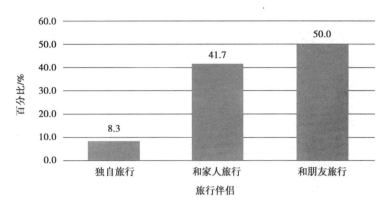

图4.36 黄果树国家级风景名胜区受访者的旅行伴侣分布

(3)黄果树国家级风景名胜区受访者的旅行模式

如图4.37所示,大多数受访者是自己规划旅行的(86.6%),而13.4%的受访者通过旅行社进行规划。

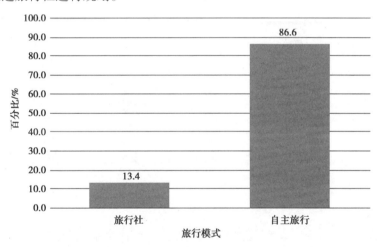

图4.37 黄果树国家级风景名胜区受访者的旅行模式分布

(4)黄果树国家级风景名胜区受访者的住宿类型

如图4.38所示,大多数过夜受访者选择住在民宿(19.30%),然后是三星级及以下酒店(18.90%)、四星级或五星级酒店(12.3%),同时,相同数量的受访者选择在亲朋好友家(2.8%)或青年旅社住宿(2.8%)。

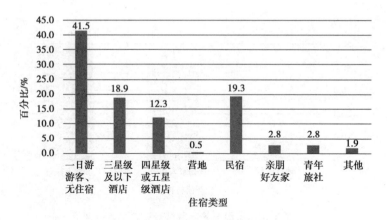

图 4.38　黄果树国家级风景名胜区受访者的住宿等级分布

（5）黄果树国家级风景名胜区受访者住宿时间

如图 4.39 所示，大多数受访者为一日游游客（41.5%），其次选择 2~3 晚住宿（28.1%）、1 晚住宿（25.9%）和 4~7 晚住宿（4.5%）。

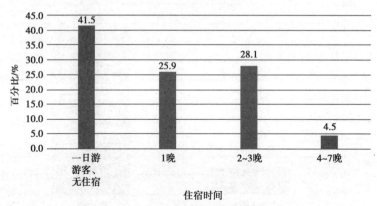

图 4.39　黄果树国家级风景名胜区受访者的住宿时间分布

（6）黄果树国家级风景名胜区受访者的访问次数

如图 4.40 所示，大多数受访者为首次访问者（70.8%），其次是第二次访问者（17.0%），而超过三次访问者占 12.3%。

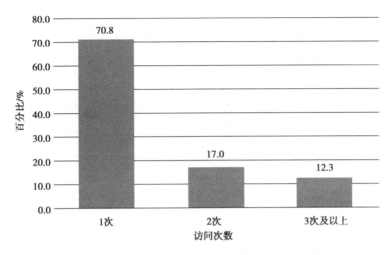

图 4.40 黄果树国家级风景名胜区受访者的访问次数分布

4.2.2.3 龙宫国家级风景名胜区受访者的旅行信息

(1)龙宫国家级风景名胜区受访者的交通方式

如图 4.41 所示,大多数受访者选择汽车旅行(73.8%),其次是火车(18.4%),而乘坐飞机的仅占 7.8%。

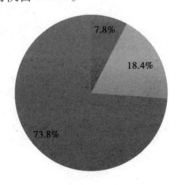

■ 飞机 ■ 火车 ■ 汽车

图 4.41 龙宫国家级风景名胜区受访者的交通方式分布

(2)龙宫国家级风景名胜区受访者的旅行伴侣

如图 4.42 所示,大多数受访者与朋友一起旅行(58.3%),其余受访者则与家人一起旅行(26.2%)或单独旅行(15.5%)。由此可见,大多数受访者以团队形式出行。

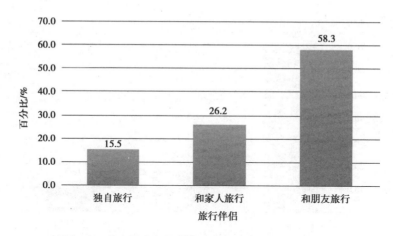

图4.42　龙宫国家级风景名胜区受访者的旅行伴侣分布

(3)龙宫国家级风景名胜区受访者的旅行模式

如图4.43所示,大多数受访者是自己规划旅行的(86.4%),而通过旅行社规划旅行的受访者占13.6%。

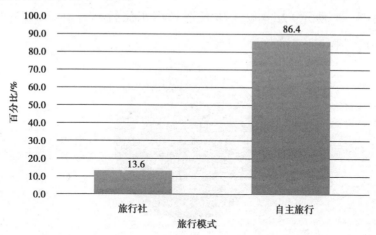

图4.43　龙宫国家级风景名胜区受访者的旅行模式分布

(4)龙宫国家级风景名胜区受访者的住宿类型

如图4.44所示,大多数过夜受访者选择入住三星级及以下酒店(21.4%),剩下的依次是民宿(19.4%)、四星级或五星级酒店(9.7%)、亲朋好友家(6.8%)、青年旅社(1.9%)和营地(1.0%)。

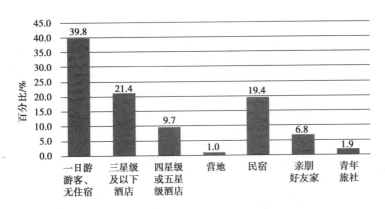

图 4.44 龙宫国家级风景名胜区受访者的住宿等级分布

(5)龙宫国家级风景名胜区受访者住宿时间

如图 4.45 所示,大多数受访者为一日游游客(39.8%),剩下的依次选择 2~3 晚住宿(32.0%)、1 晚住宿(27.2%)和 4~7 晚住宿(1.0%)。

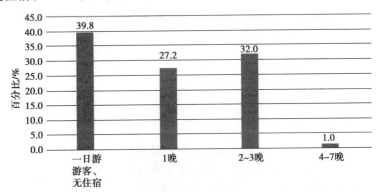

图 4.45 龙宫国家级风景名胜区受访者的住宿时间的分布

(6)龙宫国家级风景名胜区受访者的访问次数

如图 4.46 所示,大多数受访者为首次访问者(63.1%),其次为第二次访问者(24.3%),而超过三次访问者占 12.6%。

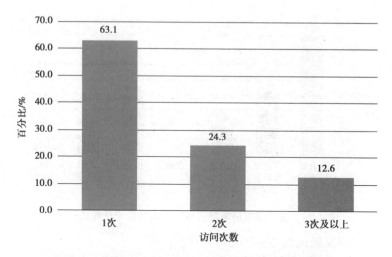

图 4.46 龙宫国家级风景名胜区受访者的到访次数分布

4.2.2.4 荔波樟江国家级风景名胜区受访者的旅行信息

(1)荔波樟江国家级风景名胜区受访者的交通方式

如图 4.47 所示,大多数受访者选择乘坐汽车旅行(72.3%),其次是火车(21.3%),而乘坐飞机的仅占 6.4%。

■飞机 ■火车 ■汽车

图 4.47 荔波樟江国家级风景名胜区受访者交通方式分布

(2)荔波樟江国家级风景名胜区受访者的旅行伴侣

如图 4.48 所示,大多数受访者与朋友一起旅行(66.0%),其余受访者则与家人一起旅行(20.2%)或单独旅行(13.8%)。由此可见,大多数受访者以团队形式出行。

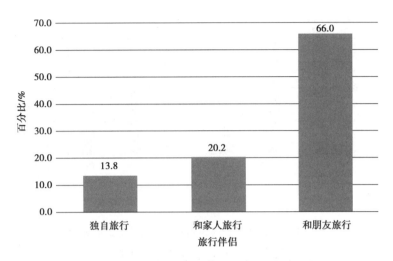

图 4.48　荔波樟江国家级风景名胜区受访者的旅行伴侣分布

（3）荔波樟江国家级风景名胜区受访者的旅行模式

如图 4.49 所示，大多数受访者是自己规划旅行的（87.2%），而通过旅行社规划旅行的受访者占 12.8%。

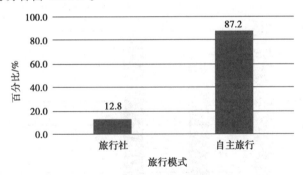

图 4.49　荔波樟江国家级风景名胜区受访者的旅行模式分布

（4）荔波樟江国家级风景名胜区受访者的住宿类型

如图 4.50 所示，大多数过夜受访者选择入住民宿（21.3%），剩下的依次是三星级及以下酒店（19.1%）、亲朋好友家（9.6%）和四星级或五星级酒店（8.5%），而在青年旅社或营地住宿的人数相同（2.1%）。

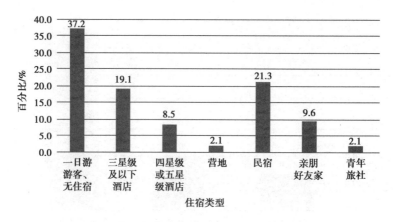

图 4.50　荔波樟江国家级风景名胜区受访者的住宿等级分布

（5）荔波樟江国家级风景名胜区受访者住宿时间

如图 4.51 所示，大多数受访者为一日游游客（37.2%），剩下的依次选择 2~3 晚住宿（33.0%）和 1 晚住宿（27.7%），而选择住 4~7 晚或大于 7 晚的人数相同（1.1%）。

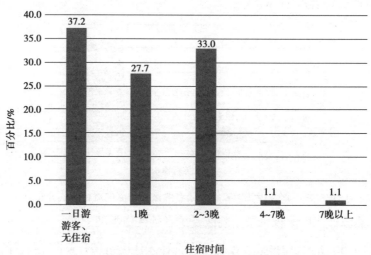

图 4.51　荔波樟江国家级风景名胜区受访者的住宿时间分布

（6）荔波樟江国家级风景名胜区受访者的访问次数

如图 4.52 所示，大多数受访者为首次访问者（57.4%），而第二次访问者和访问超过三次者人数相同（21.3%）。

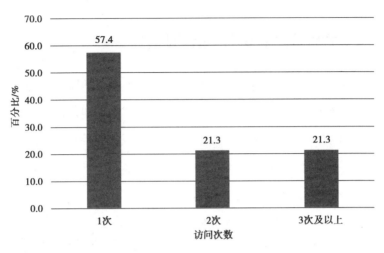

图 4.52　荔波樟江国家级风景名胜区受访者的访问次数分布

4.2.3　受访者人口统计特征与总消费情况

利用 SPSS 27.0 进行交叉分析,以探究总消费与 7 个人口统计变量之间是否存在相关性,即性别、婚姻状况、年龄、收入、职业、教育水平和游客地域来源。

表 4.1 显示了总消费与人口统计变量之间存在相关性的可能性。所有变量的皮尔逊卡方值、P 值均未超 0.001,因此人口统计变量与总消费之间存在相关性。

表 4.1　人口统计变量与总消费的相关性分析($n = 1\ 306$)

	皮尔逊卡方值	似然比	P 值
性别	709.101	914.517	0.000
婚姻状况	1 266.487	922.037	0.000
年龄	4 200.911	1 832.833	0.000
收入	3 682.459	2 179.097	0.000
职业	4 141.230	2 722.588	0.000
教育水平	3 537.047	1 588.155	0.000
地域来源	15 765.497	1 749.239	0.000

4.2.4 受访者旅行信息与总消费情况

同样,本研究对旅行变量与总消费进行了交叉分析,以确定总消费与 6 个旅行信息变量之间是否存在相关性,即交通方式、旅行伴侣、旅行模式、住宿等级、住宿时间和访问次数。表4.2 显示了皮尔逊卡方检验结果及总消费与旅行信息变量之间存在相关性的可能性。由于所有变量的皮尔逊卡方值、P 值均未超 0.001,因此旅行信息与总支出之间存在相关性。

表4.2　旅行变量与总消费的相关性分析($n=1\ 306$)

	皮尔逊卡方值	似然比	P 值
交通方式	1 666.482	1 438.630	0.000
旅游伴侣	1 635.518	1 539.477	0.000
旅行模式	827.187	687.555	0.000
住宿等级	5 543.352	2 849.510	0.000
住宿时间	3 744.619	2 011.173	0.000
访问次数	1 744.562	1 630.612	0.000

4.3　受访者的消费情况及消费模式

本节基于重要的人口统计变量和旅行信息变量来讨论不同分组受访者的消费情况及消费模式。该节细分为以下 4 个子标题:消费类别排名、影响总消费的决定变量、基于重要人口统计变量的消费构成分析和基于重要旅行相关变量的消费构成分析。

根据4.2 节所描述的受访者人口统计特征和旅行信息,本书进一步探究了消费与人口统计变量之间的关系以及消费与旅行信息变量之间的关系,以识别对消费具有显著影响的变量。首先,通过 SPSS 27.0 进行描述性分析,提供各消费类别排名。其次,利用SPSS 27.0 构建一般线性模型以识别关键变量。最后,采用 t 检验或方差分析进一步分析不同类型游客在消费模式上存在差异。

4.3.1　消费类别排名

表4.3 显示了从贵州三大国家级风景名胜区选取的受访者在 9 个消费类别的总消费排名。可以看出,受访者在交通上的支出最高,其余是餐饮、住宿、门票、其他、购物、零售店、露营和娱乐方面的支出。

表4.3　贵州三大国家级风景名胜区受访者的消费类别排名($n=1\ 306$)

消费类别	按消费金额排名
交通费用	1
餐饮费用	2
住宿费用	3
门票费用	4
其他费用	5
购物费用	6
零售店费用	7
露营费用	8
娱乐费用	9

表4.4 显示了黄果树国家级风景名胜区的受访者在 9 个类别的总消费排名。其中,受访者在食品和饮料上支出最多,剩下的依次是在交通、住宿、门票、购物、其他、零售店、娱乐和露营上支出的费用。

表4.4　黄果树国家级风景名胜区受访者的消费类别排名($n=424$)

消费类别	按消费金额排名
餐饮费用	1

续表

消费类别	按消费金额排名
交通费用	2
住宿费用	3
门票费用	4
购物费用	5
其他费用	6
零售店费用	7
娱乐费用	8
露营费用	9

表4.5显示了龙宫国家级风景名胜区受访者在9个类别的总消费排名。可见,受访者在交通上的支出最多,剩下的依次是餐饮、住宿、其他、门票、购物、零售店、露营和娱乐等费用。

表4.5　龙宫国家级风景名胜区受访者的消费类别排名($n=412$)

消费类别	按消费金额排名
交通费用	1
餐饮费用	2
住宿费用	3
其他费用	4
门票费用	5
购物费用	6
零售店费用	7
露营费用	8
娱乐费用	9

表4.6显示了荔波樟江国家级风景名胜区受访者在9个类别的总消费排名。其中,受访者在交通上的支出最多,其余是住宿费用、餐饮费用、门票费用、

其他费用、购物费用、露营费用、零售店费用和娱乐费用。

表 4.6　荔波樟江国家级风景名胜区受访者的消费类别排名($n=470$)

消费类别	按消费金额排名
交通费用	1
住宿费用	2
餐饮费用	3
门票费用	4
其他费用	5
购物费用	6
露营费用	7
零售店费用	8
娱乐费用	9

　　表 4.7 显示了贵州三大国家级风景名胜区受访者在每个类别的平均消费金额。在游览国家级风景名胜区期间,受访者的平均支出为 2 012.05 元。具体来说,在食品和饮料方面的平均支出为 339.05 元(占 16.85%),在交通方面的平均支出为 390.20 元(占 19.39%),在住宿方面的平均支出为 317.21 元(占 15.77%),平均门票费用为 222.03 元(占 11.03%),而在购物、其他、零售店、娱乐和露营费用上,平均支出均低于 10%。

表 4.7　贵州三大国家级风景名胜区受访者的平均支出($n=1\ 306$)

消费类别	平均值/元	百分比/%
交通	390.20	19.39
餐饮费用	339.05	16.85
住宿费用	317.21	15.77
门票费用	222.03	11.03
其他费用	189.09	9.40
购物费用	182.82	9.09

续表

消费类别	平均值/元	百分比/%
零售店费用	141.31	7.02
露营费用	126.26	6.28
娱乐费用	104.08	5.17
总计	2012.05	100.00

表 4.8 显示了黄果树国家级风景名胜区受访者在每个消费类别的平均支出。在游览期间,受访者的平均支出为 2 390.21 元。具体来说,在食品和饮料方面的平均支出为 424.87 元(占 17.78%),平均交通支出为 404.01 元(占 16.90%),平均住宿支出为 377.00 元(占 15.96%),平均门票费用为 290.68 元(占 12.16%),而在购物、其他、零售店、娱乐和露营费用上,平均支出均低于 10%。

表 4.8　黄果树国家级风景名胜区受访者的平均支出($n=424$)

消费类别	平均值/元	百分比/%
餐饮费用	424.87	17.78
交通费用	404.01	16.90
住宿费用	377.00	15.77
门票费用	290.68	12.16
购物费用	229.62	9.61
其他费用	186.32	7.80
零售店费用	183.11	7.66
娱乐费用	161.39	6.75
露营费用	133.21	5.57
总计	2 390.21	100.00

表 4.9 显示了龙宫国家级风景名胜区受访者在各消费类别的平均消费金额。在游览期间,每位受访者的平均消费为 1 824.70 元。具体来说,在食品和

饮料上的平均消费为 297.4 元（占 16.30%），平均交通费用为 387.32 元（占 21.23%），平均住宿费用为 266.75 元（占 14.62%），在门票、购物、其他、零售店、娱乐和露营上的平均消费均不足 10%。

表 4.9　龙宫国家级风景名胜区受访者的平均支出（$n=412$）

花费类别	平均值/元	百分比/%
交通费用	387.32	21.23
餐饮费用	297.40	16.30
住宿费用	266.75	14.62
其他费用	199.99	10.96
门票费用	172.01	9.43
购物费用	163.83	8.98
零售店费用	129.14	7.08
露营费用	122.99	6.74
娱乐费用	85.27	4.67
总计	1824.70	100.00

表 4.10 显示了荔波樟江国家级风景名胜区的受访者在每个类别的平均支出金额。游览期间，受访者的平均支出为 1 835.13 元。具体来说，餐饮方面的平均支出为 298.15 元（占 16.25%），交通支出为 380.26 元（占 20.72%），住宿支出为 307.50 元（占 16.76%），门票支出为 203.94 元（占 11.11%），而在购物、其他、零售店、娱乐和露营费用上，平均支出均低于 10%。

表 4.10　荔波樟江国家级风景名胜区受访者的平均支出（$n=470$）

消费类别	平均值/元	百分比/%
交通费用	380.26	20.72
住宿费用	307.50	16.76
餐饮费用	298.15	16.25
门票费用	203.94	11.11

续表

消费类别	平均值/元	百分比/%
其他费用	182.02	9.92
购物费用	157.24	8.57
露营费用	122.87	6.70
零售店费用	114.29	6.23
娱乐费用	68.87	3.75
总计	1 835.13	100.00

4.3.2　影响总消费的决定变量

4.3.2.1　消费与人口统计变量、旅行相关变量的一般线性模型

本研究应用一般线性模型来识别影响消费的关键因素,即那些与总消费显著相关的决定变量。

表4.11列出了影响贵州三大国家级风景名胜区的总消费决定变量。更具体地说,收入、职业、地域来源、交通方式、旅行伴侣、住宿等级、住宿时间和访问次数是总消费的关键影响因素。

表4.11　贵州三大国家级风景名胜区总消费与人口统计变量、旅行变量的一般线性模型($n=1\ 306$)

变量	P 值
性别	0.703
婚姻状况	0.505
年龄	0.316
收入	**<0.001**
职业	**<0.001**
教育水平	0.392
地域来源	**<0.001**

续表

变量	P 值
交通方式	**<0.001**
旅行伴侣	**<0.001**
旅行模式	0.184
住宿等级	**<0.001**
住宿时间	**<0.001**
访问次数	**<0.001**

注:加粗表示结果显著。

表4.12 列出了黄果树国家级风景名胜区受访者的消费决定变量。具体而言,游客的地域来源、交通方式、旅行伴侣、住宿等级、住宿时间和访问次数是总消费的决定因素。

表4.12 黄果树国家级风景名胜区总消费与人口统计变量、旅行相关变量的一般线性模型($n=424$)

变量	P 值
性别	0.063
婚姻状况	0.630
年龄	0.288
收入	0.431
职业	0.143
教育水平	0.233
地域来源	**<0.001**
交通方式	**<0.001**
旅行伴侣	**<0.001**
旅行模式	0.936
住宿等级	**0.008**
住宿时间	**0.001**
访问次数	**0.002**

表 4.13 列出了龙宫国家级风景名胜区的消费决定变量。具体而言,游客的年龄、收入、职业、教育水平、地域来源、交通方式、旅行伴侣、住宿等级、住宿时间和访问次数是总消费的决定因素。

表 4.13　龙宫国家级风景名胜区总消费与人口统计变量、旅行相关变量的

一般线性模型($n=412$)

变量	P 值
性别	0.607
婚姻状况	0.495
年龄	**<0.001**
收入	**<0.001**
职业	**<0.001**
教育水平	**<0.001**
地域来源	**<0.001**
交通方式	**<0.001**
旅行伴侣	**<0.001**
旅行模式	0.054
住宿等级	**<0.001**
住宿时间	**<0.001**
访问次数	**<0.001**

表 4.14 列出了荔波樟江国家级风景名胜区的消费决定变量。具体而言,性别、年龄、收入、职业、地域来源、交通方式、旅行伴侣、住宿等级、住宿时间和访问次数是总消费的决定因素。

表 4.14　荔波樟江国家级风景名胜区总消费与人口统计变量、旅行相关变量的

一般线性模型($n=470$)

变量	P 值
性别	**0.011**

续表

变量	P 值
婚姻状况	0.171
年龄	**0.003**
收入	**<0.001**
职业	**<0.001**
教育水平	0.286
地域来源	**<0.001**
交通方式	**<0.001**
旅行伴侣	**0.001**
旅行模式	0.306
住宿等级	**<0.001**
住宿时间	**<0.001**
访问次数	**<0.001**

4.3.2.2　贵州三大国家级风景风胜区的消费决定变量汇总

在 13 个人口统计和旅行相关变量中,有 2 个因素(婚姻状况和旅行计划)与总消费不存在显著的相关性。在影响总消费的 11 个关键因素中,即在性别、年龄、收入、职业、地域来源、教育水平、交通方式、旅行伴侣、住宿等级、住宿时间和访问次数中,6 个是人口统计变量,5 个是旅行变量(表 4.15)。

表 4.15　贵州三大国家级风景名胜区的消费关键影响因素($n=1\ 306$)

	合计 ($n=1\ 306$)	黄果树 ($n=424$)	龙宫 ($n=412$)	荔波樟江 ($n=470$)
性别				√
婚姻状况				
年龄			√	√
收入	√		√	√

续表

	合计 （n=1 306）	黄果树 （n=424）	龙宫 （n=412）	荔波樟江 （n=470）
职业	√		√	√
教育水平			√	
地域来源	√	√	√	√
交通方式	√	√	√	√
旅行伴侣	√	√	√	√
旅行模式				
住宿等级	√	√	√	√
住宿时间	√	√	√	√
访问次数	√	√	√	√

注：√表示显著相关。

　　一般线性模型的结果表明,性别、年龄、收入、职业、地域来源、教育水平、交通方式、旅行伴侣、住宿等级、住宿时间和访问次数是消费决定变量。然而,住宿等级和住宿时间并不适用于这些国家公园的市场营销策略的制订。因此本研究将仅对游客在5个人口统计变量(性别、年龄、收入、职业和地域来源)以及2个旅行相关变量(交通方式和旅行伴侣)上存在差异的游客的消费模式展开分析。

4.3.3　基于重要人口统计变量的消费构成分析

4.3.3.1　基于性别的消费构成分析

　　本研究对不同性别的游客在贵州三大景区的平均消费金额进行了比较,以识别其在各消费类别上消费模式的差异。在1 306名受访者中,男性有502名,女性有 804 名。由表 4.16 可知，男性的平均消费为 2 129.62 元，而女性的平均消费为 1 938.65 元。通过 Levene 方差齐性检验，得到 P 值为 0.67，而 t 检验的 P 值为 0.071。由于两个检验的 P 值均超过显著性水平 0.05，男性和女性游客的总消费没有显著差异。

在具体的消费类别上，男性和女性游客在交通上的消费均为最高，男性平均支出为 378.40 元，女性平均支出为 397.56 元。然而，男女在门票费用和其他费用上的消费模式存在差异。男性和女性在门票费用上的支出分别为 238.68 元和 211.63 元，在其他费用上的支出则分别为 250.21 元和 150.92 元。

t 检验和非参数检验的结果表明，男性和女性在住宿、餐饮、露营、零售店、娱乐、交通和购物上的消费模式没有显著差异。

表 4.16 贵州三大国家级风景名胜区的男性和女性受访者的消费构成差异($n=1\ 306$)

消费类别	消费均值		方差齐性 检验	独立样本 t 检验	非参数 检验	差异
	男性 ($n=502$)	女性 ($n=804$)	P 值	P 值	P 值	
住宿	304.70	325.02	0.001		0.15	否
餐饮	356.01	328.46	0.23	0.22		否
露营	118.50	131.11	0.07	0.38		否
零售店	156.95	131.55	<0.001		0.78	否
娱乐	107.39	102.02	0.85	0.725		否
交通	378.40	397.56	0.03		0.050	否
购物	218.78	160.37	<0.001		0.104	否
门票	238.68	211.63	<0.001		0.008	是
其他	250.21	150.92	<0.001		0.009	是
总计	2 129.62	1 938.65	0.67	0.071		否

表 4.17 展示了黄果树国家级风景名胜区的男性与女性受访者在各消费类

别上的消费模式差异。在 424 名受访者中,男性有 197 名,女性有 227 名。研究发现,男性和女性在住宿上的平均消费分别为 365.15 元和 387.28 元,t 检验结果表明其在统计学上不存在显著差异。同时,男性和女性在餐饮上的平均消费分别为 480.38 元和 376.70 元,非参数检验结果显示,不同性别游客的餐饮消费也没有差异,P 值为 0.138,超显著性水平 0.05。

值得注意的是,男性在零售店的平均消费为 240.15 元,高于女性的 133.60 元,非参数检验的 P 值远低于显著性水平 0.05,表明性别之间存在显著差异。同时,女性在娱乐上的平均消费为 165.64 元,高于男性的 156.50 元,经检验,性别之间存在显著差异。然而,男性(390.03 元)和女性(416.14 元)在交通上的消费没有显著差异,t 检验的 P 值为 0.666,大于 0.05。在购物方面,男性的平均消费为 283.05 元,女性为 183.26 元,非参数检验的 P 值为 0.004,小于 0.05,差异显著。此外,男性和女性在门票上的消费不存在差异。另外,男性和女性在其他方面的消费存在显著差异,非参数检验的 P 值为 0.013,小于 0.05,男性的平均消费为 223.37 元,女性为 154.17 元。

如表 4.17 所示,男性和女性的平均消费分别为 2 609.99 元和 2 199.48 元。Levene 方差齐性检验的 P 值为 0.251,t 检验的 P 值为 0.085。由于这两个值均大于 0.05,可以得出男性和女性的总消费没有显著差异的结论。

表 4.17　黄果树国家级风景名胜区的男性和女性受访者的消费构成差异(n=424)

消费类别	消费均值		方差齐性检验	独立样本 t 检验	非参数检验	差异
	男性 (n=197)	女性 (n=227)	P 值	P 值	P 值	
住宿	365.15	387.28	0.141	0.703		否
餐饮	480.38	376.70	0.024		0.138	否
露营	160.81	109.25	0.026		0.002	是
零售店	240.15	133.60	0.002		<0.001	是
娱乐	156.50	165.64	0.028		<0.001	是

续表

消费类别	消费均值		方差齐性 检验	独立样本 t 检验	非参数 检验	差异
交通	390.03	416.14	0.333	0.666		否
购物	283.05	183.26	0.001		0.004	是
门票	310.56	273.44	0.497	0.145		否
其他	223.37	154.17	0.007		0.013	是
总计	2 609.99	2 199.48	0.251	0.085		否

表 4.18 展示了龙宫国家级风景名胜区的男性和女性受访者在各消费类别上的消费模式差异。在 412 名受访者中,男性有 160 名,女性有 252 名。研究发现,男性和女性在住宿上的平均消费分别为 255.15 元和 274.11 元,非参数检验结果表明二者在统计学上不存在显著差异。同时,男性和女性在餐饮上的平均消费分别为 267.88 元和 316.14 元,非参数检验结果显示性别之间也没有差异,P 值为 0.789,超显著性水平 0.05。在露营费用支出上,男性和女性之间也无显著差异。

表 4.18 龙宫国家级风景名胜区的男性和女性受访者的消费构成差异($n=412$)

消费类别	消费均值		方差齐性 检验	独立样本 t 检验	非参数 检验	差异
	男性 ($n=160$)	女性 ($n=252$)	P 值	P 值	P 值	
住宿	255.15	274.11	0.002		0.226	否
餐饮	267.88	316.14	0.011		0.789	否
露营	98.78	138.37	0.003		0.963	否
零售店	110.83	140.76	0.082	0.101		否
娱乐	84.60	85.70	0.939	0.949		否
交通	347.75	412.44	0.046		0.701	否

续表

消费类别	消费均值		方差齐性 检验	独立样本 t 检验	非参数 检验	差异
购物	176.58	155.75	0.139	0.390		否
门票	165.56	176.11	0.512	0.439		否
其他	280.00	149.19	0.000		0.505	否
总计	1 787.11	1 848.57	0.006		0.416	否

研究发现,女性在零售店的平均消费为140.76元,高于男性的110.83元,但性别之间的差异不显著,t 检验的 P 值为0.101,大于0.05。同时,男性(84.60元)和女性(85.70元)在娱乐上的消费没有显著差异。在交通方面,男性的平均消费为347.75元,女性为412.44元,非参数的 P 值为0.701,大于0.05,表明没有明显差异。在购物方面,男性的平均消费为176.58元,女性为155.75元,t 检验的 P 值为0.390,大于0.05,在统计学意义上没有显著差异。门票方面的消费也无明显性别差异。此外,男性在其他方面的平均消费为280.00元,女性为149.19元,非参数检验的 P 值为0.505,超显著性水平0.05,显示消费水平在性别之间没有显著差异。

根据表4.18,男性和女性的平均消费分别为1 787.11元和1 848.57元。Levene方差齐性检验的 P 值为0.006,小于0.05,而非参数检验的 P 值为0.416,大于0.05。可见,男性和女性的在游览龙宫国家级风景名胜区时的总消费没有显著差异。

表4.19展示了荔波樟江国家级风景名胜区的男性和女性受访者在各消费类别上的消费模式差异。在470名受访者中,男性有145名,女性有325名。研究发现,男性和女性在住宿上的平均消费分别为277.24元和321.00元,非参数检验结果表明性别之间无显著差异。同时,男性和女性在餐饮上的平均消费分别为284.31元和304.32元,t 检验结果显示性别之间也没有差异,P 值为0.523,大于0.05。然而,非参数检验的 P 值显示两性在露营费用方面存在显著

差异,男性的平均消费为 82.79 元,低于女性的 140.75 元。

　　研究发现,女性在零售店的平均消费为 122.98 元,高于男性的 94.79 元,但这一差异在统计学意义上不显著,t 检验的 P 值为 0.062,大于 0.05。在娱乐方面,女性的消费为 70.23 元,男性为 65.81 元,经检验,性别之间同样没有显著差异。在交通方面,男性的支出为 396.41 元,女性为 373.05 元,t 检验的 P 值为 0.596,超显著性水平 0.05,表明没有显著差异。男性在购物上的消费为 178.03 元,女性为 147.97 元,但这一差异同样不显著,非参数检验的 P 值为 0.406,大于 0.05。然而,在门票费用的支出上,男性的支出大于女性($P<0.05$)。此外,男性在其他方面的支出为 221.72 元,女性为 196.00 元,这一差异也在统计学意义上显著,非参数检验的 P 值为 0.032,小于 0.05。

　　如表 4.19 所示,男性和女性的平均消费分别为 1 854.92 元和 1 826.31 元。由于 Levene 方差齐性检验的 P 值为 0.433,t 检验的 P 值为 0.842,均大于 0.05,这表明男性和女性的总消费没有显著差异。

表 4.19　荔波樟江国家级风景名胜区的男性和女性受访者的消费构成差异($n=470$)

消费类别	消费均值		方差齐性检验 P 值	独立样本 t 检验 P 值	非参数检验 P 值	差异
	男性 ($n=145$)	女性 ($n=325$)				
住宿	277.24	321.00	<0.001		0.723	否
餐饮	284.31	304.32	0.313	0.523		否
露营	82.79	140.75	0.002		0.006	是
零售店	94.79	122.98	0.720	0.062		否
娱乐	65.81	70.23	0.380	0.682		否
交通	396.41	373.05	0.219	0.596		否
购物	178.03	147.97	0.023		0.406	否
门票	221.72	196.00	0.020		0.032	是
其他	253.79	150.00	<0.001		0.233	否
总计	1 854.92	1 826.31	0.433	0.842		否

4.3.3.2　基于年龄的消费构成分析

表 4.20 展示了各年龄段受访者在贵州三大景区的各消费类别上的消费模式差异。65 岁以上的受访者在住宿上的支出最高,为 1 111.11 元,住宿支出从高到低的组别依次是 26～35 岁组(358.91 元)、36～45 岁组(329.16 元)、19～25 岁组(301.60 元)、56～65 岁组(204.62 元)和 46～55 岁组(201.80 元)。在食品和饮料的消费上,65 岁以上的受访者同样支出最高(600.00 元),随后是 36～45 岁组(478.74 元)、26～35 岁组(387.10 元)、46～55 岁组(318.67 元)、19～25 岁组(302.51 元)和 56～65 岁组(276.92 元)。然而,26～35 岁的受访者在露营费用上的支出最高(186.43 元),剩下的依次是 19～25 岁组(118.93 元)、46～55 岁组(105.53 元)、36～45 岁组(63.59 元)和 65 岁以上组(27.78 元)。在零售店消费中,46～55 岁组和 26～35 岁组支出超 200 元,分别为 228.12 元和 203.00 元,而 56～65 岁组支出最低(30.77 元),其他年龄组的消费约为 118 元。在娱乐支出方面,65 岁以上的受访者支出最高(166.67 元),剩下的依次是 46～55 岁组(137.18 元)、56～65 岁组(123.08 元)、19～25 岁组(110.00 元)、26～35 岁组(90.74 元)和 36～45 岁组(72.82 元)。在交通方面,19～25 岁组支出最低(344.38 元),而 36～45 岁的受访者支出最高(584.27 元)。在购物上,46～55 岁组支出最高(409.92 元),而 56～65 岁组支出最低(76.92 元)。在门票支出上,46～55 岁组的受访者支出最高(345.96 元),65 岁以上组最低(180.00 元)。在其他费用上,46～55 岁组的支出也是最高的(359.73 元),而 65 岁以上组也最低(55.56 元)。最后,在整体消费方面,46～55 岁组支出最高(2 573.25 元),而 56～65 岁组支出最低(1 524.62 元)。各消费类别支出与年龄的多个单因素方差分析(ANOVA)和非参数检验表明,各年龄组别在各消费类别上的平均支出存在显著差异($P<0.05$),住宿和娱乐方面除外。

表 4.20　贵州三大国家级风景名胜区受访者基于年龄的消费构成差异($n=1\,306$)

消费类别	消费均值						方差齐性检验 P 值	方差分析 P 值	非参数检验 P 值	差异
	19~25 ($n=833$)	26~35 ($n=283$)	36~45 ($n=117$)	46~55 ($n=51$)	56~65 ($n=13$)	>65 ($n=9$)				
住宿	301.60	358.91	329.16	201.80	204.62	1 111.11	<0.001		0.165	否
餐饮	302.51	387.10	478.74	318.67	276.92	600.00	<0.001		<0.001	是
露营	118.93	186.43	63.59	105.53	0.00	27.78	<0.001		<0.001	是
零售店	118.99	203.00	118.58	228.12	30.77	231.11	<0.001		<0.001	是
娱乐	110.00	90.74	72.82	137.18	123.08	166.67	0.928	0.545		否
交通	344.38	429.47	584.27	466.35	441.54	366.67	0.002		<0.001	是
购物	157.44	238.09	139.57	409.92	76.92	222.22	<0.001		<0.001	是
门票	200.89	256.64	245.44	345.96	155.38	180.00	<0.001		<0.001	是
其他	154.58	232.08	263.73	359.73	215.38	55.56	<0.001		0.010	是
总计	1 809.33	2 382.48	2 295.90	2 573.25	1 524.62	2 961.11	<0.001		<0.001	是

表 4.21 展示了游览黄果树国家级风景名胜区的不同年龄的受访者在各消费类别上的消费模式差异。56~65 岁组的受访者在住宿上的支出最高,为 665.00 元,剩下的依次是 36~45 岁组(486.29 元)、19~25 岁组(385.39 元)、26~35 岁组(355.09 元)和 46~55 岁组(140.00 元)。在食品和饮料消费方面,36~45 岁组的支出最高,为 711.64 元,剩下的依次是 56~65 岁组(450.00 元)、26~35 岁组(382.26 元)、19~25 岁组(380.93 元)和 46~55 岁组(370.34 元)。26~35 岁组在露营上的支出最高,为 143.96 元,剩下的依次是 19~25 岁组(138.17 元)、36~45 岁组(124.29 元)和 46~55 岁组(90.34 元)。在零售店消费方面,46~55 岁组和 26~35 岁组支出超 220 元,分别为 228.28 元和 220.94 元,而 56~65 岁组支出最低(100.00 元),其他年龄组在零售店的实际平均消费上区别不大。在娱乐支出上,56~65 岁组的支出最高,为 400.00 元,剩下的依次是 19~25 岁组(207.07 元)、26~35 岁组(115.57 元)、36~45 岁组(103.93

元)和 46~55 岁组(46.21 元)。在交通费用方面,36~45 岁组的支出最高,为728.57 元,而 55~65 岁组的支出最低,为 310.00 元。在购物方面,46~55 岁组的支出最高,为 351.72 元,而 36~45 岁组的支出最低,为 181.79 元。在门票支出上,36~45 岁组的支出最高(339.39 元),19~25 岁组的支出最低(260.37元)。在其他费用上,55~65 岁组支出最高(700.00 元),而 36~45 岁组支出最低(158.14 元)。在整体消费上,56~65 岁组的支出最高,为 3 175.00 元,而 46~55 岁组支出最低,为 2 152.41 元。各消费类别支出与年龄的多个单因素方差分析和非参数检验说明,黄果树国家级风景名胜区不同年龄的受访者在住宿、娱乐和交通方面的消费存在显著差异。

表 4.21　黄果树国家级风景名胜区受访者基于年龄的消费构成差异(n=424)

消费类别	消费均值					方差齐性检验 P 值	方差分析 P 值	非参数检验 P 值	差异
	19~25 (n=229)	26~35 (n=106)	36~45 (n=56)	46~55 (n=29)	56~65 (n=4)				
住宿	385.39	355.09	486.29	140.00	665.00	0.023		0.004	是
餐饮	380.93	382.26	711.64	370.34	450.00	<0.001		0.104	否
露营	138.17	143.96	124.29	90.34	0.00	0.165	0.664		否
零售店	160.90	220.94	184.86	228.28	100.00	0.212	0.742		否
娱乐	207.07	115.57	103.93	46.21	400.00	0.015		0.001	是
交通	347.16	346.60	728.57	448.97	310.00	<0.001		0.001	是
购物	216.24	249.62	181.79	351.72	250.00	0.020		0.752	否
门票	260.37	326.98	339.39	302.07	300.00	0.021		0.339	否
其他	181.24	196.04	158.14	174.48	700.00	0.019		0.117	否
总计	2 277.48	2 337.08	3 018.89	2 152.41	3 175.00	0.018		0.350	否

表 4.22 展示了龙宫国家级风景名胜区不同年龄的游客在各消费类别上的消费模式差异。26~35 岁组在住宿上的支出最高,为 357.43 元,剩下的依次是19~25 岁组(255.15 元)、46~55 岁组(194.33 元)和 36~45 岁组(146.67

元)。在食品和饮料消费方面,26～35岁组的支出最高(397.14元),剩下的依次是19～25岁组(272.44元)、36～45岁组(232.22元)、46～55岁组(167.67元)、56～65岁组(200.00元)以及65岁以上组(100.00元)。46～55岁组在露营费用上的支出最高(209.33元),剩下的依次是26～35岁组(192.86元)、19～25岁组(106.89元)和36～45岁组(13.33元)。在零售店消费方面,46～55岁组的支出最高(272.00元),65岁以上组的支出为20.00元,55～65岁组的受访者没有在零售店消费,而26～35岁组、19～25岁组和36～45岁组分别支出195.36元、107.82元和46.44元。在娱乐消费上,56～65岁组和65岁以上组没有消费,46～55岁组的支出最高(354.67元),剩下的依次是26～35岁组(86.43元)、19～25岁组(81.95元)和36～45岁组(33.33元)。在交通费用方面,36～45岁组的支出最高(404.44元),而65岁以上组支出最低(200.00元)。在购物方面,除了没有消费的56～65岁组和65岁以上组,46～55岁组的支出最高(454.67元),而36～45岁组的支出最低(94.44元)。在门票支出上,除了没有消费的56～65岁组受访者,46～55岁组支出最高(448.67元),而19～25岁组支出最低,为159.67元。在其他费用方面,46～55岁组支出最高(669.67元),而19～25岁组支出最低(159.67元)。在整体消费方面,46～55岁组的支出最高,为3 293.00元,而65岁以上组的支出最低,为520.00元。各消费类别支出与受访者年龄的多个单因素方差分析和非参数检验说明,除交通费方面的支出,龙宫国家级风景名胜区不同年龄的受访者在各方面的支出上存在显著差异。

表 4.22　龙宫国家级风景名胜区受访者基于年龄的消费构成差异(n=412)

消费类别	消费均值						方差齐性检验 P值	方差分析 P值	非参数检验 P值	差异
	19～25 (n=244)	26～35 (n=112)	36～45 (n=36)	46～55 (n=12)	56～65 (n=4)	>65 (n=4)				
住宿	255.15	357.43	146.67	194.33	0.00	0.00	<0.001		0.006	是

续表

消费类别	消费均值						方差齐性检验 P值	方差分析 P值	非参数检验 P值	差异
	19～25 (n=244)	26～35 (n=112)	36～45 (n=36)	46～55 (n=12)	56～65 (n=4)	>65 (n=4)				
餐饮	272.44	397.14	232.22	167.67	200.00	100.00	0.004		<0.001	是
露营	106.89	192.86	13.33	209.33	0.00	0.00	<0.001		<0.001	是
零售店	107.82	195.36	46.44	272.00	0.00	20.00	<0.001		<0.001	是
娱乐	81.95	86.43	33.33	354.67	0.00	0.00	0.001		<0.001	是
交通	357.18	435.71	404.44	522.00	500.00	200.00	0.313	0.440		否
购物	134.11	231.43	94.44	454.67	0.00	0.00	<0.001		<0.001	是
门票	144.43	215.04	148.89	448.67	0.00	200.00	<0.001		<0.001	是
其他	159.67	226.79	277.78	669.67	0.00	0.00	<0.001		0.001	是
总计	1 619.64	2 338.18	1 397.56	3 293.00	700.00	520.00	<0.001		<0.001	是

表 4.23 展示了荔波樟江国家级风景名胜区不同年龄的游客在消费模式上的差异。65 岁以上的受访者在住宿上的支出最高,为 2 000.00 元,剩下的依次是 46～55 岁组(390.00 元)、26～35 岁组(367.69 元)、19～25 岁组(279.79 元)以及 36～45 岁组(240.00 元)。在食品和饮料消费方面,65 岁以上组的支出最高,为 1 000.00 元,剩下的依次是 26～35 岁组(377.69 元)、46～55 岁组(350.00元)、36～45 岁组(312.00 元)、19～25 岁组(273.00 元)和 56～65 岁组(200.00元)。26～35 岁组在露营费用上的支出最高,为 244.62 元,剩下的依次是 19～25 岁组(114.86 元)、65 岁以上组(50.00 元)和 46～55 岁组(25.00 元)。在零售店消费方面,65 岁以上组的支出最高,为 400.00 元,而 36～45 岁组的支出最低,为 74.00 元。55～65 岁组没有在零售店消费。此外,26～35 岁组支出 186.92元,46～55 岁组支出 175.00 元,19～25 岁组支出 99.90 元。在娱乐消费上,65岁以上组的支出最高(300.00 元),剩下的依次是 46～55 岁组(140.00 元)、19～

25 岁组(67.27 元)、36~45 岁组(60.00 元)和 26~35 岁组(57.69 元)。在交通费用方面,26~35 岁组的支出最高(553.85 元),19~25 岁组的支出最低(333.94元)。46~55 岁组在购物上的支出最高,为 525.00 元,36~45 岁组的支出为110.00 元,56~65 岁组则没有消费。在门票支出上,46~55 岁组的受访者支出最高,为 350.00 元,56~65 岁组和 65 岁以上组支出最低,均为 164.00 元。在其他费用上,46~55 岁组的支出也最高(525.00 元),而 65 岁以上组的支出最低(100 元)。总体来看,65 岁以上组的总支出最高(4 914.00 元),而 56~65 岁组的支出最低(864 元)。各消费类别与受访年龄的多个单因素方差分析和非参数检验说明,荔波樟江国家级风景名胜区的不同年龄段的游客在各消费类别的支出上均存在显著差异($P<0.05$)。

表 4.23 荔波樟江国家级风景名胜区受访者基于年龄的消费构成差异($n=470$)

消费类别	消费均值						方差齐性检验 P值	方差分析 P值	非参数检验 P值	差异
	19~25 (n=360)	26~35 (n=65)	36~45 (n=25)	46~55 (n=10)	56~65 (n=5)	>65 (n=5)				
住宿	255.15	357.43	146.67	194.33	0.00	0.00	<0.001		0.006	是
住宿	279.79	367.69	240.00	390.00	0.00	2 000.00	<0.001		0.003	是
餐饮	273.00	377.69	312.00	350.00	200.00	1 000.00	0.006		<0.001	是
露营	114.86	244.62	0.00	25.00	0.00	50.00	<0.001		<0.001	是
零售店	99.90	186.92	74.00	175.00	0.00	400.00	<0.001		0.008	是
娱乐	67.27	57.69	60.00	140.00	0.00	300.00	<0.001		0.047	是
交通	333.94	553.85	520.00	450.00	500.00	500.00	0.153	0.003		是
购物	135.85	230.77	110.00	525.00	0.00	400.00	<0.001		<0.001	
门票	201.32	213.62	174.00	350.00	164.00	164.00	0.054	0.010		是
其他	134.17	300.00	480.00	525.00	0.00	100.00	<0.001		<0.001	是
总计	1 640.11	2 532.85	1 970.00	2 930.00	864.00	4 914.00	<0.001		<0.001	是

4.3.3.3 基于游客地域来源的消费构成差异分析

表 4.24 显示了贵州三大国家级风景名胜区来自不同省份的受访者在各消费类别上的消费模式差异。在总花费方面,浙江省游客的受访者平均支出最高(5 094.12 元),剩下的依次是北京(3 399.06 元)、云南(3 278 元)、广西(2 997.18 元)、湖南(2 446.88 元)和贵州(1 774.5 元)。整体支出与受访者省份来源的方差分析和非参数检验说明,游客省份来源对其平均消费有显著影响。

表 4.24　贵州三大国家级风景名胜区受访者基于地域来源的消费构成差异($n=1\ 306$)

消费类别	消费均值						方差齐性检验 P 值	方差分析 P 值	非参数检验 P 值	差异
	北京 ($n=17$)	湖南 ($n=34$)	浙江 ($n=17$)	云南 ($n=15$)	贵州 ($n=1\ 106$)	广西 ($n=39$)				
交通	563.76	665.74	776.47	1360.00	297.95	785.64	<0.001		<0.001	是
餐饮	411.29	272.97	641.18	394.67	314.02	610.26	0.001		<0.001	是
住宿	534.82	257.09	1047.06	609.33	265.97	692.31	<0.001		<0.001	是
门票	357.88	287.68	317.65	127.33	207.44	233.59	<0.001		<0.001	是
其他	581.41	338.24	358.82	338.24	179.34	166.67	<0.001		<0.001	是
购物	165.65	379.71	211.76	66.67	167.93	233.33	<0.001		<0.001	是
零售店	248.47	131.91	358.82	133.33	129.49	175.38	<0.001		<0.001	是
露营	220.71	28.38	552.94	500.00	123.95	0.00	<0.001		<0.001	是
娱乐	315.06	85.18	829.41	13.33	88.41	100.00	<0.001		<0.001	是
总计	3 399.06	2 446.88	5 094.12	3 278.00	1 774.50	2 997.18	<0.001		<0.001	是

注:1 306 名受访者来自 22 个不同的省份。该表仅显示有 10 名及以上受访者的省份。其余 76 名受访者来自 16 个其他省份。

表 4.25 显示了黄果树国家级风景名胜区来自不同省份的受访者在各消费类别上的消费模式差异。广东省的受访者平均支出最高(9 300 元),剩下的依次是浙江(5 875 元)、北京(3 051.38 元)、广西(2 690.83 元),而贵州的受访者

支出最低(2 089.95 元)。整体支出与受访者省份来源的方差分析和非参数检验说明,游客省份来源对游客游览黄果树国家级风景名胜区的平均消费有显著影响。

表4.25　黄果树国家级风景名胜区受访者基于地域来源的消费构成差异($n=424$)

消费类别	消费均值					方差齐性检验 P 值	方差分析 P 值	非参数检验 P 值	差异
	北京 ($n=13$)	浙江 ($n=8$)	广东 ($n=4$)	贵州 ($n=345$)	广西 ($n=12$)				
交通	446.15	1 425.00	2 500.00	321.04	603.33	<0.001		<0.001	是
餐饮	500.00	800.00	1 750.00	396.43	408.33	0.052	<0.001		是
住宿	661.54	1 100.00	1 450.00	281.42	900.00	<0.001		<0.001	是
门票	269.23	450.00	650.00	275.58	204.17	0.811	0.000		是
其他	468.31	200.00	0.00	174.35	166.67	<0.001		0.001	是
购物	196.92	225.00	850.00	214.20	233.33	<0.001		<0.001	是
零售店	181.54	200.00	1 600.00	166.49	75.00	0.554	0.000		是
露营	120.00	50.00	0.00	138.61	0.00	0.002		<0.001	是
娱乐	207.69	1425.00	500.00	121.83	100.00	<0.001		<0.001	是
总计	3 051.38	5 875.00	9 300.00	2 089.95	2 690.83	<0.001		<0.001	是

注:424 名受访者来自21 个不同的省份。该表仅显示有 8 名及以上受访者的省份。尽管只有 4 名受访者来自广东,但由于其消费水平最高,仍然列出该省。其余40 名受访者来自16 个不同的省份。

表4.26 显示了龙宫国家级风景名胜区来自不同省份的受访者在各消费类别上的消费模式差异。广西的受访者平均支出最高(313.33 元),剩下的依次是云南(2 775.00 元)、湖南(2 304.67 元)和贵州(1 619.27 元)。整体支出与受访者的省份来源的方差分析和非参数检验说明,游客省份来源对游客游览龙宫国家级风景名胜区的平均消费有显著影响。

表 4.26　龙宫国家级风景名胜区的受访者基于地域来源的消费构成差异($n=412$)

消费类别	消费均值				方差齐性检验 P 值	方差分析 P 值	非参数检验 P 值	差异
	湖南 ($n=12$)	云南 ($n=8$)	贵州 ($n=356$)	广西 ($n=12$)				
交通	538.33	1 250.00	286.89	866.67	<0.001		<0.001	
餐饮	241.67	350.00	281.84	700.00	0.080	<0.001		是
住宿	260.00	500.00	235.64	600.00	<0.001		<0.001	是
门票	301.67	75.00	155.28	246.67	<0.001		<0.001	是
其他	333.33	50.00	194.94	166.67	0.002		<0.001	是
购物	383.33	50.00	151.47	233.33	<0.001		<0.001	是
零售店	121.67	100.00	119.21	220.00	0.013		<0.001	是
露营	28.33	400.00	115.00	0.00	<0.001		<0.001	是
娱乐	96.33	0.00	78.99	100.00	0.011		<0.001	是
总计	2 304.67	2 775.00	1 619.27	3 133.33	<0.001		<0.001	是

注:412 名受访者来自 10 个不同的省份。该表仅显示有 8 名及以上受访者的省份。其余 24 名受访者来自 6 个其他省份。

　　表 4.27 显示了荔波樟江国家级风景名胜区来自不同省份的受访者在各消费类别上的消费模式差异。云南的受访者平均支出最高(4 950 元),剩下的依次是广西(3 133.33 元)、湖南(2 668.50 元)和贵州(1 642.23 元)。整体支出与受访者省份来源的方差分析和非参数检验说明,游客省份来源对其游览荔波樟江国家级风景名胜区的平均消费有显著影响。

表 4.27　荔波樟江国家级风景名胜区受访者基于地域来源的消费构成差异（$n = 470$）

消费类别	消费均值				方差齐性检验 P 值	方差分析 P 值	非参数检验 P 值	差异
	湖南 ($n=20$)	贵州 ($n=405$)	广西 ($n=15$)	云南 ($n=5$)				
交通	778.75	288.01	866.67	2 000.00	<0.001		<0.001	
餐饮	306.25	272.11	700.00	600.00	0.002		<0.001	是
住宿	267.25	279.46	600.00	1 000.00	<0.001		<0.001	是
门票	279.25	195.25	246.67	150.00	0.008		<0.001	是
其他	375.00	169.88	166.67	100.00	0.001		<0.001	是
购物	412.50	142.98	233.33	100.00	<0.001		<0.001	是
零售店	141.25	107.01	220.00	200.00	<0.001		<0.001	是
露营	21.25	119.32	0.00	800.00	<0.001		<0.001	是
娱乐	87.00	68.22	100.00	0.00	<0.001		<0.001	是
总计	2668.50	1642.23	3133.33	4950.00	<0.001		<0.001	是

注释：470 名受访者来自 9 个不同的省份。该表仅显示有 15 名及以上受访者的省份。尽管只有 5 名受访者来自云南，但由于其消费水平最高，仍然列出该省。其余 25 名受访者来自 5 个其他省份。

4.3.3.4　基于游客职业的消费构成分析

表 4.28 展示了贵州三大国家级风级名胜区的不同职业的受访者在各消费类别上的消费模式差异。公务员在住宿方面的消费最高，平均为 702.48 元，剩下的依次是私营企业员工（359.67 元）、个体经营者（324.10 元）、国有企事业单位工作人员（320.38 元）、失业人员（299.40 元）和其他（293.22 元）。在餐饮方面，个体经营者的消费最高（469.92 元），剩下的依次是公务员（437.71 元）、私营企业员工（405.79 元）、国有企事业单位工作人员（350.94 元）、其他（306.14 元）和失业人员（284.68 元）。公务员在露营费用上的支出最高（223.90 元），剩下的依次是个体经营者（150.17 元）、失业人员（145.71 元）、国有企事业单位

工作人员(121.84元)、其他(112.25元)和私营企业员工(111.12元)。在零售店消费方面,公务员的支出再次居首位(284.00元),而国有企事业单位工作人员的消费最低(108.16元)。同时,个体经营者、私营企业员工、其他和失业人员的消费分别为265.14元、167.98元、125.18元和113.26元。

同样,公务员在娱乐方面的支出最高(336.00元),剩下的依次是其他职业(128.36元)、个体经营者(99.83元)、私营企业员工(90.79元)、失业人员(83.73元)和国有企事业单位工作人员(62.56元)。在交通方面,失业人员的支出最低(279.79元),而私营企业员工的支出最高(494.49元)。个体经营者在购物上的支出最高(349.59元),而其他工作类型的人支出最低(142.32元)。在门票方面,公务员支出最高,为355.43元,其他支出最低,为98.28元。在其他费用方面,公务员的消费最高(334.48元),而其他工作类型的人支出最低(97.11元)。公务员的整体消费最高(3 461.62元),而从事其他工作的人员支出最低(1 801.88元)。方差分析和非参数检验的结果表明,不同职业的受访者在各类消费类别及整体的平均消费上存在显著差异。

表4.29描绘了黄果树国家级风景名胜区不同职业受访者基于职业的在各消费类别上的消费模式差异。从住宿支出来看,其他职业的受访者消费最高(441.40元),剩下的依次是私营企业员工(436.84元)、个体经营者(390.67元)、公务员(355.00元)、国有企事业单位工作人员(349.73元)和失业人员(274.49元)。在餐饮方面,个体经营者的支出最高(504.44元),剩下的依次是私营企业员工(495.79元)、国有企事业单位工作人员(491.91元)、其他(365.09元)、失业人员(361.09元)和公务员(308.33元)。在露营费用方面,私营企业员工支出最多(206.32元),剩下的依次是失业人员(148.89元)、公务员(188.33元)、其他(123.14元)和个体经营者(92.59元)。在零售店方面,个体经营者消费最高(317.41元),而国有企事业单位工作人员消费最低(136.89元)。同时,私营企业员工、公务员、失业人员和其他的支出分别为250.35元、175.00元、152.36元和149.55元。

表4.28 贵州三大国家级风景名胜区受访者基于职业的消费构成差异(n=1 306)

消费类别	消费均值						方差齐性检验 P值	方差分析 P值	非参数检验 P值	差异
	公务员(n=21)	国有企事业单位工作人员(n=198)	私营企业员工(n=178)	个体经营者(n=121)	其他(n=499)	失业人员(n=289)				
住宿	702.48	320.38	359.67	324.10	293.22	299.40	<0.001		<0.001	是
餐饮	437.71	350.94	405.79	469.92	306.14	284.68	0.158	<0.001		是
露营	223.90	121.84	111.12	150.17	112.25	145.71	0.010		<0.001	是
零售店	284.00	108.16	167.98	265.14	125.18	113.26	<0.001		<0.001	是
娱乐	336.00	62.56	90.79	99.83	128.36	83.73	0.001		<0.001	是
交通	484.95	427.25	494.49	386.99	399.02	279.79	<0.001		<0.001	是
购物	302.67	157.78	228.20	349.59	142.32	163.43	<0.001		<0.001	是
门票	355.43	235.06	251.54	275.41	198.28	203.89	<0.001		<0.001	是
其他	334.48	170.99	249.44	244.71	97.11	289.26	<0.001		<0.001	是
总计	3 461.62	1 954.95	2 359.02	2 565.86	1 801.88	1 863.15	<0.001		<0.001	是

表 4.29　黄果树国家级风景名胜区受访者基于职业的消费构成差异（n=424）

消费类别	消费均值						方差齐性检验 P值	方差分析 P值	非参数检验 P值	差异
	公务员 (n=12)	国有企事业单位工作人员 (n=90)	私营企业员工 (n=57)	个体经营者 (n=54)	其他 (n=121)	失业人员 (n=90)				
住宿	355.00	349.73	436.84	390.67	441.40	274.49	0.006		0.083	否
餐饮	308.33	491.91	495.79	504.44	365.09	361.09	0.003		0.251	否
露营	188.33	101.78	206.32	92.59	123.14	148.89	0.014		0.016	是
零售店	175.00	136.89	250.35	317.41	149.55	152.36	<0.001		0.719	否
娱乐	241.67	82.89	141.05	148.15	269.50	104.67	<0.001		0.020	是
交通	325.00	392.89	467.37	532.15	395.07	320.67	0.036		0.894	否
购物	341.67	199.33	278.95	268.52	170.58	269.78	<0.001		0.024	是
门票	338.33	315.73	265.61	351.85	259.26	280.71	0.016		0.135	否
其他	227.33	220.18	130.53	242.96	131.57	221.96	<0.001		0.695	否
总计	2 500.67	2 291.33	2 672.81	2 848.74	2 305.17	2 134.60	0.031		0.653	否

其他职业的受访者在娱乐方面的支出最高(269.50 元),剩下的依次是公务员(241.67 元)、个体经营人员(148.15 元)、私营企业员工(141.05 元)、失业人员(104.67 元)和国有企事业单位员工(82.09 元)。在交通支出方面,公务员(325 元)和失业人员(320.67 元)的支出低于其他组。然而,公务员在购物方面的支出最高(341.67 元),而其他职业的受访者支出最低(170.58 元)。在门票支出上,个体经营者支出最高,为 351.85 元,从事其他职业的受访者支出最低,为 259.26 元。个体经营者在其他费用上的支出最高(242.96 元),而私营企业员工的支出最低(130.53 元)。总体来看,个体经营者的平均支出最高(2 848.74 元),而失业人员支出最低(2 134.60 元)。方差分析和非参数检验的结果表明,黄果树国家级风景名胜区不同职业受访者的平均支出不存在显著差异,就具体类别而言,仅在露营、娱乐和购物方面的支出上呈现出差异性。

表 4.30 展示了龙宫国家级风景名胜区不同职业的受访者在各消费类别上的消费模式差异。私营企业员工在住宿上的支出最高(313.58 元),剩下的依次是国有企事业单位工作人员(286.67 元)、失业人员(276.48 元)、其他(258.76 元)、个体经营者(160.00 元)和公务员(123.00 元)。在餐饮方面,个体经营者的支出最高(347.50 元),紧随其后的是私营企业员工(338.42 元)、其他(312.00 元)、失业人员(252.86 元)、国有企事业单位工作人员(240.42 元)和公务员(123.00 元)。关于露营费用,公务员的支出最高(548.00 元),剩下的依次是个体经营者(185.00 元)、国有企事业单位工作人员(136.25 元)、其他(130.60 元)、失业人员(106.67 元)和私营企业员工(67.37 元)。在零售支出方面,公务员的支出最高(466.00 元),而失业人员支出最低(110.00 元)。在娱乐方面,公务员支出最多(664.00 元),剩下的依次是其他(96.67 元)、失业人员(90.48 元)、个体经营者(65.00 元)、私营企业员工(62.11 元)和国有企事业单位工作人员(38.25 元)。公务员在交通上的支出最高(946 元),而个体经营者支出最低(213.75 元)。然而,个体经营者在购物上的支出最高(306.25 元),而公务员支出最低(64.00 元)。在门票方面,公务员的支出最高(646.00 元),而从事其他职业的人的支出远少于公务员的支出。公务员在其他费用上的支出也最高

（949.00 元），而从事其他工作类型的人支出最低（81.89 元）。总体来看，公务员的平均支出最高（4 529.00 元），而从事其他工作类型的人支出最低（1 736.08元）。方差分析和非参数检验的结果表明，不同职业的受访者游览龙宫国家级风景名胜区时在整体和各消费类别上的平均消费存在显著差异。

表 4.31 描述了荔波樟江国家级风景名胜区不同职业的受访者在各消费类别上的消费模式差异。就住宿而言，公务员消费最多（2 000.00 元），剩下的依次是个体经营者（371.43 元）、私营企业员工（339.78 元）、失业人员（335.65元）、国有企事业单位工作人员（303.33 元）和从事其他职业的人（234.5 元）。在餐饮方面，公务员消费最多（1 000.00 元），剩下的依次是个体经营者（528.57元）、私营企业员工（405.56 元）、从事其他职业的人（267.48 元）、失业人员（248.13 元）和国有企事业单位工作人员（227.92 元）。在露营方面，个体经营者消费最多（207.14 元），其次是失业人员（171.74 元）、国有企事业单位工作人员（140.42 元）、从事其他职业的人（91.13 元）和私营企业员工（64.44 元）。在零售店方面，公务员消费最多（400.00 元），而失业人员消费最少（85.04 元）。同时，个体经营者、私营企业员工、从事其他职业的人和国有企事业单位工作人员分别消费了 221.43、141.11 元、107.43 元和 87.92 元。

在娱乐消费方面，公务员消费最多（300 元），剩下的依次是私营企业员工（75.56 元）、从事其他职业的人（72.38 元）、失业人员（62.42 元）和国有企事业单位工作人员（51.50 元）。在交通费用方面，个体经营者（321.43 元）和失业人员（263.30 元）的支出低于其他群体。然而，个体经营者在购物方面的支出最多（514.29 元），而失业人员支出最少（70.87 元）。除公务员（164.00 元）、从事其他职业的人（182.10 元）和失业人员（198.43 元）外，其他群体在门票方面的平均支出均高于 200 元。就其他费用而言，私营企业员工消费最多（391.11元），而从事其他职业的人消费最少（90.00 元）。总体而言，公务员的平均消费最高（4 914.00 元），而从事其他职业的人平均消费最低（1 564.52 元）。方差分析和非参数检验的结果表明，不同职业的受访者游览荔波樟江国家级风景名胜区时在整体和各消费类别上的平均消费存在显著差异，除了在露营方面。

表4.30　龙宫国家级风景名胜区受访者基于职业的消费构成差异（n=412）

消费类别	消费均值						方差齐性检验 P值	方差分析 P值	非参数检验 P值	差异
	公务员 (n=4)	国有企事业单位工作人员 (n=48)	私营企业员工 (n=76)	个体经营者 (n=32)	其他 (n=168)	失业人员 (n=4)				
住宿	123.00	286.67	313.58	160.00	258.76	276.48	0.048		0.008	是
餐饮	123.00	240.42	338.42	347.50	312.00	252.86	0.009		0.003	是
露营	548.00	136.25	67.37	185.00	130.60	106.67	0.011		<0.001	是
零售店	466.00	79.58	122.11	224.75	129.81	110.00	<0.001		0.001	是
娱乐	664.00	38.25	62.11	65.00	96.67	90.48	0.003		0.001	是
交通	946.00	451.25	472.11	213.75	414.83	258.57	0.001		<0.001	是
购物	64.00	100.00	193.68	306.25	137.64	176.19	<0.001		<0.001	是
门票	646.00	125.83	229.39	145.00	174.58	129.05	<0.001		<0.001	是
其他	949.00	130.00	254.74	195.00	81.19	394.29	<0.001		0.005	是
总计	4 529.00	1 588.25	2 053.50	1 842.25	1 736.08	1 794.57	0.144	0.004		是

表4.31 荔波樟江国家级风景名胜区的受访者基于职业的消费构成差异($n=470$)

消费类别	消费均值						方差齐性检验 P值	方差分析 P值	非参数检验 P值	差异
	公务员 ($n=5$)	国有企事业单位工作人员 ($n=60$)	私营企业员工 ($n=45$)	个体经营者 ($n=35$)	其他 ($n=210$)	失业人员 ($n=115$)				
住宿	2 000.00	303.33	339.78	371.43	235.40	335.65	<0.001		<0.001	是
餐饮	1 000.00	227.92	405.56	528.57	267.48	248.13	0.150	0.000	<0.001	是
露营	50.00	140.42	64.44	207.14	91.31	171.74	<0.001		0.091	否
零售店	400.00	87.92	141.11	221.43	107.43	85.04	<0.001		<0.001	是
娱乐	300.00	51.50	75.56	57.14	72.38	62.42	0.002		0.040	是
交通	500.00	459.58	566.67	321.43	388.64	263.30	0.006		<0.001	是
购物	400.00	141.67	222.22	514.29	129.79	70.87	<0.001		<0.001	是
门票	164.00	201.42	271.11	276.71	182.10	70.87	<0.001		<0.001	是
其他	100.00	130.00	391.11	292.86	90.00	265.22	<0.001		<0.001	是
总计	4 914.00	1 743.75	2 477.56	2 791.00	1 564.52	1 700.81	<0.001		<0.001	是

4.3.3.5　基于游客收入的消费构成分析

表 4.32 描述了贵州三大国家级风景名胜区不同收入受访者在各消费类别上的消费模式差异。收入超 20 000 元的受访者在住宿上消费最多（720.00元），收入为 10 001～15 000 元的受访者平均消费 575.61 元，15 001～20 000 元的消费 514.00 元，5 001～10 000 元的消费 402.16 元，失业人员消费 291.20元，收入低于 5 000 元的受访者消费 237.31 元。

在餐饮支出方面，收入超 20 000 元的受访者消费最多（676.67 元），剩下的依次是收入为 10 001～15 000 元的受访者（546.34 元）和收入为 15 001～20 000 元的受访者（505.43 元），失业人员消费最少（249.17 元）。在露营支出方面，收入为 15 001～20 000 元的受访者消费最多（385.71 元），剩下的依次是收入为 5 001～10 000 元的受访者（145.00 元）和收入不超 5 000 元的受访者（122.94 元），收入超 20 000 元的受访者消费最少（25.33 元）。

在零售店支出方面，收入为 15 001～20 000 元的受访者消费最多（514.29元），剩下的依次是收入超 20 000 元的受访者（312.67 元）和收入为 5 001～10 000 元的受访者（187.08 元），收入为 10 001～15 000 元的受访者消费最少（91.22 元）。在娱乐支出方面，消费最多的 3 个群体分别是收入为 15 001～20 000 元的受访者（442.86 元）、收入超 20 000 元的受访者（124.67 元）和失业人员（112.16 元），收入为 10 001～15 000 元的受访者消费最少（36.59 元）。在交通支出方面，收入超 20 000 元、收入为 15 001～20 000 元和收入为 5 001～10 000 元的受访者消费位列前三，分别为 805.00 元、531.43 元和 515.21 元。

收入为 15 001～20 000 元的受访者在购物方面消费最多（428.57 元），剩下的依次是收入为 5 001～10 000 元的受访者（254.31 元）和收入超 20 000 元的受访者（218.33 元），失业者消费最少（94.12 元）。在门票支出方面，除收入为 15 001～20 000 元和收入超 20 000 元的群体分别消费了 387.14 元和 305.20 元外，其余各组的门票支出均少于 300 元。至于其他费用支出，收入为 15 001～20 000 元的受访者消费最多（400.00 元），而收入为 15 001～20 000 元的受访者消费最少（104.88 元）。

表 4.32 贵州三大国家级风景名胜区受访者基于收入的消费构成差异(n=1 306)

消费类别	消费均值						方差齐性检验 P值	方差分析 P值	非参数检验 P值	差异
	≤5 000 (n=589)	5 001~10 000 (n=343)	10 001~15 000 (n=41)	15 0001~20 000 (n=14)	>20 000 (n=30)	失业人员 (n=289)				
住宿	237.31	402.16	575.61	514.00	720.00	291.20	<0.001		<0.001	是
餐饮	300.06	420.65	546.34	505.43	676.67	249.17	<0.001		<0.001	是
露营	122.94	145.13	46.34	385.71	25.33	119.90	<0.001		0.001	是
零售店	125.07	187.08	91.22	514.29	312.67	91.36	<0.001		<0.001	是
娱乐	97.87	100.38	36.59	442.86	124.67	112.16	0.001		<0.001	是
交通	297.35	515.21	439.02	531.43	805.00	374.21	<0.001		<0.001	是
购物	181.13	254.31	124.39	428.57	218.33	94.12	<0.001		<0.001	是
门票	208.53	251.87	247.80	387.14	305.20	193.82	<0.001		<0.001	是
其他	175.27	286.72~	104.88	400.00	115.87	110.69	<0.001		<0.001	是
总计	1 745.53	2 563.52	2 212.20	4 109.43	3 303.73	1 636.64	<0.001		<0.001	是

　　总体而言,收入为 15 001 ~ 20 000 元的受访者平均消费最多(4 109.43 元),而失业人员的平均消费最少(1 636.44 元)。方差分析和非参数检验的结果表明,受访者的收入水平对游览贵州三大国家公园时产生的平均消费有显著影响。

　　表 4.33 描述了黄果树景区不同收入的受访者在各消费类别上的消费模式差异。收入为 10 000 ~ 15 000 元的受访者在住宿上的消费最多(1 042.86 元),剩下的依次是收入超 20 000 元(725.00 元)和收入为 15 000 ~ 20 000 元的受访者(514.00 元),失业人员的消费最少(302.22 元)。

　　在餐饮支出方面,消费最多的前三个群体分别是收入超 20 000 元(787.50 元)、收入为 10 001 ~ 15 000 元(700.00 元)和收入为 15 001 ~ 20 000 元的受访者(505.43 元),失业人员的消费最少(349.78 元)。同时,收入为 15 001 ~ 20 000 元、收入低于 5 000 元和收入为 5 001 ~ 10 000 元的受访者在露营费用上的支出最多,分别为 385.71 元、148.99 元和 127.73 元,而收入超 20 000 元的受访者消费最少(3.75 元)。

　　在零售支出方面,收入为 15 001 ~ 20 000 元的受访者消费最多(514.29 元),然后是收入超 20 000 元(348.75 元)和收入为 5 001 ~ 10 000 元的受访者(202.20 元),失业人员消费最少(93.73 元)。在娱乐支出方面,收入为 15 001 ~ 20 000 元的受访者、失业人员和收入超 20 000 元的受访者的消费位居前三,分别为 442.86 元、243.11 元和 140.00 元,而收入为 10 001 ~ 15 000 元的受访者消费最少(42.86 元)。在交通费用方面,收入超 20 000 元的受访者消费最多(1 325.00 元),然后是收入为 15 001 ~ 20 000 元(531.43 元)和 10 001 ~ 15 000 元的受访者(514.29 元),收入低于 5 000 元的受访者消费最少(343.95 元)。

　　在购物支出方面,收入为 15 001 ~ 20 000 元的受访者消费最多(428.57 元),然后是收入为 10 001 ~ 15 000 元(300.00 元)和收入低于 5 000 元的受访者(267.09 元),失业人员消费最少(120.00 元)。在门票支出方面,收入超 20 000 元的受访者消费最多(476.00 元),而失业人员消费最少(250.89 元)。

在其他费用支出方面,收入为 15 001 ~ 20 000 元的受访者消费最多(400.00元),而收入超 20 000 元的受访者消费最少(73.5 元)。

就平均总支出而言,收入为 15 001 ~ 20 000 元的受访者消费最多(4 109.43元),而失业人员消费最少(1 920.40 元)。方差分析和非参数检验的结果表明,受访者的收入水平对游览黄果树国家级风景区时产生的整体和各消费类别的平均消费有显著影响。

表 4.34 描述了龙宫国家级风景名胜区不同收入的受访者在各消费类别上的消费模式差异。收入为 5 001 ~ 10 000 元、10 001 ~ 15 000 元的受访者和失业人员在住宿上的消费最多,分别为 393.72 元、333.33 元和 251.74 元。

在餐饮支出方面,收入为 10 001 ~ 15 000 元的受访者消费最多(466.67元),然后是收入为 5 001 ~ 10 000 元的受访者(398.28 元)和收入超 20 000 元的受访者(300.00 元),失业人员消费最少(216.38 元)。在露营支出方面,收入为 5 001 ~ 10 000 元的受访者消费最多(168.28 元),然后是收入低于 5 000 元的受访者(11.00 元)和失业人员(93.05 元)。

收入超 20 000 元的受访者在零售支出上消费最多(200.00 元),然后是收入为 5 001 ~ 10 000 元的受访者(176.55 元)和收入低于 5 000 元的受访者(115.81 元)。在娱乐支出方面,收入低于 5 000 元的受访者消费最多(100.99元),然后是收入为 5 001 ~ 10 000 元的受访者(90.69 元)和失业人员(52.60元)。在交通支出方面,收入为 5 001 ~ 10 000 元、失业和收入为 10 001 ~ 15 000元的受访者消费最多,分别为 548.97 元、423.71 元和 400.00 元。

收入为 5 001 ~ 10 000 元的受访者在购物上的消费最多(202.76 元),然后是收入低于 5 000 元的受访者(175.41 元)和收入超 20 000 元的受访者(150.00元)。在门票支出方面,收入为 10 001 ~ 15 000 元的受访者消费最多(213.33元),而失业人员消费最少(139.76 元)。收入为 5 001 ~ 10 000 元的受访者在其他费用上的消费最多(268.28 元),而收入为 10 001 ~ 15 000 元的受访者消费最少(66.67 元)。

表 4.33　黄果树国家级风景名胜区受访者基于收入的消费构成差异（n=424）

消费类别	消费均值						方差齐性检验 P值	方差分析 P值	非参数检验 P值	差异
	≤5 000 (n=158)	5 001~10 000 (n=132)	10 001~15 000 (n=14)	15 0001~20 000 (n=14)	>20 000 (n=16)	失业人员 (n=90)				
住宿	307.06	384.35	1 042.86	514.00	725.00	302.22	<0.001		0.016	是
餐饮	392.13	433.59	700.00	505.43	787.50	349.78	<0.001		<0.001	是
露营	148.99	127.73	71.43	385.71	3.75	106.89	<0.001		0.011	是
零售店	173.62	202.20	164.29	514.29	348.75	93.73	0.001		<0.001	是
娱乐	121.84	138.33	42.86	442.86	140.00	243.11	0.003		0.001	是
交通	343.95	367.70	514.29	531.43	1 325.00	362.00	<0.001		0.018	是
购物	267.09	234.55	300.00	428.57	200.00	120.00	0.002		0.007	是
门票	288.20	285.59	314.29	387.14	476.00	250.89	0.079		0.03	是
其他	195.49	231.64	178.57	400.00	73.50	91.78	<0.001		0.001	是
总计	2 238.37	2 405.67	3 328.57	4 109.43	4 079.50	1 920.40	<0.001		<0.001	是

表 4.34 龙宫国家级风景名胜区受访者基于收入的消费构成差异（n=412）

消费类别	消费均值						方差齐性检验 P 值	方差分析 P 值	非参数检验 P 值	差异
	≤5 000 (n=196)	5 001～10 000 (n=116)	10 001～15 000 (n=12)	15 0001～20 000 (n=0)	>20 000 (n=4)	失业人员 (n=84)				
住宿	199.40	393.72	333.33	0.00	0.00	251.74	<0.001		<0.001	是
餐饮	262.00	398.28	466.67	0.00	300.00	216.38	<0.001		<0.001	是
露营	116.00	168.28	33.33	0.000	50.00	93.05	<0.001		0.008	是
零售店	115.81	176.55	53.33	0.00	200.00	102.21	<0.001		0.054	是
娱乐	100.99	90.69	33.33	0.00	0.00	52.60	0.006		0.026	是
交通	282.16	548.97	400.00	0.00	50.00	423.71	<0.001		<0.001	是
购物	175.41	202.76	33.33	0.00	150.00	102.38	<0.001		<0.001	是
门票	163.44	211.50	213.33	0.00	0.00	139.76	<0.001		<0.001	是
其他	184.67	268.28	66.67	0.00	200.00	160.48	0.005		0.030	是
总计	1 599.88	2 459.02	1 633.33	0.00	950.00	1 542.31	<0.001		<0.001	是

注：缺少收入为 15 001～20 000 元的样本。

　　就平均总支出而言,收入为 5 001～10 000 元的受访者消费最多,而收入超过 20 000 元的受访者消费最少(950.00 元)。方差分析和非参数检验的结果表明,不同收入的受访者游览龙宫国家级风景名胜区时在整体和各消费类别上的平均消费存在显著差异,零售店方面除外。

　　表 4.35 描述了荔波樟江国家级风景名胜区不同收入的受访者在各消费类别上的消费模式差异。收入超 20 000 元的受访者在住宿上的支出最多(1 000.00 元),然后是收入为 5 001～10 000 元的受访者(437.21 元)和收入为 10 001～15 000 元的受访者(333.33 元),而收入低于 5 000 元的受访者支出最少(222.03 元)。

　　在餐饮支出方面,收入超 20 000 元、收入为 10 001～15 000 元和 5 001～10 000 元的受访者花费最多,分别支出 650.00 元、466.67 元和 430.00 元,而失业人员的支出最少(194.38 元)。失业人员在露营上的支出最多(149.70 元),然后是收入为 5 001～10 000 元的受访者(141.05 元)和收入低于 5 000 元的受访者(111.21 元)。

　　收入超 20 000 元的受访者在零售支出上花费最多(300.00 元),然后是收入为 5 001～10 000 元的受访者(178.95 元)和收入低于 5 000 元的受访者(100.15 元)。在娱乐支出方面,收入超 20 000 元的受访者花费最多(150.00元),然后是收入低于 5 000 元的受访者(79.15 元)和收入为 5 001～10 000 元的受访者(59.47 元),而收入为 10 001～15 000 元的受访者支出最少(33.33元)。收入为 5 001～10 000 元、10 001～15 000 元的受访者和失业的受访者交通支出最多,分别为 678.95 元、400.00 元和 347.62 元。

　　收入为 5 001～10 000 元的受访者在购物上的支出最多(344.74 元),然后是收入超 20 000 元的受访者(275.00 元)和收入低于 5 000 元的受访者(128.11元)。

表 4.35　荔波樟江国家级风景名胜区受访者基于收入的消费构成差异 ($n=470$)

消费类别	消费均值					方差齐性检验 P值	方差分析 P值	非参数检验 P值	差异
	≤5 000 ($n=196$)	5 001~10 000 ($n=116$)	10 001~15 000 ($n=12$)	>20 000 ($n=0$)	失业人员 ($n=84$)				
住宿	222.03	437.21	333.33	1 000.00	311.41	<0.001	<0.001	<0.001	是
餐饮	269.90	430.00	466.67	650.00	194.38	<0.001	<0.001	<0.001	是
露营	111.21	141.05	33.33	50.00	149.70	<0.001	<0.001	0.091	是
零售店	100.15	178.95	53.33	300.00	81.57	<0.001	<0.001	<0.001	是
娱乐	79.15	59.47	33.33	150.00	53.19	<0.001	<0.001	0.000 4	是
交通	278.70	678.95	400.00	275.00	347.62	<0.001	<0.001	<0.001	是
购物	128.11	344.74	33.33	275.00	67.83	<0.001	<0.001	<0.001	是
门票	192.57	254.32	213.33	154.00	188.65	<0.001	<0.001	<0.001	是
其他	153.83	385.79	66.67	150.00	89.13	<0.001	<0.001	<0.001	是
总计	1 535.65	2 910.47	1 633.33	3 004.00	1 483.48	<0.001	<0.001	<0.001	是

注：缺少收入为 15 001~20 000 元的样本。

在门票支出方面,收入为 5 001 ~ 10 000 元的受访者花费最多(254.32 元),而收入超 20 000 元的受访者花费最少(154.00 元)。在其他费用上,收入为 5 001 ~ 10 000 元的受访者支出最多(385.79 元),其次是收入为 10 001 ~ 15 000 元的受访者(66.67 元)。

就平均总支出而言,收入超 20 000 元的受访者花费最多(3 004.00 元),失业的受访者花费最少(1 483.48 元)。方差分析和非参数检验的结果表明,不同收入的受访者游览荔波樟江国家级风景名胜区时在整体和各消费类别上的平均消费存在显著差异,露营方面除外。

4.3.4　基于重要旅行相关变量的消费构成分析

4.3.4.1　基于交通方式的消费构成分析

表 4.36 描述了选择不同交通方式出行游览贵州三大国家级风景名胜区受访者在各消费类别上消费模式的差异。总体来看,乘飞机(4 327.02 元)的受访者的支出高于乘火车(4 327.02 元)和乘汽车(2 083.02 元)的受访者。除露营费外,乘火车出行的受访者在每个支出类别中的花费都高于乘汽车出行的受访者。方差分析和非参数检验结果表明,选择不同交通方式出行的受访者游览贵州三大国家级风景名胜区时在各消费类别和整体上的平均支出存在明显差异。

表 4.36　贵州三大国家级风景名胜区受访者基于交通方式的消费构成差异($n=1$ 306)

消费类别	消费均值			方差齐性检验 P 值	方差分析 P 值	非参数检验 P 值	差异
	飞机 ($n=127$)	火车 ($n=296$)	汽车 ($n=883$)				
住宿	820.80	360.27	230.34	<0.001		<0.001	是
餐饮	683.28	390.54	272.29	<0.001		<0.001	是
露营	342.52	63.31	116.27	<0.001		<0.001	是
零售店	319.69	131.07	119.09	<0.001		<0.001	是

续表

消费类别	消费均值			方差齐性检验 P值	方差分析 P值	非参数检验 P值	差异
	飞机 (n=127)	火车 (n=296)	汽车 (n=883)				
娱乐	244.09	105.88	83.34	<0.001		<0.001	是
交通	949.13	367.38	317.45	<0.001		<0.001	是
购物	392.76	207.77	144.26	<0.001		<0.001	是
门票	320.43	252.50	197.66	<0.001		<0.001	是
其他	254.33	204.51	174.53	0.951	0.04		是
总计	4 327.02	2 083.23	1 655.23	<0.001		<0.001	是

表4.37描述了选择不同交通方式出行的受访者在游览黄果树国家级风景名胜区时在各消费类别的支出水平差异。总体来看,乘飞机出行的受访者(4 444.49元)的支出高于乘火车(2182.52元)和汽车(1 935.78元)出行的受访者。除露营费外,乘火车出行的受访者在每个支出类别中的花费都高于乘汽车出行的受访者。方差分析和非参数检验结果表明,选择不同交通方式出行的受访者游览黄果树国家级风景名胜区时在各消费类别和整体上的平均支出存在显著差异。

表4.37 黄果树国家级风景名胜区受访者基于交通方式的消费构成差异(n=424)

消费类别	消费均值			方差齐性检验 P值	方差分析 P值	非参数检验 P值	差异
	飞机 (n=65)	火车 (n=120)	汽车 (n=239)				
住宿	841.48	390.17	244.06	<0.001		<0.001	是
餐饮	716.55	384.67	365.73	0.030		<0.001	是
露营	244.62	96.17	121.51	<0.001		0.001	是

续表

消费类别	消费均值			方差齐性检验 P 值	方差分析 P 值	非参数检验 P 值	差异
	飞机 (n=65)	火车 (n=120)	汽车 (n=239)				
零售店	360.00	130.90	161.21	0.040		<0.001	是
娱乐	333.85	176.00	107.15	0.010		<0.001	是
交通	737.54	357.87	336.47	<0.001		0.012	是
购物	508.62	184.17	176.57	<0.001		<0.001	是
门票	388.00	274.58	272.30	0.010		0.020	是
其他	313.85	188.03	150.78	0.020		0.001	是
总计	4 444.49	2 182.55	1 935.78	<0.001		<0.001	是

表 4.38 描述了选择不同交通方式出行的受访者,在参观龙宫国家级风景名胜区时在各消费类别上的消费模式差异。总体来看,乘飞机(4 342.00 元)的受访者的支出高于乘火车(1 764.74 元)和乘汽车(1 574.71 元)的受访者。除露营、娱乐和交通费用外,乘火车出行的受访者在其余每个支出类别中的消费都高于乘汽车出行的受访者。方差分析和非参数检验的结果表明,除购物和其他消费类别外,选择不同交通方式出行游览龙宫国家级风景名胜区的受访者在各消费类别和整体上的平均支出存在明显差异。

表 4.39 描述了选择不同交通方式出行的受访者,在访问荔波樟江国家级风景名胜区时在各消费类别上的消费模式差异。总体来看,乘飞机出行(4 056.50 元)的受访者的支出高于乘火车出行(2 206.10 元)和乘汽车出行(1 530.02 元)的受访者。除露营和娱乐费用外,乘火车出行的受访者在每个支出类别中的花费都高于乘汽车出行的受访者。方差分析和非参数检验结果表明,除其他费用外,选择不同交通方式出行游览荔波樟江国家级风景名胜区的受访者,在各消费类别和整体上的平均支出存在明显差异。

表 4.38　龙宫国家级风景名胜区受访者基于交通方式的消费构成差异($n=412$)

消费类别	消费均值			方差齐性检验 P 值	方差分析 P 值	非参数检验 P 值	差异
	飞机 ($n=32$)	火车 ($n=76$)	汽车 ($n=304$)				
住宿	862.50	288.42	198.62	<0.001		<0.001	是
餐饮	725.00	374.21	233.18	<0.001		<0.001	是
露营	487.50	55.26	101.55	<0.001		<0.001	是
零售店	318.75	134.74	107.78	<0.001		<0.001	是
娱乐	212.50	56.84	78.99	<0.001		0.001	是
交通	1 050.00	313.16	336.11	<0.001		<0.001	是
购物	260.00	163.16	153.88	0.563	0.06		否
门票	288.25	185.26	156.46	0.012		<0.001	是
其他	137.50	193.68	208.14	0.012		0.094	是
总计	4 342.00	1 764.74	1 574.71	0.005		<0.001	是

表 4.39　荔波樟江国家级风景名胜区受访者基于交通方式的消费构成差异($n=470$)

消费类别	消费均值			方差齐性检验 P 值	方差分析 P 值	非参数检验 P 值	差异
	飞机 ($n=30$)	火车 ($n=100$)	汽车 ($n=340$)				
住宿	731.50	379.00	249.06	0.813	<0.001		是
餐饮	566.67	410.00	241.56	<0.001		<0.001	是
露营	400.00	30.00	125.74	<0.001		<0.001	是
零售店	233.33	128.50	99.60	<0.001		<0.001	是
娱乐	83.33	59.00	70.49	0.997	0.483		是
交通	1 300.00	420.00	287.41	<0.001		<0.001	是
购物	283.33	270.00	112.96	<0.001		<0.001	是

续表

消费 类别	消费均值			方差齐 性检验 P 值	方差 分析 P 值	非参数 检验 P 值	差异
	飞机 (n=30)	火车 (n=100)	汽车 (n=340)				
门票	208.33	277.10	182.03	<0.001		0.0001	是
其他	250.00	232.50	161.18	0.474	0.100		否
总计	4 056.50	2 206.10	1 530.02	0.185	<0.001		是

4.3.4.2 基于旅行伴侣的消费构成分析

表 4.40 描述了和不同伙伴一起游览贵州三大国家级风景名胜区的受访者在各消费类别上的消费模式差异。独自旅行(472.93 元)的受访者在住宿上的花费最多,其次是与家人(323.37 元)和朋友(280.62 元)同行的受访者。在餐饮方面,与家人同行(390.68 元)的受访者花费最多,超过了与朋友同行(390.68 元)和独自旅行(304.94 元)的受访者。在露营方面,独自旅行(169.88 元)的受访者花费最多,其次是与朋友(122.99 元)和家人(114.02 元)同行的受访者。在零售支出方面,独自旅行的受访者花费最多(176.78 元),而与朋友同行的受访者花费最少(119.72 元)。在娱乐方面,独自旅行的受访者花费最多(149.39 元),而与朋友同行的受访者花费最少(88.15 元)。在交通方面,独自旅行的受访者花费最多(616.71 元),而与朋友同行的受访者花费最少(323.97 元)。在购物方面,独自旅行的受访者花费最多(269.52 元),而与朋友同行的受访者花费最少(148.87 元)。在门票方面,与家人同行的受访者花费最多(281.95 元),而与朋友同行的受访者花费最少(186.33 元)。在其他方面,与家人同行的受访者花费最多(255.39 元),而与朋友同行的受访者花费最少(156.05 元)。总体来看,独自旅行的受访者花费最多(2598.16 元),而与朋友同行的受访者花费最少(1 747.34 元)。方差分析和非参数检验结果表明,选择不同类型同伴出游的受访者游览三大国家级风景名胜区时在各消费类别和整体上的平均支出

存在明显差异,露营和娱乐方面除外。

表 4.40　贵州三大国家级风景名胜区受访者基于旅行同伴的消费构成差异($n=1\ 306$)

消费类别	消费均值			方差齐性检验 P值	方差分析 P值	非参数检验 P值	差异
	独自旅行 ($n=164$)	和家人旅行 ($n=380$)	和朋友旅行 ($n=762$)				
住宿	472.93	323.37	280.62	<0.001		0.001	是
餐饮	304.94	390.68	320.65	<0.001		0.014	是
露营	169.88	114.02	122.99	<0.001		0.428	是
零售店	176.78	169.31	119.72	<0.001		0.027	是
娱乐	149.39	116.48	88.15	0.020		0.021	是
交通	616.71	425.23	323.97	<0.001		<0.001	是
购物	269.52	213.48	148.87	<0.001		<0.001	是
门票	249.05	281.95	186.33	<0.001		<0.001	是
其他	188.96	255.39	156.05	<0.001		0.001	是
总计	2 598.16	2 289.91	1 747.34	<0.001		<0.001	是

　　表 4.41 描述了黄果树国家级风景名胜区受访者和不同伙伴同行时在各消费类别上的消费模式差异。独自旅行(492.57 元)的受访者在住宿上的花费最多,然后是与家人(440.54 元)和朋友(304.86 元)同行的受访者。在餐饮方面,与家人同行(533.54 元)的受访者花费最多,然后是与朋友同行(356.65 元)和独自旅行(288.57 元)的受访者。在露营方面,独自旅行(230.29 元)的受访者花费最多,然后是与家人(132.66 元)和朋友(117.64 元)同行的受访者。在零售支出方面,独自旅行的受访者花费最多(271.77 元),而与朋友同行的受访者花费最少(134.76 元)。在娱乐方面,独自旅行的受访者花费最多(238.29 元),而与家人同行的受访者花费最少(128.14 元)。在交通方面,独自旅行的受访者花费最多(505.99 元),而与朋友同行的受访者花费最少(323.77 元)。在购

物方面,独自旅行的受访者花费最多(277.14 元),而与朋友同行的受访者花费
最少(191.98 元)。在门票方面,与家人同行的受访者花费最多(375.12 元),而
与朋友同行的受访者花费最少(221.48 元)。在其他方面,独自旅行的受访者
花费最多(235.43 元),而与朋友同行的受访者花费最少(152.11 元)。总体来
看,与家人同行的受访者支出最多(2822.35 元),而与朋友同行的受访者支出
最少(2822.35 元)。方差分析和非参数检验结果表明,选择不同类型同伴出游
的受访者在游览黄果树国家级风景名胜区时,在各消费类别和整体上的平均支
出存在明显差异,住宿、交通、购物和其他类别的支出除外。

表 4.41　黄果树国家级风景名胜区受访者基于旅行同伴的消费构成差异(n=424)

消费 类别	消费均值			方差齐 性检验 P 值	方差 分析 P 值	非参数 检验 P 值	差异
	独自旅行 (n=35)	和家人旅行 (n=177)	和朋友旅行 (n=212)				
住宿	492.57	440.54	304.86	<0.001		0.825	否
餐饮	288.57	533.54	356.65	<0.001		<0.001	是
露营	230.29	132.66	117.64	0.113	0.004		是
零售店	271.77	223.48	134.76	0.001		0.004	是
娱乐	238.29	128.14	176.46	0.080	0.277		否
交通	374.29	505.99	323.77	0.042		<0.001	是
购物	277.14	265.31	191.98	0.042		0.202	是
门票	282.86	375.12	221.48	<0.001		<0.001	是
其他	235.43	217.58	152.11	0.001		0.251	否
总计	2 691.20	2 822.35	1 979.73	<0.001		0.004 7	是

表 4.42 描述了龙宫国家级风景名胜区受访者和不同伙伴同行时在各消费
类别上的消费模式差异。独自旅行(467.50 元)的受访者在住宿上的花费最
高,然后是与朋友同行(255.10 元)和与家人同行(173.67 元)的受访者。在餐

饮方面,独自旅行(349.38 元)的受访者花费最多,然后是与朋友同行(300.82 元)和与家人同行(259.00 元)的受访者。在露营方面,独自旅行(184.38 元)的受访者花费最高,然后是与家人同行(114.96 元)和与朋友同行(110.23 元)的受访者。在零售支出方面,独自旅行的受访者花费最多(175.00 元),而与朋友同行的受访者花费最少(113.07 元)。在娱乐方面,独自旅行的受访者花费最多(140.5 元),而与朋友同行的受访者花费最少(53.43 元)。在交通方面,独自旅行的受访者花费最高(721.25 元),而与朋友同行的受访者花费最少(306.72 元)。在购物方面,独自旅行的受访者花费最多(267.38 元),而与朋友同行的受访者花费最少(116.00 元)。在门票方面,独自旅行的受访者花费最多(255.22 元),而与朋友同行的受访者花费最少(141.83 元)。在其他方面,与家人同行的受访者花费最多(315.15 元),而与朋友同行的受访者花费最少(155.67 元)。总体来看,独自出行的受访者支出最多(2 732.47 元),而与朋友同行的受访者支出最少(1 551.87 元)。方差分析和非参数检验结果表明,选择不同旅行伙伴的受访者游览龙宫国家级风景名胜区时在各消费类别和整体上的平均支出存在明显差异,餐饮、露营和零售店类别的支出除外。

表 4.42　龙宫国家级风景名胜区受访者基于旅行同伴的消费构成差异(n=412)

消费类别	消费均值			方差齐性检验 P 值	方差分析 P 值	非参数检验 P 值	差异
	独自旅行(n=64)	和家人旅行(n=108)	和朋友旅行(n=240)				
住宿	467.50	173.67	255.10	<0.001		<0.001	是
餐饮	349.38	259.00	300.82	0.001		0.111	否
露营	184.38	114.96	110.23	<0.001		0.381	否
零售店	175.00	137.67	113.07	<0.001		0.811	否
娱乐	140.50	125.52	52.43	<0.001		0.015	是
交通	721.25	368.56	306.72	<0.001		<0.001	是
购物	267.38	208.78	116.00	<0.001		<0.001	是

续表

消费类别	消费均值			方差齐性检验 P 值	方差分析 P 值	非参数检验 P 值	差异
	独自旅行（n=64）	和家人旅行（n=108）	和朋友旅行（n=240）				
门票	255.22	189.76	141.83	0.001		<0.001	是
其他	171.88	315.15	155.67	<0.001		0.010	是
总计	2 732.47	1 893.06	1 551.87	<0.001		<0.001	是

表 4.43 描述了荔波樟江国家级风景名胜区受访者和不同伙伴同行时在各消费类别上的消费模式差异。独自旅行（467.69 元）的受访者在住宿上的花费最多，然后是与朋友同行（283.79 元）和与家人同行（275.26 元）的受访者。在餐饮方面，与朋友同行（311.39 元）的受访者花费最多，然后是与家人同行（274.21 元）和独自旅行（270 元）的受访者。在露营方面，与朋友同行（136.52 元）的受访者支出最高，然后是独自旅行（123.08 元）和与家人同行（78.21 元）的受访者。在零售支出方面，独自旅行的受访者花费最多（127.38 元），而与家人同行的受访者花费最少（104.37 元）。在娱乐方面，独自旅行的受访者花费最多（110.28 元），而与朋友同行的受访者花费最少（55.40 元）。在交通方面，独自旅行的受访者支出最高（644.31 元），而与朋友同行的受访者支出最低（337.47 元）。在购物方面，独自旅行的受访者花费最多（267.54 元），而与家人同行的受访者支出最少（122.26 元）。在门票方面，独自旅行的受访者花费最多（224.77 元），而与朋友同行的受访者花费最少（196.74 元）。在其他方面，与家人同行的受访者支出最多（257.89 元），而与朋友同行的受访者支出最少（159.03 元）。总体来看，独自旅行的受访者支出最多（2 415.82 元），而与朋友同行的受访者支出最少（1739.76 元）。方差分析和非参数检验结果表明，选择不同同行伙伴的受访者游览荔波樟江国家级风景名胜区时在各消费类别和整体上的平均支出存在明显差异，住宿、餐饮、露营、零售店和门票类别的支出除外。

表 4.43 荔波樟江国家级风景名胜区受访者基于旅行同伴的消费构成差异($n=470$)

消费类别	消费均值			方差齐性检验 P 值	方差分析 P 值	非参数检验 P 值	差异
	独自旅行($n=65$)	和家人旅行($n=95$)	和朋友旅行($n=310$)				
住宿	467.69	275.26	283.79	<0.001		0.241	否
餐饮	270.00	274.21	311.39	0.913	0.443		否
露营	123.08	78.21	136.52	0.001		0.950	否
零售店	127.38	104.37	114.58	0.009		0.834	否
娱乐	110.28	84.47	55.40	<0.001		0.006	是
交通	644.31	339.21	337.47	<0.001		<0.001	是
购物	267.54	122.26	144.84	0.002		0.016	是
门票	224.77	213.16	196.74	0.678	0.221		否
其他	180.77	257.89	159.03	0.009		0.0047	是
总计	2 415.82	1 749.05	1 739.76	<0.001		0.021	是

4.4 国家公园经济评估

本节讨论了国家公园的经济贡献,包括产出、税收收入以及总体经济贡献(直接、间接和引致影响)。内容涵盖了贵州三大国家级风景名胜区的经济情况,包括黄果树国家级风景名胜区、龙宫国家级风景名胜区和荔波樟江国家级风景名胜区的具体经济评估。

4.4.1 贵州省国家公园的规模与经济贡献现状

本研究采用 MGM 2 模型评估国家公园的经济贡献。

表 4.44 展示了贵州三大国家级风景名胜区 2022 年的经济贡献。数据显

示,2022 年贵州三大国家级风景名胜区接待了约 445 万名游客,每位游客平均
花费 2 012.05 元,该数据是基于 1 306 人的样本调查得出的。根据 MGM 2 模
型,贵州三大国家级风景名胜区的直接经济贡献为 88.12 亿元,总经济贡献为
156.95 亿元。同时,它们还创造了 40.69 亿元的税收收入。

表 4.44 贵州三大国家级风景名胜区 2022 年的经济贡献

指标	经济贡献值
样本规模/人	1 306
旅游接待总量/万人	445
平均消费/元	2 012.05
直接经济贡献/亿元	88.12
总体经济贡献/亿元	156.95
税收贡献/亿元	40.69

注:总体经济贡献包括直接、间接、引致影响。

如图 4.53 所示,在贵州三大国家级风景名胜区游客的各消费类别支出中,
陆路交通部门占比 19.76%,创造了 31.00 亿元的收入,而文化、教育、旅游和休
闲产品方面的收入仅占 6.44%。

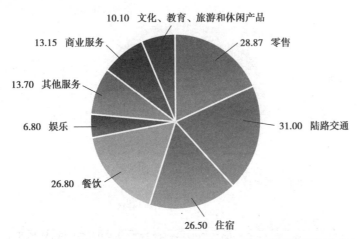

图 4.53 贵州三大国家级风景名胜区旅游相关产业的经济贡献(亿元)

表 4.45 展示了黄果树国家级风景名胜区 2022 年的经济贡献。数据显示，2022 年该景区接待了约 160.25 万名游客，每位游客平均花费 2 390.21 元，该数据是基于 424 人的样本调查得出的。根据 MGM 2 模型，黄果树国家级风景名胜区的直接经济贡献为 38.30 亿元，总经济贡献为 68.35 亿元。同时，它还创造了 17.73 亿元的税收收入。

表 4.45 黄果树国家级风景名胜区 2022 年的经济贡献

指标	经济贡献值
样本规模/人	424 位
旅游接待总量/万人	160.25
平均消费/元	2 390.21
直接经济贡献/亿元	38.30
总体经济贡献/亿元	68.35
税收贡献/亿元	17.73

注：总体经济贡献包括直接、间接、引致影响。

如图 4.54 所示，在黄果树国家风景名胜区游客的各消费类别支出中，零售部门占比 19.34%，创造了 13.22 亿元的收入，而娱乐部门的收入占比仅为 5.49%。零售、陆路交通、住宿以及餐饮部门的贡献相近。

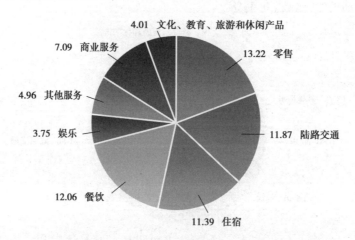

图 4.54 黄果树国家级风景名胜区旅游相关产业的经济贡献（亿元）

　　表 4.46 展示了龙宫国家级风景名胜区 2022 年的经济贡献。数据显示，2022 年该景区接待了约 50 万名游客，每位游客平均花费 1824.70 元，该数据是基于 412 人的样本调查得出的。根据 MGM 2 模型，龙宫国家级风景名胜区的直接经济贡献为 9.12 亿元，总经济贡献为 16.23 亿元。同时，它还创造了 4.11 亿元的税收收入。

表 4.46　龙宫国家级风景名胜区 2022 年的经济贡献

指标	经济贡献值
样本规模/人	412
旅游接待总量/万人	50
平均消费/元	1 824.70
直接经济贡献/亿元	9.12
总体经济贡献/亿元	16.23
税收贡献/亿元	4.11

注：总体经济贡献包括直接、间接、引致影响。

　　如图 4.55 所示，在龙宫国家级风景名胜区的各消费类别支出中，陆路交通部门占比 21.16%，创造了 3.43 亿元的收入，而娱乐部门的收入仅为 3.89%，即6 300 万元。零售、陆路交通、餐饮和住宿 4 个部门的贡献相对较高。

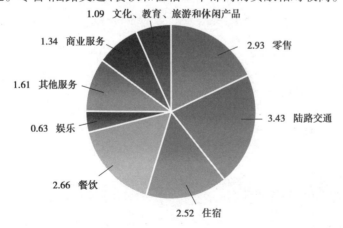

图 4.55　龙宫国家级风景名胜区旅游相关产业的经济贡献（亿元）

表 4.47 展示了荔波樟江国家级风景名胜区 2022 年的经济贡献。数据显示,2022 年该景区接待了约 235 万名游客,每位游客平均花费 1 835.13 元,该数据是基于 470 人的样本调查得出的。荔波樟江国家级风景名胜区的直接经济贡献为 43.13 亿元,总经济贡献为 76.62 亿元。同时,它还创造了 20.01 亿元的税收收入。

表 4.47　荔波樟江国家级风景名胜区 2022 年的经济贡献

指标	经济贡献值
样本规模/人	470
旅游接待量/万人	235
平均消费/元	1 835.13
直接经济贡献/亿元	43.13
总体经济贡献/亿元	76.62
税收贡献/亿元	20.01

注:总体经济贡献包括直接、间接、引致影响。

如图 4.56 所示,在荔波樟江国家级风景名胜区游客的各消费类别支出中,陆路交通部门占比 20.73%,创造了 15.87 亿元的收入,而娱乐部门的收入仅为 3.19%,即 2.44 亿元。陆路交通、住宿、零售和餐饮 4 个部门的贡献相对较高。

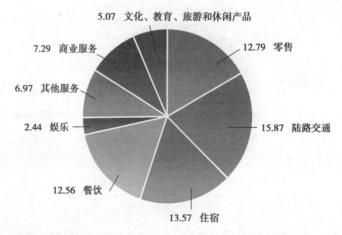

图 4.56　荔波樟江国家级风景名胜区旅游相关产业的经济贡献/亿元

4.4.2　贵州省国家公园经济贡献的比价分析

本研究还对贵州三大国家级风景名胜区的经济贡献进行了差异分析。

表 4.48 比较了贵州省三大国家级风景名胜区的规模与经济贡献。在三大景区的 1 306 名受访者中,黄果树国家级风景名胜区的受访者有 424 人,龙宫国家级风景名胜区有 412 人,荔波樟江国家级风景名胜区有 470 人。在同行伙伴方面,大多数受访者是与朋友同行,然后是与家人同行和独自旅行。大部分受访者还是过夜游客和首次访问者。

2022 年,每位游客平均消费 2 102.05 元,其中黄果树国家级风景名胜区(2 390.21 元)游客的平均消费最高,其次是荔波樟江国家级风景名胜区(1 835.13元)和龙宫国家级风景名胜区(1 824.70 元)。黄果树国家级风景名胜区、龙宫国家级风景名胜区和荔波樟江国家级风景名胜区分别接待了 160.25 万、50 万和 252万名游客。黄果树国家级风景名胜区、龙宫国家级风景名胜区和荔波樟江国家级风景名胜区的直接经济贡献分别为 38.30 亿元、9.12 亿元和 43.13 亿元,其中荔波樟江景区最高,龙宫景区最低。

综合考量产业部门的投入产出表和已有研究总结的消费类别,贵州三大景区的消费类别可以划分为零售、陆路交通、住宿、餐饮、娱乐、其他服务、商业服务,以及文化、教育、旅游和娱乐产品。每个景区及总体的旅游相关产业乘数相似,约为 1.50 ~ 2.00,而总体和每个景区的总体经济乘数为 1.78。

在总体经济贡献方面,贵州三大景区合计创造了 156.95 亿元的经济贡献。具体来说,黄果树景区、龙宫景区和荔波樟江景区分别贡献了 68.35 亿元、16.23 亿元和 76.62 亿元。荔波樟江景区(20.01 亿元)创造了最高的税收收入,其次是黄果树景区(17.73 亿元)和龙宫景区(4.11 亿元)。因此,荔波樟江景区产出最高的经济贡献和税收收入。

表 4.48   贵州三大国家级风景名胜区的规模与经济贡献比较

变量	总计	黄果树国家级风景名胜区	龙宫国家级风景名胜区	荔波樟江国家级风景名胜区
样本规模/人	1 306	424	412	470
旅行伴侣分布				
独自旅行/人	164	35	64	65
和家人旅行/人	380	177	108	95
和朋友旅行/人	762	212	240	310
停留时间分布				
一日游/人	515	176	164	175
过夜游/人	791	248	248	295
访问次数分布				
一次/人	830	300	260	270
二次/人	272	72	100	100
三次及以上/人	204	52	52	100
住宿/元	317.21	377.00	266.75	307.50
餐饮/元	339.05	424.87	297.40	298.15
露营/元	126.26	133.21	122.99	122.87
零售店/元	141.31	183.11	129.14	114.29
娱乐/元	104.08	161.39	85.27	68.87
交通/元	390.20	404.01	387.32	380.26
购物/元	182.82	229.62	163.83	157.24
门票/元	222.03	290.68	172.01	203.94
其他/元	189.09	186.32	199.99	182.02
平均消费/元	2 012.05	2 390.21	1 824.70	1 835.13
游客接待量/万人	4.45.25	160.25	50.00	252.00
直接经济贡献/亿元	88.12	38.30	9.12	43.13
国家公园旅游相关产业经济乘数				
零售/亿元	2.00	2.00	2.00	2.01

续表

变量	总计	黄果树国家级风景名胜区	龙宫国家级风景名胜区	荔波樟江国家级风景名胜区
陆路交通/亿元	1.79	1.83	1.77	1.78
住宿/亿元	1.88	1.89	1.89	1.88
餐饮/亿元	1.77	1.77	1.79	1.79
娱乐/亿元	1.47	1.45	1.49	1.51
其他服务/亿元	1.63	1.66	1.61	1.63
商业服务/亿元	1.56	1.52	1.56	1.52
文化、教育、旅游和休闲产品/亿元	1.81	1.88	1.79	1.76
总体经济乘数	1.78	1.78	1.78	1.78
总体经济贡献/亿元	156.95	68.35	16.23	76.62
税收贡献/亿元	40.69	17.73	4.11	20.01
直接税收贡献/亿元	18.05	7.85	1.87	8.83
间接和引致税收贡献/亿元	22.64	9.89	2.24	11.18

4.5　受访者的行为模式

本节讨论了国家公园游客的行为模式,包括旅游体验、满意度、重游意图和推荐意愿。本研究使用 SPSS 27.0 对游客的体验水平、满意度、推荐意愿和重访意愿进行分析,使用 SmartPLS 4.0 构建了测量模型和结构方程模型,验证了本研究的概念框架,从而揭示了潜变量之间的关系。

4.5.1　体验

表 4.49 描述了贵州三大国家级风景名胜区受访者各个体验维度得分的集

中趋势,包括享乐主义、新颖性、当地文化、焕新感、意义感、参与感、知识、入口、零售、购物、餐饮、住宿和交通。5 分李克特量表用于收集数据,以测量受访者各个体验维度的水平,为改进体验提供参考依据。结果表明,体验得分约为 4 分。享乐主义和焕新感维度的感知得分相对较高,而购物、餐饮和住宿维度的得分较低,低于 3.80。

表 4.49　贵州三大国家级风景名胜区受访者的体验维度($n=1\ 306$)

体验维度	均值	标准差(SD)
享乐主义	3.926 1	0.805 75
新颖性	3.865 8	0.799 87
当地文化	3.887 2	0.759 80
焕新感	3.947 5	0.719 94
意义感	3.898 2	0.775 37
参与感	3.870 9	0.794 94
知识	3.861 7	0.804 68
入口	3.835 8	0.752 15
零售	3.805 5	0.791 58
购物	3.786 9	0.786 06
餐饮	3.792 8	0.788 18
住宿	3.649 3	0.780 04
交通	3.890 3	0.724 70

表 4.50 列出了黄果树国家级风景名胜区受访者不同体验维度的得分,包括享乐主义、新颖性、当地文化、焕新感、意义感、参与感、知识、入口、零售、购物、餐饮、住宿和交通。5 分李克特量表用于收集数据,以衡量受访者体验维度的感知情况,为改进游客体验提供参考依据。结果显示,体验得分约为 4 分。焕新感和享乐主义维度的感知得分相对较高,而知识、入口、零售、购物、餐饮和住宿的得分较低,低于 3.80。

表 4.50 黄果树国家级风景名胜区受访者的体验维度（$n=424$）

体验维度	均值	标准差(SD)
享乐主义	3.851 4	0.882 77
新颖性	3.798 3	0.871 99
当地文化	3.815 3	0.898 70
焕新感	3.886 8	0.818 94
意义感	3.807 4	0.910 41
参与感	3.810 5	0.855 15
知识	3.785 4	0.873 87
人口	3.724 6	0.889 98
零售	3.702 0	0.918 57
购物	3.777 5	0.859 15
餐饮	3.727 4	0.894 96
住宿	3.518 9	0.849 70
交通	3.831 0	0.844 95

表 4.51 列出了龙宫国家级风景名胜区受访者不同体验维度的得分，包括享乐主义、新颖性、当地文化、焕新感、意义感、参与感、知识、人口、零售、购物、餐饮、住宿和交通。5 分李克特量表用于收集数据，以衡量受访者体验维度的感知情况，为改进游客体验提供参考依据。结果表明，体验得分大约为 4 分。焕新感和享乐主义维度的感知得分相对较高，而零售、购物、餐饮和住宿的得分较低，低于 3.80。

表 4.51 龙宫国家级风景名胜区受访者的体验维度（$n=412$）

体验维度	均值	标准差(SD)
享乐主义	3.876 2	0.769 61
新颖性	3.815 5	0.797 63
当地文化	3.860 8	0.679 56

续表

体验维度	均值	标准差（SD）
焕新感	3.932 0	0.656 42
意义感	3.883 5	0.698 68
参与感	3.854 4	0.737 77
知识	3.851 1	0.762 36
入口	3.844 7	0.681 81
零售	3.799 4	0.716 45
购物	3.715 2	0.751 90
餐饮	3.737 9	0.706 47
住宿	3.634 3	0.690 59
交通	3.854 4	0.663 69

表4.52 描述了荔波樟江国家级风景名胜区受访者不同体验维度的感知情况，包括享乐主义、新颖性、当地文化、焕新感、意义感、参与感、知识、入口、零售、购物、餐饮、住宿和交通。5 分李克特量表用于收集数据，以衡量受访者不同体验维度的感知情况，为改进体验提供参考依据。结果表明，体验得分约为 4 分。享乐主义和意义感维度的感知得分相对较高，而住宿维度的得分较低，低于 3.80。

表 4.52　荔波樟江国家级风景名胜区受访者的体验维度（$n=470$）

体验维度	均值	标准差（SD）
享乐主义	4.037 2	0.751 65
新颖性	3.970 7	0.720 79
当地文化	3.975 2	0.678 36
焕新感	4.016 0	0.671 94
意义感	3.992 9	0.693 45
参与感	3.939 7	0.783 27

续表

体验维度	均值	标准差(SD)
知识	3.939 7	0.769 54
人口	3.928 2	0.657 72
零售	3.904 3	0.716 38
购物	3.858 2	0.740 56
餐饮	3.900 0	0.742 12
住宿	3.780 1	0.768 91
交通	3.975 2	0.648 00

4.5.2 满意度

表4.53描述了贵州三大国家级风景名胜区受访者的整体满意度水平,均值为3.96,属于较高水平。荔波樟江国家级风景名胜区(4.05)受访者报告的满意度最高,然后是龙宫国家级风景名胜区(3.97)和黄果树国家级风景名胜区(3.87)。由此可见,受访者对贵州三大国家级风景名胜区的旅行基本上感到满意。

表4.53 贵州三大国家级风景名胜区受访者的满意度水平

	均值	标准差(SD)
贵州三大国家级风景名胜区($n=1\,306$)	3.962 3	0.728 24
黄果树国家级风景名胜区($n=424$)	3.873 8	0.806 30
龙宫国家级风景名胜区($n=412$)	3.966 0	0.692 37
荔波樟江国家级风景名胜区($n=470$)	4.045 2	0.680 96

4.5.3 重游意图

表4.54描述了贵州三大国家级风景名胜区受访者的重游意图,均值为

3.78,属于较高水平。荔波樟江国家级风景名胜区(3.88)受访者报告的重游意图最高,然后是龙宫国家级风景名胜区(3.74)和黄果树国家级风景名胜区(3.71)。

表4.54 贵州三大国家级风景名胜区受访者的重游意图

	均值	标准差(SD)
贵州三大国家级风景名胜区($n=1\ 306$)	3.783 1	0.866 52
黄果树国家级风景名胜区($n=424$)	3.709 9	0.979 68
龙宫国家级风景名胜区($n=412$)	3.744 3	0.826 96
荔波樟江国家级风景名胜区($n=470$)	3.883 0	0.779 85

4.5.4 推荐意愿

表4.55 描述了贵州三大国家级风景名胜区受访者的推荐意愿,均值为3.9403,属于较高水平。荔波樟江国家级风景名胜区(3.98)受访者报告的推荐意愿最高,然后是黄果树国家级风景名胜区(3.96)和龙宫国家级风景名胜区(3.88)。

表4.55 贵州三大国家级风景名胜区受访者的推荐意愿

	均值	标准差(SD)
贵州三大国家级风景名胜区($n=1\ 306$)	3.940 3	0.755 63
黄果树国家级风景名胜区($n=424$)	3.955 2	0.814 13
龙宫国家级风景名胜区($n=412$)	3.877 0	0.715 93
荔波樟江国家级风景名胜区($n=470$)	3.982 3	0.732 32

4.5.5 受访者的消费和行为模式分析

本研究采用偏最小二乘方法建立结构方程模型,衡量了贵州三大国家级风景名胜区受访者的消费、体验、满意度、重游意图和推荐意愿之间的关系问题。

4.4.5.1　测量模型

为了完善结构方程模型,本研究应用验证性因子分析(CFA)开发了一个测量模型。模型的 4 个潜在变量为体验、满意度、重游意图和推荐意愿。李克特 5 分量表的 55 个陈述句测量了 13 个潜在体验维度,分别为享乐主义、新颖性、当地文化、焕新感、意义感、参与感、知识、入口、零售、购物、餐饮、住宿和交通。此外,在 SPSS 27.0 版本中处理可计算变量获得了 4 个满意度指标、3 个重游意图指标和 3 个推荐意愿指标。

表 4.56 展示了验证性因子分析的结果,用因子载荷量、组合信度(CR)和平均变异数抽取量(AVE)来测试测量模型的可靠性和有效性。所有指标的因子载荷均超过临界值 0.7,说明观测变量与对应的潜在变量有高度相关性。组合信度值超过要求的 0.7,说明指标对潜变量的指示效果良好。此外,多个观测变量共同解释的方差比例超过 0.5(Wong,2013),说明观测变量能够解释潜在变量超过一半的方差。

表 4.56　有效性与可靠性

变量	测量题项	因子载荷量	组合信度（CR）	平均变异数抽取量（AVE）
支出	总支出	1		
	住宿	0.737		
	餐饮	0.87		
	入口	0.898		
体验	享乐主义	0.738	0.969	0.71
	参与	0.888		
	当地文化	0.834		
	意义感	0.888		
	新颖性	0.742		

续表

变量	测量题项	因子载荷量	组合信度 （CR）	平均变异数 抽取量（AVE）
体验	焕新感	0.891	0.969	0.71
	零售	0.889		
	交通	0.81		
	知识	0.907		
	购物	0.829		
满意度	满意度（SAT）1	0.945		
	满意度（SAT）2	0.94		
	满意度（SAT）3	0.898		
	满意度（SAT）4	0.95		
重游意图	重游意图（RI）1	0.952		
	重游意图（RI）2	0.942		
	重游意图（RI）3	0.943		
推荐意愿	推荐意愿（IR）1	0.945		
	推荐意愿（IR）2	0.937		
	推荐意愿（IR）3	0.954		

　　然而，初始模型（图4.57）存在缺陷，因为推荐意愿和重游意图、满意度之间用于确定区分效度的异特质-单特质（HTMT）比率超了0.9，反映两个构念之间存在较高相关性，区分效度（表4.57）存在问题（Kusumah et al.，2022）。因此，本研究对模型进行了优化。

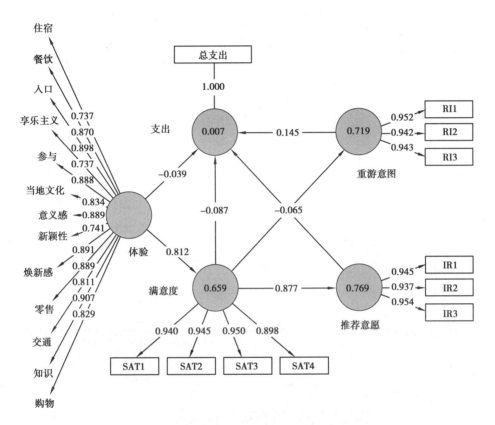

图 4.57　受访者行为模式的初始结构方程模型

表 4.57　初始模型区分效度

	支出	体验	推荐意愿	重游意图	满意度
支出					
体验	0.087				
推荐意图	0.054	0.821			
重游意愿	0.027	0.845	0.930		
满意度	0.054	0.841	0.925	0.893	

4.4.5.2　受访者行为模式的结构方程模型

基于测量模型,使用 SmartPLS 4.0 构建了偏最小二乘结构方程模型来检验
潜在变量之间的相关性。同时,通过 5 000 次迭代的自助法程序来测试构念的

因子载荷和路径系数的显著性。图 4.58 展示了改进后的国家公园游客行为模式的结构方程模型。

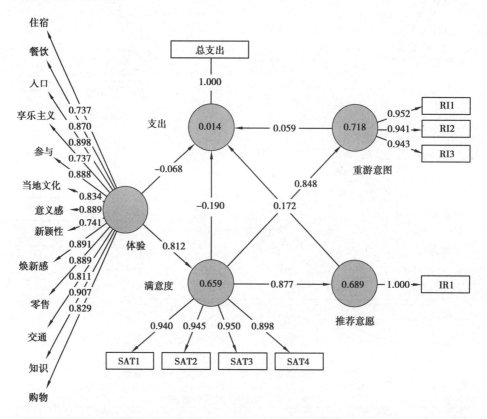

图 4.58　受访者行为模式的改进结构方程模型

如图 4.58 所示,修正后的 R^2 表示模型对潜在变量的解释程度。受访者的体验能预测 65.9% 的受访者满意度水平($R^2 = 0.659$),而满意度又能预测 71.8% 的受访者重游意图($R^2 = 0.718$)和 68.9% 的推荐意愿($R^2 = 0.689$)。然而,体验、满意度、推荐意愿和重游意图仅能预测 1.4% 的受访者消费水平($R^2 = 0.014$)。

尽管本研究没有设定假设,但结构方程模型的结果显示双尾 t 检验验证了潜在变量之间的相关性。如表 4.58 所示,游客体验对满意度($\beta = 0.812, P < 0.05$)具有正向预测作用;推荐意愿对消费($\beta = 0.172, P < 0.05$)具有正向预测

作用;满意度对消费($\beta=0.619$,$P<0.05$)具有负向预测作用,而对推荐意愿($\beta=0.830$,$P<0.05$)、重游意图($\beta=0.848$,$P<0.05$)具有正向预测作用。

表 4.58　模型回归系数假设检验

	统计量	P 值	结论
体验 ->消费	0.83	0.407	拒绝
体验 ->满意度	47.158	<0.001	支持
推荐意愿 ->消费	1.991	0.047	支持
重游意图 ->消费	0.584	0.559	拒绝
满意度 ->消费	2.204	0.028	支持
满意度 ->推荐意愿	37.43	<0.001	支持
满意度 ->重游意图	47.247	<0.001	支持

第 5 章　讨论与结论

5.1　引言

本章总结了研究结果,包括受访者在游览国家公园时的消费模式、国家公园的经济贡献及受访者的行为模式。同时,本章还列出了本研究的贡献,不仅提出了针对国家公园未来发展切实可行的建议,还深入挖掘了研究成果对学术界的启发意义,以及在管理实践层面具有的重要启示。此外,本章也客观讨论了本研究的局限性,并对未来研究的方向进行了前瞻性探讨。

5.2　讨论

旅游业是推动全球经济发展的重要驱动力。此外,其产生的经济影响如直接、间接和引致影响,不仅在于创造了更多的就业机会,还在于提高了国内生产总值。根据世界旅行与旅游理事会的数据,在新冠疫情暴发之前,旅游业创造了全球四分之一的工作岗位,占所有工作岗位的 10.3%,即 3.34 亿个就业岗位,且对全球 GDP 的贡献率为 10.3%,相当于 9.6 万亿美元。然而,WTTC 最新年度报告显示,旅游业在 2020 年遭受了 50.4%(约 4.9 万亿美元)的损失。到2021 年,该行业增长了 21.7%,为全球 GDP 增加了 1 万亿美元的贡献,占比达

6.1%。此外,国内游客和国际游客的支出分别增长了 31.4% 和 3.8%。

旅游业在中国经济发展中发挥着重要作用。2019 年、2020 年和 2021 年,旅游业对 GDP 的贡献率分别为 11.6%、4.3% 和 4.6%。此外,2019 年,旅游业创造了 8 224 万个就业岗位,占所有就业岗位的 10.8%。2020 年,该行业创造了 6 971 万个就业岗位,占 9.2%;2021 年,该行业创造了 7 331 万个就业岗位,占 9.7%。就游客支出而言,2019 年,国际游客在中国消费了 9 509 亿元人民币,折合 1 474 亿美元,占中国总出口额的 5%。2020 年,国际游客支出 1 253 亿元人民币,折合 194 亿美元,占中国总出口额的 0.6%。2021 年,国际游客支出 910 亿元人民币,占总出口额的 0.4%。至于国内游客,2019 年、2020 年和 2021 年的旅游消费支出分别为 6 010 亿元、2 358 亿元和 2 958.9 亿元。

贵州旅游业是区域经济发展和旅游相关产业的重要贡献力量。2021 年,贵州省接待游客人数达 6.44 亿,实现旅游收入 6 642.16 亿元。2022 年,贵州的游客人数增长率与全国平均水平基本持平,而旅游收入的增长率略高于全国平均水平,游客人均支出同比增长了 3.4%。具体而言,2022 年 7 月至 8 月,游客到达人数和旅游收入明显高于 2021 年同期水平。

国家公园是全球旅游业的重要组成部分。美国拥有 388 个国家公园。2020 年,这些国家公园的游客支出为国家经济贡献了 286 亿美元,创造了 234 000 个就业岗位。2021 年,这些国家公园接待了 2 970 万游客,其支出为国家经济贡献了 425 亿美元,并支持了 322 600 个当地就业岗位。位于泰国中部的考艾国家公园在 2021 年接待了约 110 万游客。2019 年,日本的富士箱根伊豆国家公园吸引了超 300 万游客。在坦桑尼亚,超 120 万名国家公园的游客的支出为经济带来了 2 930 亿先令的收入。

中国国家公园对吸引游客和促进区域经济发展至关重要。2021 年,中国建立了首批国家公园,包括三江源、武夷山、大熊猫、东北虎豹和海南热带雨林国家公园。这些保护区覆盖了 230 000 平方千米,栖息着近 30% 的国家重要陆地野生动物物种。中国计划在未来再建立 50 个国家公园。三江源国家公园的新生态旅游项目在 2020 年接待了 98 人次的"生态体验"访问,为当地经济贡献了超 100 万元(Kyle,2022)。贵州省国家公园管理局于 2022 年 5 月 14 日批准在铜仁市建立梵净山国家公园。然而,由于中国的国家公园目前仍处于发展阶段,关于贵州省国家公园经济影响的研究仍相对较少。

本研究应用货币生成模型(MGM 2)来建立国家公园经济评估框架,以确定贵州国家公园的规模和经济贡献。此外,使用 SPSS 27.0 版本分析国家公园游客的人口统计特征和旅行信息,并识别影响游客消费的重要人口统计因素和旅行相关因素,同时使用偏最小二乘结构方程模型识别游客的行为模式,以验证所提出的框架并回答研究问题。以下将讨论与每个研究问题相关的重要发现。

5.2.1 贵州三大国家公园游客消费模式

本节讨论了受访者游览国家公园时的消费模式。消费类别是购买的产品和服务的类型,对于评估国家公园的经济影响至关重要。本研究基于现有研究成果来确定贵州国家公园消费类别的数量和类型。根据 Stynes 和 White(2006)的研究,休闲和旅游消费类别可以细分为住宿、餐饮、交通、娱乐、入场、纪念品购买及其他零售费用。关于国家公园游客的消费,Stynes(2005)指出,应该排除与访问国家公园没有直接关联的消费类别,最终确认为住宿、餐厅、汽油和油料、入场、杂货和其他零售费用。根据货币生成模型(MGM 2),国家公园游客的消费类别包括 12 个,分别为:商业住宿(如汽车旅馆、木屋和民宿),露营费,餐厅和酒吧,杂货和外卖食品,燃料,非燃料车辆费用,当地交通,入场费,服装、运动用品,赌博,纪念品,以及其他支出(Fish,2009)。与此同时,美国国家公园服务(NPS)将国家公园游客的消费划分为 8 个类别,即露营、汽油、杂货、酒店、娱乐、餐厅、零售和交通(Thomas,Flyr & Koontz,2021)。根据现有研究以及贵州国家公园的实际情况,本研究将国家公园游客消费划分为 9 个类别,即住宿、餐饮、露营、零售店、娱乐、交通、购物、门票和其他费用。

尽管所考察的 3 个国家公园的游客消费额在排名上存在一些差异,但支出最多的 4 个类别是住宿、交通、餐饮和门票。这与旅游行业的实际发展状态相一致,也与美国国家公园的情况类似。根据美国国家公园服务 2021 年关于国家公园游客消费影响的报告,排名前三的消费类别分别是酒店、餐厅和汽油(Thomas,Flyr & Koontz,2021)。

根据 Stynes 和 White(2006)的研究,"其他零售费用"类别用于衡量在考察区域内的杂项支出。在本研究中,"其他"费用类别的排名高于"购物""零售店""露营""娱乐"类别,主要是因为受访者对每项支出的记忆并不清晰,于是将他们无法明确回忆的支出归类为"其他"费用类别,这导致他们仅能够提供一个相对准确的总消费金额。

消费类别排名最低的是露营、零售店和娱乐。其中,露营的排名最低,因为露营设施并未得到充分发展,且大多数受访者是一日游游客。此外,露营在夏季是一项热门活动,而本研究的时间范围为 8 月至 12 月,这并不是最佳的露营季节。类似地,在美国国家公园的消费类别中,露营费用的排名也位列最后(Thomas,Flyr & Koontz,2021)。

零售店这一消费类别,包括日常杂货消费,排名并不高是因为大多数受访者是一日游游客,不需要购买太多日常用品。

娱乐类别的支出,包括观看表演、秀场和体育活动的消费,排名不高的原因是所考察的国家公园内的娱乐产业相对较少。在 2022 年 8 月至 12 月,黄果树风景名胜区开展了夜间灯光秀,并于 12 月 17 日举行了一场跑步活动;龙宫风景名胜区则在 9 月 27 日举办了中秋篝火晚会;荔波樟江风景名胜区在研究期间没有任何文化表演、秀场或体育活动。由于黄果树风景名胜区举行的娱乐相关活动较龙宫风景名胜区和荔波樟江风景名胜区更多,其受访者在娱乐方面的支出也高于龙宫风景名胜区和荔波樟江风景名胜区的受访者。

黄果树国家级风景名胜区受访者的平均总支出最高,这表明其旅游业发展较为成熟,较之龙宫国家级风景名胜区和荔波樟江国家级风景名胜区更能吸引游客消费。例如,黄果树国家级风景名胜区的夜间灯光秀每人次收费 120 元。

尽管黄果树国家级风景名胜区的过夜游客数量最少,黄果树国家级风景名胜区的受访者在住宿上的支出最高,平均为 377.00 元,其余依次是荔波樟江国家级风景名胜区(307.50 元)和龙宫国家级风景名胜区(266.75 元),这可能是因为黄果树国家级风景名胜区的住宿价格高于龙宫国家级风景名胜区和荔波樟江风景名胜区。

黄果树国家级风景名胜区的受访者在餐饮上的支出最高,平均为 424.87 元,其余依次是荔波樟江国家级风景名胜区(298.15 元)和龙宫国家级风景名胜区(297.4 元)。这是因为黄果树风景名胜区拥有独特的地方美食和知名连锁餐厅,如肯德基(KFC),而龙宫国家级风景名胜区和荔波樟江风景名胜区没有这些餐饮供应。

在露营费用方面,贵州三大国家级风景名胜区的游客支出没有显著差异,分别为 133.21 元、122.99 元和 122.87 元。三大国家级风景名胜区的露营业务发展程度相似。同时,大多数过夜游客并未选择露营,而大多数一日游游客租用露营工具休息或进行短暂游览。

本研究将"零售店"类别的消费定义为游客为日常需求或为自己购物。因此,在零售店上的消费金额低于实际购物金额。黄果树国家级风景名胜区游客在零售店的消费高于龙宫国家级风景名胜区和荔波樟江国家级风景名胜区的游客,因为黄果树风景名胜区内的商店数量更多,为游客提供了更多购买零售商品的机会。

在娱乐支出方面,黄果树国家级风景名胜区、龙宫国家级风景名胜区和荔波樟江国家级风景名胜区之间存在显著差异。黄果树风景名胜区的受访者在娱乐上的平均支出为 161.39 元,而龙宫国家级风景名胜区和荔波樟江风景名胜区游客的平均支出分别为 85.27 元和 68.87 元。这是因为黄果树国家级风景名胜区的夜间灯光秀每人次收费 120 元,而龙宫国家级风景名胜区和荔波樟江国家级风景名胜区不经常举行娱乐活动。

贵州三大国家级风景名胜区的受访者在交通方面的支出相近,因为大多数游客来自贵州省,而这些国家级风景名胜区正是位于该省。此外,新冠疫情在研究期间限制了人们在省际之间的旅行。

本研究将"购物"类别定义为游客在纪念品和/或地方特产商店为朋友和家人购买商品所花费的金额。受访者的消费金额并没有想象中那么高,因为在研究期间(正值新冠疫情高峰期),一些商店并未营业。

门票费用支出因各个国家公园收取的入园费和活动费而有所不同。黄果树国家级风景名胜区的入园费为 290.68 元,而龙宫国家级风景名胜区和荔波樟江国家级风景名胜区的平均门票费用分别为 172.01 元和 203.94 元。同时,黄果树国家级风景名胜区、龙宫风景名胜区和荔波樟江风景名胜区的入园费用差异并不显著。但是,由于黄果树国家级风景名胜区的付费活动数量多于龙宫风景名胜区和荔波樟江风景名胜区,其入园费用最高。这些付费活动也为游客提供了更多的消费机会。

正如前文所述,由于受访者将无法清晰回忆的支出归为"其他"费用类别,三大国家级风景名胜区游客在其他支出上并没有显著差异。

不同性别的受访者在贵州三大国家级风景名胜区的平均总支出差异并不显著。然而,黄果树国家级风景名胜区的男性受访者在零售店、购物和其他费用上的支出高于女性受访者。这与人们普遍认为的女性比男性更喜欢购物的观点相悖。黄果树国家级风景名胜区的男性受访者之所以在购物上支出更多,是因为该公园销售的商品更受男性欢迎。尽管大多数游客为女性,但黄果树国家级风景名胜区内缺乏吸引女性的商品。因此,黄果树风景名胜区如果能销售更多迎合女性消费者喜好的商品,可能会受益。此外,有人认为单身男性的消费支出高于单身女性,而黄果树国家级风景名胜区的大多数游客是单身,其男性受访者在其他费用上的支出也高于女性受访者。然而,这一发现不能简单归因,存在男性对自己确切支出的记忆较差的可能,因此他们倾向将大部分支出列在"其他"费用类别中。受访者在龙宫国家公园的各项消费类别支出和平均总支出在性别方面没有明显差异。在荔波樟江国家公园,男性受访者在入园费上的支出高于女性受访者,而女性受访者在露营费用上的支出则高于男性。因此,如果黄果树国家级风景名胜区能够开发更多吸引女性的产品和活动,则会受益。

　　尽管三大国家级风景名胜区受访者在住宿类别上的平均支出有所不同,但年龄并非影响住宿支出的决定性因素,因此针对不同年龄层开发住宿的措施可能会无效。在娱乐类别中也观察到类似现象。在黄果树国家级风景名胜区,受访者的年龄影响了其在住宿、娱乐和交通上的支出。更具体地说,虽然在黄果树国家级风景名胜区中只有 4 名受访者年龄为 56~65 岁,但他们在住宿上的支出却是最高的。然而,年龄与住宿支出之间的相关性不能推广到更大的人群,因为样本量较小。在交通费用方面,黄果树国家级风景名胜区游客中年龄为 36~45 岁的受访者支出最多(728.57 元)。年龄与交通方式的交叉分析结果表明,该年龄段的受访者大多选择乘坐汽车旅行。因此,年龄对交通费用的影响与油价和高昂的高速公路收费有关。对于其余的餐饮费用、露营费用、零售店费用、购物费用、门票费用、其他费用等类别和总体水平的平均支出,没有观察到显著差异,表明这些产品满足了黄果树国家级风景名胜区不同年龄段的受访者的需求。在龙宫国家级风景名胜区,受访者年龄影响了其在所有类别上的平均支出,交通类别除外。龙宫国家级风景名胜区的产品可能无法同时满足不同年龄段受访者的需求。因此,加快发展龙宫国家级风景名胜区的旅游产品开发势在必行。荔波樟江国家级风景名胜区也面临类似问题。因此,荔波樟江风景区也应优先提升其所有产品的吸引力。

　　根据省份来源分析支出类别的差异,大多数受访者来自贵州,这与新冠疫情对省际流动的客观限制有关。来自贵州以外的受访者平均消费相对较高,因为他们在交通和住宿上的花费更多。除了贵州,受访者还来自广西、湖南、云南、浙江和北京。浙江的受访者消费最多,因此该省是推广贵州国家级风景名胜区旅游的一个重要市场。并非所有来自其他省份的受访者都是过夜游客。

开发促进游客延长停留时间的活动对经济收益将是有益的。尽管在黄果树国家级风景名胜区受访者中,只有 4 名来自广东,但他们的平均总支出最高,并且在每个消费类别上的支出均为最高。这可能是因为广东的 GDP 在中国最高,其居民工资水平较高。因此,吸引更多来自广东的游客可能会增加该国家级风景名胜区的收入。在各消费类别中,来自广东的受访者在零售店的支出超过购物支出。这可能是因为他们未能理解零售店和购物的区别。黄果树风景名胜区来自浙江的受访者在支出水平方面排名第二,在推动黄果树风景名胜区的消费中占据重要地位。来自北京的受访者的支出不如预期,这与其在 2022 年中国经济发展中的中等排名相符。除了贵州,龙宫国家级风景名胜区的受访者主要来自云南、广西和湖南,这些省份与贵州相邻,地缘相近是客源地构成的主要成因。与黄果树国家级风景名胜区不同,龙宫国家级风景名胜区对距离较远省份的游客的吸引力较低,且每个消费类别的支出也较少。因此龙宫国家级风景名胜区应开发更多活动吸引游客以增加消费。此外,由于黄果树国家级风景名胜区和龙宫国家级风景名胜区位于同一城市,与黄果树国家级风景名胜区进行合作推广活动可能是提高龙宫国家级风景名胜区收入的一个极好的方式。荔波樟江风景名胜区的受访者的客源地及其在各个类别上的消费模式与龙宫国家级风景名胜区相似。除了贵州,受访者还主要来自湖南、广西和云南。云南的受访者支出最高,主要用于住宿、餐饮、交通及露营。因此露营是消费的重要组成部分。在新冠疫情期间,该风景名胜区每天只能接待少量游客,商店老板很难盈利,只好选择关店,所以受访者在购物上的平均支出较低。

根据职业分类,受访者中有相当一部分失业人员(22.4%),或是无业或是学生。职业无疑会影响受访者的平均总支出和各消费类别的支出。公务员的支出最高,因为他们的收入相对稳定。这一人群在住宿上的支出最高,愿意为住宿支付更高的费用;而在露营上的支出最低,可能是因为露营设施不具有吸引力,或者他们本身并不喜欢露营。个体经营者也是国家公园中重要的支出群体,在消费金额排名中位居第二。因此国家公园应更加关注创业人士,以增加收入来源。值得注意的是,尽管国有企事业单位工作人员的收入在中国与公务员一样稳定,但他们的支出并未如预期般高。他们在零售店和娱乐方面的支出最低,意味着他们不愿意在这些类别上消费。黄果树国家级风景名胜区受访者的职业对其在住宿、餐饮、零售店、交通、门票、其他支出和平均总支出上的影响较小,只有在露营、娱乐和购物方面影响较为显著。然而,这 3 个类别未能激励受访者在游览黄果树国家级风景名胜区时增加支出。个体经营者在所有群体中支出最多。他们在餐饮及交通方面的支出最高,而在露营和娱乐方面的支出最低。所有受访者在露营方面的支出为 92.59~206.32 元,但个体经营者的支出仅为 92.59 元,说明他们对黄果树国家级风景名胜区的露营活动并不感兴趣。因此,黄果树国家级风景名胜区应加大露营活动力度,以吸引个体经营者参与。在龙宫国家级风景名胜区的受访者中,他们的职业影响了平均总支出和各消费类别的支出。公务员的平均总支出最高,且与其他职业人群的平均总支出之间存在显著差距。公务员在住宿、餐饮、购物方面的支出较低,但在零售店、娱乐、交通、露营和其他类别上的支出较高。交叉分析的结果显示,4 名公务员均来自北京。由于样本量只有 4 人,他们的行为模式代表性可能不足。未来的研究应对这一现象进一步考察。私营企业员工的支出在龙宫国家级风景名胜区排名第二,他们在交通上的支出最高,而在娱乐上的支出最低。可见,龙宫国家级风景名胜区的娱乐活动相对匮乏,吸引的游客数量有限。就购物类别而言,最高平均支出为 306.25 元,最低为 64.00 元,因此购物刺激消费的作用并不显著。门票费用方面的最高平均支出为 646.00 元,最低为 129.05 元。龙宫国家级风景名胜区在一般情况下收取 160 元的门票费用,他们刚刚引入和推广新活动,因此实施了灵活的入园费用收费标准。在荔波樟江风景名胜区的受访者中,他们的职业影响了平均总支出和各消费类别的支出,唯一例外是露营费用。可见,其露营设施并未吸引所有访客。受访者在露营类别上的平均支出为 50.00~207.14 元,与其余类别相比较低。此外,消费最多的公务员群体的平均总支出为 4 914 元,但其在露营上的花费最少,仅为 50 元。因此,荔波樟江国家级风景名胜区可以通过丰富露营活动提升其对公务员群体的吸引力。值得注意的是,个体经营者在荔波樟江风景名胜区的支出为第二高,他们在餐饮上的支出最高(528.57 元),而在娱乐上的支出最低(57.14 元)。娱乐方面的平均支出为 51.50~300.00 元,而购物支出范围为 70.87~514.29 元,各群体在娱乐类别上的支出均低于在购物类别上的支出。因此,荔波樟江风景名胜区可以通过开发更多娱乐活动和激励购物来提高收入。

　　三个国家级风景名胜区的受访者收入对平均总支出和各消费类别的支出产生影响。受访者基于收入被分为 6 个组别,失业受访者也被纳入本研究,因为他们要么是学生,要么失去了工作。收入为 15 001~20 000 元的受访者的平均总支出最高(4 109.43 元),而失业人员总支出最低(1 636.64 元)。可见,收入是国家公园游客支出潜力的良好指标。同时,访客的支付意愿也会影响他们的支出(Song et al.,2021)。收入为 15 001~20 000 元的受访者几乎在所有类别上都支出最多,除了在住宿和餐饮上。同时,收入超 20 000 元的受访者为第二大支出者,他们在交通上的支出最高(805.00 元),而在露营上的支出最低(25.33 元)。露营活动对高收入群体吸引力较低,并不能有效促进国家公园经济发展。住宿的平均支出为 291.2~575.61 元,这与实际供应情况相关,说明住宿产品供应量和价格合理。然而,不同收入的国家公园访客在娱乐和购物类别上的消费均低于其余类别的消费。因此,开发对国家公园发展的娱乐活动和购物产品至关重要。黄果树国家级风景名胜区受访者的收入影响了平均总支出和各消费类别支出。收入为 15 001~20 000 元的受访者的平均总支出最高(4 109.43 元),而收入超 20 000 元的受访者平均支出为 4 079.50 元。可见,更高的收入并不一定会转化为更多的支出,支付意愿等其他因素也在起作用(Song et al.,2021)。收入为 15 001~20 000 元的受访者在交通上的支出最多(531.43 元),在露营上的支出最少(385.71 元)。各收入群的露营费用为 3.75~385.71 元,因为露营并非必需的消费项目,其重要性不如住宿、交通或门票费用。换个角度来看,黄果树国家级风景名胜区的受访者认为所提供的露营设施吸引力不足。在黄果树国家级风景名胜区的 248 名过夜游客中,只有 52 名(22.18%)选择在露营地住宿。可见,国家公园的露营设施有待改进。购物支出为 120.00~428.57 元,不及预期。收入超 20 000 元的受访者在交通上的支出最高(1 325.00 元),这说明交通费用可能成为提高国家公园经济效益的一个重要方面。在龙宫国家级风景名胜区中,受访者收入也是影响平均总支出和各消费类别支出的决定性因素,唯独零售店的支出例外,其支出仅为 53.33~200.00 元。6 个收入组的零售店支出差异不大,这可能是因为龙宫国家级风景名胜区的零售店数量较少。本研究开展时正值疫情高峰期,许多零售店关闭,因而零售供给较少。收入为 5 001~10 000 元的受访者平均总支出最高(2 459.02 元),而收入超 20 000 元的受访者支出最低(950.00 元)。龙宫国家级风景名胜区访客的平均支出与收入之间没有明显的正相关关系。这说明该国家公园可能缺乏满足游客消费需求的产品或服务供给,或者现有产品或服务不具吸引力和价值。收入为 5 001~10 000 元的受访者在交通上的支出最高(548.97 元),而在娱乐上的支出最低(90.69 元)。景区内的娱乐产品可能不足,该类别的平均支出仅为 33.33~100.99 元,相较于其余类别较低。平均总支出最高的受访者在交通上的花费最多(548.97 元),然后是餐饮(398.28 元)及住宿(373.72 元),这 3 个类别是游客消费的重要构成部分,而零售店、购物、娱乐和露营等其他支出类别对总支出的贡献不大。因此,龙宫国家级风景名胜区应致力于发展零售店、购物、娱乐和露营设施,以实现游客支出增加。在荔波樟江国家级风景名胜区中,受访者收入也是影响平均总支出和各消费类别支出的决定性因素,唯独露营费用例外。露营费用为 50.00~141.05 元,6 个收入群体在露营费用上的支出差异不大,说明荔波樟江国家级风景名胜区的露营设施未能增加游客在此类项目上的支出。收入超 20 000 元的受访者的平均支出最高(3 004.00 元),其次是收入为 5 001~10 000 元的受访者(2 910.47 元)。由此可见,在荔波樟江国家级风景名胜区中,支出与收入之间没有明显的正相关关系。收入最高的受访者在住宿上的花费最多(1 000.00 元),其次是餐饮

（650.00 元）。

　　三大国家级风景名胜区受访者的交通方式是影响平均总支出和各消费类别支出的决定因素。乘坐飞机出游的受访者在每个消费类别中的平均支出均高于乘坐火车或汽车出游的受访者。这可能是因为乘坐飞机出游的受访者收入较高，因此在各消费类别上的支出也相应较多。类似地，乘坐火车出游的受访者在每个消费类别上的平均支出也高于乘坐汽车出游的受访者，唯独露营费用除外，这可能是因为乘坐汽车更便于到达露营地点。黄果树国家级风景名胜区受访者的交通方式显著影响了平均总支出和各消费类别支出。乘坐飞机出游的受访者在所有类别上的支出最高，然后依次是乘坐火车和汽车出游的受访者。相较于乘火车出游的受访者，乘汽车旅行者更愿意为露营活动消费。因此，国家公园可通过更多关注自驾旅行者的需求来增加收入。在龙宫国家级风景名胜区中，交通方式也是平均总支出和各消费类别支出的决定因素，购物和其他费用除外。所有受访者，无论交通方式如何，在购物上的平均支出为153.88~260.00 元，推测原因可能是购物场所的供应不足。其他的平均支出为137.50~208.14 元，其在不同交通方式的受访者群体之间的差异也不显著。荔波樟江国家级风景名胜区受访者的交通方式同样显著影响了平均总支出和各消费类别支出。除门票费用类别外，乘坐飞机出游的受访者在所有其他类别上的支出最高，而乘坐汽车出游的受访者平均总支出最低。荔波樟江国家级风景名胜区对所有人收取相同的入园费，这意味着进入景区后缺乏足够的活动来激励访客增加支出。因此，国家公园应考虑开发更多活动，优先提升其娱乐活动和露营设施，以增加入园收入。

　　贵州三大国家级风景名胜区受访者旅行伴侣的选择是平均总支出和各消费类别支出的决定因素，露营和零售店费用除外。独自旅行的受访者在所有消费类别支出中的平均总支出最高，然后是与家人和朋友一起旅行的受访者。可见，国家公园的游客与朋友一起旅行更为经济，独自旅行的游客在国家级风景名胜区的支出更高。露营和零售店的平均支出在选择不同旅行伴侣的受访群体之间未见显著差异,这可能是由于相关产品的供应和吸引力不足。在黄果树国家级风景名胜区中,旅行伴侣并非所有消费类别支出的决定因素,仅对餐饮费用、露营费用、零售店费用、交通费用和平均总支出具有显著影响,因为这些类别的供给能够满足独自旅行者,以及与家人、朋友出游的旅行者的需求。然而,住宿、娱乐、购物和门票类别的供给未能满足与不同旅行伴侣出游的受访者差异化的需求。在平均总支出方面,与家人旅行的受访者支出最高,而与朋友旅行的受访者支出最低。在龙宫国家级风景名胜区中,受访者的旅行伴侣显著影响了平均总支出和各消费类别支出,餐饮、露营和零售店类别除外。这说明受访者在龙宫国家级风景名胜区的餐饮、露营和零售店选择较少。在平均总支出方面,独自旅行的受访者支出最高,而与朋友旅行的受访者支出最低。在荔波樟江国家级风景名胜区中,与朋友旅行的受访者平均总支出最低,而独自旅行的受访者平均总支出最高。虽然与朋友和家人一起旅行的受访者的平均总支出存在差异,但他们在住宿、餐饮、露营及零售店的支出上并没有显著差异。因此,荔波樟江国家级风景名胜区应加大对上述类别的产品和服务开发力度,以满足与不同旅行伴侣出游人群的需求。

从旅游发展的角度来看,各国家级风景名胜区游客在 9 个类别上存在轻微差异。然而,露营、娱乐、零售店和购物等消费类别的支出并未显著提高游客游览国家级风景名胜区的支出,这可能与新冠疫情的客观限制有关,也可能是由这些细分类别的供应不足导致的。

5.2.2 贵州国家公园的规模和经济贡献

本节总结了关于贵州国家公园经济贡献的研究成果。实地调查结果显示,2022 年黄果树国家级风景名胜区、龙宫国家级风景名胜区和荔波樟江国家级风景名胜区分别接待了 160.25 万、50 万和 235 万游客。然而,与美国黄石国家公园相比,上述贵州三大国家级风景名胜区的游客接待量仍然相形见绌,黄石国家公园在 2021 年接待了 486.05 万游客,2022 年接待了 329.02 万。除此之外,游客的平均消费金额是衡量国家公园经济贡献的另一重要因素。本研究的调查发现,黄果树国家级风景名胜区、龙宫国家级风景名胜区和荔波樟江国家级风景名胜区的受访者的平均消费分别为 2 390.21 元、1 824.70 元和1 835.13 元,这明显高于 2021 年美国国家公园每个团体每天/每夜平均消费的168.12 美元。

　　本研究将国家公园游客的消费分为 9 类,并将食品杂货和购物消费合并到零售店消费类别中。本研究聚焦 8 个国家公园旅游相关产业部门,具体为交通、零售、住宿、餐饮、娱乐、其他服务、商业服务,以及文化、教育、旅游和休闲产品(包括露营)。美国国家公园管理局也使用 8 个旅游相关产业部门,分别是住宿、餐厅、燃油、娱乐、零售、食品杂货、交通和露营。美国还特别将自驾游与交通分开对待,将露营视为独立部门,而在中国,露营未被单独统计。这些差异是由两国旅游业统计方法的不同导致的。无论在美国还是中国,露营的经济贡献都最低。

　　本研究核算了三大国家级风景名胜区不同旅游相关产业部门的经济贡献,其中交通排名第一(19.76%),然后是零售(18.40%)、住宿(16.89%)及餐饮(17.08%)。相反地,在美国,住宿(34.30%)是贡献最高的行业,然后是餐厅(20.20%)和燃油(12.40%)。中美两国国家公园游客在零售部门的消费差异显著,主要原因是分类方法不同。根据美国国家公园管理局的统计,如果将燃油(12.40%)和交通(6.40%)合并为一个完整的交通部门,其市场份额为18.80%。类似地,如果将零售(8.50%)和食品杂货(7.10%)合并为一个完整的零售部门,其市场份额为 15.60%。调整数据统计口径后可得,美国国家公园管理局报告的前四大旅游相关产业部门将是住宿(34.30%)、餐厅(20.20%)、交通(18.80%)和零售(15.60%)。这与本研究的发现几乎完全一致。唯一不同在于零售部门,在本研究中,其市场份额超过了住宿和餐饮部门的市场份额。美国的整体零售(包含购物和食品杂货)份额低于贵州省三大国家级风景名胜区的零售份额(18.40%)。这可能是因为受访者中的 84.70% 为贵州本地或一日游游客。此外,这三大国家级风景名胜区的旅游购物供给侧无法适应旅游业发展趋势的新变化,仍处于"小、散、乱、差"的状态。所谓"小",是指旅游商品市场的进入门槛低,中小企业占据大多数,商品模糊不清且质量低劣。所谓"散",是指从事旅游商品生产和销售的企业相对分散,缺少具有核心竞争力的品牌,无法形成集约优势。所谓"乱",是指旅游商品市场混乱无序,难以建立行业自律机制,行业管理困难;旅游商品市场的无序竞争导致假冒伪劣商品泛滥,以及欺诈和诱骗现象频发,严重影响和损害了旅游商品的形象。所谓"差",是指旅游商品生产和销售企业规模小,员工分散,旅游商品市场缺乏自律和监管,导致全行业的整体质量差。总之,旅游购物供给侧的"小、散、乱、差"状态是旅游购物经济表现不佳的主要原因,贵州国家公园未能充分满足游客需求,丧失了许多市场。长期以来,旅游商品种类尚未形成完善的分类体系,其供应在内容、档次和空间分布方面无法适应旅游转型升级的经济环境。旅游商品主要集中于旅游工艺品、旅游纪念品和旅游土特产品三类传统产品,而非能够满足游客需求且与"旅游"深度融合的高质量精品生活商品。此外,旅游商品的发展模式陈旧,销售模式过时。这三大国家级风景名胜区的旅游商品不仅缺乏区域特色,还因价格虚高、质量差而常遭到游客投诉。究其根本,在于独立创新的旅游商品开发体系的缺乏,严重制约了旅游购物市场的繁荣。时至今日,三大景区的旅游商品开发仍采用从义乌小商品市场或广州小商品市场采购的"采购模式"。旅游商品的销售主要采用零售模式,包括景区及其周边购物区销售,旅游集散中心的机场/码头/车站/加油站销售,以及旅游目的地商业区的店铺销售。这三种零售模式无法适应旅游产业的转型升级。

黄果树国家级风景名胜区旅游业的前四大贡献部门分别是零售(19.34%)、餐饮(17.65%)、交通(17.37%)和住宿(16.67%)。尽管零售和购物只是受访者的第二大消费类别,在黄果树国家级风景名胜区中,零售是最重要的部门和最大的贡献者。由此可见,该景区的零售部门与贵州其余上下游产业具有紧密的联系。娱乐部门对黄果树国家级风景名胜区的经济贡献最小,受访者在该类别的平均消费仅为 161.39 元,排名仅高于露营部门。

　　龙宫国家级风景名胜区对旅游业的前四大贡献部门与黄果树国家级风景名胜区相似,但排名不同,交通部门(21.16%)是最大的贡献者,然后是零售部门(18.08%)、餐饮部门(16.41%)和住宿部门(15.55%)。尽管龙宫国家级风景名胜区的受访者在购物和零售上的消费低于餐饮,但零售部门对龙宫国家级风景名胜区的旅游业经济贡献却超过了餐饮部门。因此,龙宫国家级风景名胜区的零售部门在贵州的产业关系要比餐饮部门更强。由于大多数龙宫国家级风景名胜区的受访者是一日游游客(39.80%),零售部门的贡献超过了餐饮和住宿部门。同时,娱乐部门(3.89%)和露营部门(6.72%)对龙宫国家级风景名胜区旅游的贡献最小。由于受访者在露营上的平均消费高于娱乐,表明娱乐和露营部门与贵州的产业关系之间几乎没有差异。

　　荔波樟江国家级风景名胜区对旅游业的前四大贡献部门为交通(20.73%)、住宿(17.73%)、零售(16.71%)和餐饮(16.41%),与其他两个国家级风景名胜区相比,其在贡献份额排名上有所不同。研究发现,荔波樟江国家级风景名胜区的受访者在交通(380.26 元)、住宿(307.50 元)、餐饮(298.15元)和零售店(271.53 元)上的平均消费最高(将购物和零售店合并考虑时)。荔波樟江国家级风景名胜区餐饮部门的贡献小于其零售部门,这与受访者的消费不符,可以认为其零售部门与贵州的上下游产业的关系较餐饮部门更强。与此同时,娱乐部门(3.19%)和露营部门(6.62%)对荔波樟江国家级风景名胜区旅游的贡献最小,受访者在这两个部门的平均消费仅为 68.87 元和 122.87元。因此娱乐部门和露营部门与贵州上下游产业的关系几乎没有差异,这些部门的贡献主要取决于国家公园游客的消费。

　　乘数不仅揭示了各部门关系的强度,还反映了它们的贡献。贵州三大国家级风景名胜区的整体经济乘数为 1.78。不同部门的乘数也有所不同。其中,零售部门(2.00)的乘数最高,然后是住宿部门(1.88)、露营部门(1.81)、陆路交通部门(1.79)、餐饮部门(1.77)、其他服务部门(1.63)、商业服务部门(1.56)

和娱乐部门(1.47)。因此在这三大国家级风景名胜区内,零售部门是推动贵州经济发展的最强动力因素,娱乐部门则相对是较弱的驱动力因素。

黄果树国家级风景名胜区的整体经济乘数为1.78。零售部门(2.00)的乘数最高,然后是住宿部门(1.89)、露营部门(1.88)、陆路交通部门(1.83)、餐饮部门(1.77)、其他服务部门(1.66)、商业服务部门(1.52)和娱乐部门(1.45)。其零售部门的乘数最高,而娱乐部门的乘数最低。因此在黄果树国家级风景名胜区内,零售部门是推动贵州经济发展的最强动力因素,娱乐部门则是相对较弱的驱动力因素。其露营部门的乘数为1.88,高于其他两个国家级风景名胜区。因此其露营部门在贵州的产业关系要比另外两个景区的露营部门更强。

龙宫国家级风景名胜区各旅游部门的整体经济乘数为1.78。其中,零售部门(2.00)的乘数最高,然后是住宿部门(1.89)、餐饮部门(1.79)、陆路交通部门(1.77)、露营部门(1.79)、其他服务部门(1.61)、商业服务部门(1.56)和娱乐部门(1.49)。与黄果树国家级风景名胜区一样,其零售部门的乘数最高,而娱乐部门的乘数最低。此外,其露营部门的乘数低于黄果树国家级风景名胜区,直接原因是其受访者在露营上的消费少于黄果树国家级风景名胜区的受访者。

荔波樟江国家级风景名胜区零售部门(2.01)的乘数最高,然后是住宿部门(1.88)、餐饮部门(1.79)、陆路交通部门(1.78)、露营部门(1.76)、其他服务部门(1.63)、商业服务部门(1.52)和娱乐部门(1.51)。与其他两个国家级风景名胜区一样,零售部门的乘数最高,而娱乐部门的乘数最低。同时,露营、陆路交通、餐饮和其他服务等部门的乘数排名也有所不同,因为荔波樟江国家级风景名胜区的受访者在这些部门的消费金额与其他景区不同。

与现有关于旅游乘数的研究结果不同,本研究所得出的旅游乘数较低。例如,Abdukhamidov、Makhmudova 和 Mukhamadiev(2022)得出朝圣旅游的乘数为2.85,超过了 Chidakel、Child 和 Muyengwa(2021)报告的赞比亚南卢昂瓜国家公园的1.29增加值乘数。其他研究的乘数系数为1.2~4.0。这种差异可能与研究对象周边地区的经济活力和地方经济产业部门的关联性有关。研究发现,乘数效应在企业有机会生产满足游客需求的商品和服务的地区最为有效。由于本研究的整体乘数为 1.78,相对而言数值不算高,这说明贵州的国家级风景名胜区从其他地区进口了大量商品和服务(Abdukhamidov, Makhmudova & Mukhamadiev, 2022)。

　　本研究还考察了国家公园对税收收入的贡献。这三大国家级风景名胜区共为贵州省贡献了 40.69 亿元的税收收入。其中,荔波樟江国家级风景名胜区的贡献最大,为 20.01 亿元,其次是黄果树国家级风景名胜区,为 17.73 亿元,龙宫国家级风景名胜区贡献了 4.11 亿元。国家公园对税收收入的贡献价值取决于其经济活动规模、结构和周边地区的产业结构等因素。税收收入的直接贡献价值是结合适用税率和其经济贡献进行计算的。在中国,增值税率为 17%(Chen et al., 2019),低于大多数欧洲国家。三大国家级风景名胜区的直接税收收入相对较低(18.05 亿元),其中黄果树国家级风景名胜区、龙宫国家级风景名胜区和荔波樟江国家级风景名胜区分别贡献 7.845 亿元、1.870 亿元和 8.830 亿元。间接和引致税收收入的价值是根据统计局的投入产出表中的税收收入投入和产出的引致比率以及三个国家公园的间接和引致影响进行计算的。与其直接经济影响的排名相似,荔波樟江国家级风景名胜区的税收收入最高(20.01 亿元),然后是黄果树国家级风景名胜区(17.73 亿元)和龙宫国家级风景名胜区(4.11 亿元)。至于间接和引致税收收入,取决于引致比率及国家公园的间接和引致经济影响。因此,它们的间接和引致税收收入排名与间接和引致经济影响排名相同。

　　根据 2021 年美国国家公园游客支出报告,住宿、餐饮和燃油是最大的贡献部门,而露营部门的贡献最小。在某种程度上,与本研究的发现一致,前四大部门分别是陆路交通、住宿、餐饮和零售,而娱乐部门则是贡献最小的。最大的差异在于零售部门,在贵州的三大国家公园中,其乘数是所有部门中最高的,而在美国的国家公园中,它并非一个显著的贡献部门。这是因为美国的国家公园将零售部门与食品杂货部门分开,而贵州的国家公园则将二者合并。尽管美国的国家公园体制较中国更为成熟,但在部门贡献比例方面二者却是相似的。国家公园的经济贡献取决于其接待的游客数量及游客的人均消费情况。在本研究考察的三大国家级风景名胜区中,黄果树国家级风景名胜区的声誉可与美国的黄石国家公园相媲美。2021 年,黄石国家公园接待了 486.05 万游客,远高于黄果树国家级风景名胜区的 160.25 万游客。新冠疫情期间,由于疫情的传播风险、各地采取的防控措施(如限制出行、景区限流等),以及人们出行意愿降低等多方面的因素,在一定程度上影响了黄果树国家级风景名胜区的游客数量。这导致黄果树国家级风景名胜区(9 820 万美元)的经济价值远低于黄石国家公园(8.34 亿美元)。一个原因可能是各部门之间联动功能的差异。更具体地说,从产业关联度、带动就业数量、产业协同发展的具体表现等方面来看,黄果树国家级风景名胜区与周边产业之间的驱动效应较小,黄石国家公园与其周边产业之间的驱动效应则较强。此外,另一个原因可能是本研究使用了 MGM 2 模型来评估贵州三大国家公园的经济影响,而黄石国家公园的评估采用了游客支出效应模型(Koontz et al., 2017)。

本研究的发现表明,贵州三大国家级风景名胜区在区域经济发展方面具有巨大的潜力,总经济影响达 156.95 亿元,总税收贡献为 40.69 亿元。在这三大国家级风景名胜区中,荔波樟江国家级风景名胜区贡献最大,主要是因为其在 2022 年接待了最多的游客。

5.2.3 贵州国家公园游客的体验、满意度、重游意图和推荐意愿

本节讨论了贵州三大国家级风景名胜区游客的体验、满意度、重游意图和推荐意愿。

本研究认为,评估国家公园游客体验的维度因情境而异。根据 Carlson (1997)的观点,游客体验是在意识的瞬间通过高度复杂的心理、社会和认知互动过程而产生的思维和情感的持续流动。自体验经济出现以来,游客希望主动

创造体验,而不是被动接受他们在旅游景点能够获得的体验(Pine & Gilmore,1998)。因此在动态的旅行和旅游环境中有效衡量体验是具有挑战性的(Gretzel & Jamal,2007)。Suhartanto 等(2020)指出,体验可分为两种类型,即对旅游景点的理性反应和情感反应。一些理性体验构建,如民宿体验(Oh, Fiore & Jeoung, 2007)、零售体验和用餐体验(Kruger, Saayman & Slabbert,2015),在衡量体验时至关重要。

在考察重游意图或推荐意愿时,旅行的回忆是最关键的信息来源(Coudounaris & Sthapit,2017)。因此,本研究使用 Kim、Ritchie & MCcormick(2012)开发的难忘旅游体验模型(MTE)来考察难忘体验,是至关重要的,该模型包含 7 个体验组成部分:享乐主义、新颖性、当地文化、焕新感、意义感、参与感和知识,以便分析行为模式。

基于现有文献对旅游体验的研究成果,本研究构建了一个包含理性和情感旅游体验2个维度的概念模型,以测试国家公园游客在国家公园环境下的体验。理性维度包括入口、零售、餐饮、住宿、购物和交通,而情感维度则由 7 个难忘体验的组成部分构成,即享乐主义、新颖性、当地文化、焕新感、意义感、参与感和知识。研究结果表明,该概念模型在检验国家公园游客体验方面是有效且可靠的。

尽管大多数研究都探讨了如何改善旅游服务的表现,从而为游客提供令人满意的体验,但很少有研究考察游客体验的概念,以及体验与服务质量、满意度和行为意图之间的相关性(Cole & Scott,2004)。体验可能是满意度的中介变量,服务表现可能通过体验间接影响游客体验的满意度和行为意图(Jung et al.,2015)。而本研究将体验的概念视为与满意度概念相互独立的变量。

多项研究考察了游客对目的地的满意度水平(Lončarić,Prodan & Dlacic,2021;Veasna,Wu & Huang,2013;Yuan et al., 2021;Kastenholz et al., 2018)、游客的重游意图(Zhang,Wu & Buhalis,2018;Dean & Suhartanto,2019;Chan et al.,2022)以及游客的推荐意愿(Zenker,Braun & Petersen,2017;Coudounaris &

Sthapit,2017；Isa,Ariyanto & Kiumars,2020），还有一些研究得出的结论是,满意度会影响推荐和重游的意图（Gohary et al,2020；Jo,Lee & Reisinger,2014）。本研究同样认为,国家公园游客的满意度水平会影响他们的推荐意愿和重游意图。

一些研究证明了游客消费与游客体验之间的相关性。例如,Marksel、Tominc 和 Bozicnik（2017）的研究显示,交通服务的体验会显著影响邮轮乘客的消费。同时,Brida 和 Scuderi（2013）认为,过去的旅行体验是与旅行相关的重要指标,并证明了其作为游客消费决定因素的作用。Reis、Vieira 和 Borges（2021）得出结论,体验是至关重要的,并对游客消费产生积极影响,Perles-Ribes 等（2021）也认为旅行体验对游客消费有积极的影响。然而,本研究未发现国家公园游客的消费与他们的体验之间存在显著相关性。因此,本研究中的游客体验并非游客消费的决定因素。

多项研究采用不同的方法来考察和识别游客消费与满意度之间的相关性。虽然许多研究成功证明了游客消费与满意度之间的相关性,但采用的方法各异。例如,Brida 和 Scuderi（2013）使用普通最小二乘方法构建方程模型。此外,Tobit 回归在实践中被广泛应用,该方法认为消费只能产生正值。D'Urso,Disegna & Massari（2020）开发了一种新颖的模糊双重门槛模型,用于考察游客消费与满意度之间的相关性,而 Cárdenas-García, Pulido-Fernández & Pulido-Fernández（2016）则使用伽马回归模型来确定游客满意度对游客消费的影响程度。多项研究也发现了游客消费与满意度之间的正相关和负相关关系。Bernini 和 Galli（2019）得出结论,游客满意度与游客消费之间存在正向且非线性的相关性,前者是后者的决定因素,具体取决于商品、服务或需求细分。根据部分学者的研究,不满意的游客消费较满意的游客少 31.70%,而 Disegna 和 Osti（2016）估计,当游客满意度提高一个单位时,游客消费会增加 7.50%。相反,一些研究报告了游客满意度与游客消费之间模糊甚至负相关的情况（Perles-Ribes et al., 2021）。本研究的路径系数为-0.19,绝对值低于 0.2,表明国家公园游客的满意度与消费之间存在较弱且负向相关性。这种负相关性的原因可能是大多数受访者来自贵州,而较高的游客满意度会导致他们经常重游(Perles-Ribes et al., 2021)。

尽管一些研究考察了游客消费与重游意图之间的相关性,但尚未达成共识。此外,大多数研究分别考察这两个构念。例如,Eren(2019)研究了土耳其的食品形象以及游客的重游意图和消费情况,发现游客对土耳其的食品和饮料感到满意,而食品和饮料的形象影响了游客的重游意图。与此同时,Hallmann & Zhang(2012)分析了德国马拉松比赛中游客消费和重游意图的决定因素,但该研究并未讨论游客消费与重游意图之间的相关性。Perles-Ribes 等(2021)证明了游客的重游意图对游客消费有积极影响。本研究未发现游客消费与重游意图之间的相关性,由此推测,这两个变量之间的关系可能因具体情境的不同而有所差异。

一些研究发现游客消费与推荐意愿之间存在相关性。然而,在考察游客消费的决定因素时,很少有研究探讨并验证游客的推荐意愿是否影响他们的消费。此外,大多数研究分别讨论游客消费和游客推荐意愿的决定因素。例如,Chulaphan 和 Barahona(2021)识别了游客消费的决定因素,发现游客消费受到口碑、收入和旅游目的地价格上涨等因素的驱动。与此同时,Song 等(2010)采用自一般到具体的建模方法分析了旅游需求的关键决定因素,得出结论,游客到达量主要受游客收入和口碑的影响。Matzler 等(2019)进行了一项大规模实证研究,以识别价格对口碑的影响,发现首次访问者的价格与口碑之间存在负相关关系,但对回访者没有影响。本研究发现,国家公园游客的消费与推荐意愿之间存在正相关关系,即推荐意愿越高,消费也越高。

本研究受访者报告的体验评分为 3.65~3.93,整体水平相对不高;满意度评分为 3.87、3.97 和 4.05,同样处于相对不高的水平;重游意图评分为 3.71、3.74 和 3.88;推荐意愿评分为 3.96、3.78 和 3.94。

对于黄果树国家级风景名胜区游客满意度不高,可能有以下四个原因。

第一，景点收费较高。根据实地调查，游客普遍抱怨景点的高票价和二次电梯收费。从在线评论中可以看出，每人 210 元的门票对于很多游客来说过于昂贵。无论是与贵州省其他类似的 AAAAA 级景点的票价相比，还是与四川省和湖南省一些类似的 AAAAA 级景点的票价相比，黄果树景区的票价都处于较高水平。黄果树景区的票价使游客望而却步。此外，实地调查显示，大瀑布景区的入口距离大瀑布很远，而景区的电梯费并未被包含在当前的票价中，游客还需支付额外费用乘坐电梯，这极大降低了游客对景区的满意度。

第二，服务质量欠佳，基础设施薄弱。实地调查结果显示，游客对景区工作人员的服务态度和基础设施方面表示不满。在游客评价中，他们认为景区工作人员的服务态度欠佳、工作行动迟缓、服务效率低下，这在一定程度上反映了游客对景区服务质量的不满。从游客发布的评论中不难发现，服务质量差主要体现在景区工作人员的基本服务方面。这些对服务人员的负面反馈反映了黄果树旅游景区的服务问题，其在员工培训方面仍然不足。基本服务设施也是服务支持的重要组成部分，属于景区为游客提供基本服务的重要硬件支持。面对大规模且需求各异的游客群体，黄果树旅游景区的基础设施建设直接影响游客的旅行体验。尽管根据游客对景区的评论和反馈，景区基本服务设施的建设较以前有了显著改善，但在细节设计方面仍存在不足。例如，景区内停车场指示标志缺乏；饮用（热水）水供应服务缺少；网络信号覆盖不全面，导致信号不稳定；路标不清晰，缺乏英文标识指引；厕所、停车场、服务休息站等配套设施亟须改善等。在后续基础服务设施建设中，黄果树景区应重视并解决这些问题。

第三，管理秩序混乱，欺客现象较为严重。根据在线评价，景区存在管理混乱的情况，欺诈和欺负顾客的现象时有发生。在旅游高峰期，游客排队问题突出，而景区在应对这一现象时安排混乱，导致游客在狭窄的山路上拥挤，存在较大安全隐患。同时，随着游客数量的增加，景区的交通组织和管理变得越来越困难。尤其在旅游高峰季节，景区内必须实施相关临时交通管制措施。非景区车辆，如私家车、出租车和网约车等，进出核心景点必须换乘景区的观光车，且需严格按照天星桥景区—大瀑布景区—陡坡塘景区的线路顺序进行观光。对于一些想直接进入大瀑布景区的游客来说,他们只能在天星桥景区的下车点转乘旅游巴士进入大瀑布景区,然后在大瀑布景区的下车点转乘巴士前往陡坡塘景区。由于交通线路需要多次换乘,等待换乘的时间也较长,景区的交通安排实用性相对较弱。此外,景区内自营餐饮和酒店行业的布局非常混乱,且缺乏相应的管理制度。由于缺乏对价格的监管,景区内商品的价格相对较高,同时,一些商家和摊贩的行为也过于强势,态度恶劣无理,严重影响游客的满意度。比如,出现"摊贩宰客,态度恶劣,甚至与游客争吵"以及"外面的商家太强势,态度糟糕"等情况。

第四,景区商业化现象严重。从游客的在线评价中不难发现,"商业化"对游客的游览体验产生了负面影响。大多数游客在评论中提到景区的商业化发展过度。游客必须经过一条商业街才能到达登船点。例如,从大瀑布景区的出口到下一个景点的登船点,游客需要经过一条商业街。在这条商业街旁,即使游客不想购物或观看,也难免会被各种产品包围,从而对密集的商店感到失望。许多游客来到黄果树景区是想远离城市的喧嚣、亲近自然、体验原生态的风景和氛围,但景区的商业化日益严重,导致许多游客对景区表示不满。

对于龙宫国家级风景名胜区游客满意度不高,可能有以下六个原因:

第一,资源本体质量不高。资源本体包括景观质量和基础设施两大类,是旅游景区高质量发展的前提条件。随着游客旅游体验的日益丰富,他们对景观质量的要求也在不断提高,更加渴望看到"独特"和"不可复制"的景色。作为国家 AAAAA 级景区,龙宫距离主要客源市场较远,旅游成本相对较高,因此大多数游客对该景区的景观期望值较高。然而,出于自然环境的变化、制约因素的增多以及开发不合理等原因,龙宫的景观与周边其他景区相比已不再具备明显的优势。例如,游客普遍认为龙宫四大核心景观之一的旋塘景区"与普通的池塘没什么区别";对外宣传的"五进龙宫"地下河项目在 30 多年来仅开发了"两进",长度约 1.01 千米。由此形成了"龙宫不仅景点少,且特色不明显"的整体评价。

第二,资源开发方式不合理。除了在与周边景区的竞争中表现出景观质量较差的问题,龙宫在旅游资源的利用方面也存在明显不足,尤其是在旅游基础设施投资方面。近年来,虽然龙宫更新了一些景区内部设施,但游客的评价中仍然频繁提到"标识太少且不清晰""酒店设备陈旧""道路狭窄"等问题。根据实地调研,除了游客中心和龙门瀑布区域的设施较为完善,其他区域的基础设施建设还较为薄弱。景区内部的虎穴、盲谷和旋塘等景点经常因各种原因封闭交通。此外,龙宫景区内有三个自然村,分别是龙潭村、桃子村和旋塘村,它们被作为龙宫的接待服务基地。其中,龙潭村和桃子村以发展农家乐为主,目前仅能提供基本的旅游住宿服务,难以满足游客对高质量旅游产品的需求。旋塘村因环保等原因进行了大规模拆迁,目前仍在建设中,这严重影响了景区的品牌形象。

第三,管理服务存在缺陷。管理服务包括规划设计、景区管理、服务质量和价格四大类。高质量的管理服务是景区高质量发展的重要保障。景区规划主要用于制订发展目标、控制环境影响和规范项目建设,并从技术层面对内部景区、路线、设施等进行合理布局设计。在龙宫旅游的总体规划中,景区由龙潭、旋塘、油菜湖和仙人箐四大区域组成。然而,经过35年的发展,油菜湖和仙人箐景区尚未完工并开放,旋塘长期处于近乎荒废的状态。最具代表性的"五进龙宫"项目也仅开发了"两进"工程。旅游规划长期未得到有序实施,导致龙宫景区存在区域分割、不完善等问题。"除了水洞,没什么可玩的"和"游览线路设计不合理,步行时间太长"等问题也成为景区的突出问题。景区管理和服务质量属于目的地治理能力的范畴,也是目的地软实力的直观体现,是推动旅游景区高质量转型发展的核心要素之一。作为国家 AAAAA 级景区和国家级风景名胜区,龙宫目前由安顺市一家国有企业旗下的龙宫旅游公司负责运营和管理。景区开发中"马小车大"(资源承载与游客流量不匹配)的问题突出。此外,出于地理位置偏远等原因,龙宫景区的大多数员工来自本地,他们在从事旅游业前主要从事农业工作,缺乏专业培训,服务质量参差不齐。尤其是在安保人员、检票员、船工等一线服务人员中,"工作人员不专业""缺乏服务意识""对游客态度差"等现象时有发生,进一步加剧了游客的不满情绪。此外,景区开发涉及复杂的利益相关者关系,景区内周边居民招揽兜售商品的现象屡禁不止,这进一步提高了景区管理的难度。价格与游客满意度有直接关系。在我国欠发达地区,高票价问题普遍存在。2022 年,龙宫景区门票价格为 160 元,在当年全国280 家 AAAAA 级景区中属于单个景区费用较高的行列。此外,景区内还有观光车、电梯等二次收费项目,这些都成为游客满意度较低的重要原因。以典型的龙门瀑布观光电梯为例,该项目往返票价为 35 元。电梯旁原本有一条便捷的登山通道,步行仅需 5~10 分钟,但景区以落石和路滑为由关闭了该通道,许多游客不得不自费选择乘坐电梯,该项目由此引发的负面评论也较多。近年来,龙宫景区出台了"部分省市游客门票减免"等优惠政策,在一定程度上增加了原价购票游客的相对剥夺感,进一步加剧了他们的不满情绪。

第四,外部环境影响了游客体验。外部环境包括景区同质化和外部交通两个方面,是影响旅游景区高质量发展的重要因素。1980 年,安顺市在修建水库时,偶然发现了龙宫这一珍贵的旅游资源。当时,凭借中国最长的水溶洞和中国最大的喀斯特瀑布等独特优势,龙宫成功入选首批国家级风景名胜区和首批国家 AAAAA 级旅游景区。然而,随着中国旅游业的快速发展,旅游景区建设步伐加快,喀斯特地貌作为旅游资源的垄断性逐渐减弱。中国已有 7 处以喀斯特地貌为核心的世界自然遗产,AAAAA 级景区数量已达 21 个。与龙宫类似的景区有广东的连州地下河、辽宁的本溪水洞和湖北的腾龙洞等。由此可见,龙宫目前面临较为严重的同质化问题。同质化程度的加剧使龙宫对游客的吸引力不断下降,容易被其他景区替代,严重抑制了游客的重游意图。外部交通是"人地"旅游系统的纽带,也是旅游景区开发与评级的首要条件。近年来,中国在基础设施建设上投入了大量资金,交通条件得到了极大改善,全国 AAAA 级以上景区的外部可达性问题已基本解决。从龙宫景区的现状来看,尽管黄果树机场和安顺西站已经建成,但景区仍然存在明显的"最后一公里"问题,尤其是外部交通与内部交通的衔接问题。例如,实地调查发现,从安顺西站到龙宫的景区专列每天中午 12 点后就停止发车,且龙宫与黄果树之间的班车班次较少,导致游客在两个景区之间往来极为不便。此外,游客流量呈现典型的"潮汐"特征,但在法定节假日、周末和寒暑假等客流高峰期,当地公交车次没有相应增加,游客常常有"该地交通不便"和"公共交通差"等负面体验。

第五,信息不对称传播导致游客满意度降低。媒体传播包括信息透明度和突发事件发布两个方面,这些都对旅游景区的高质量发展起着调节作用。人类社会已经进入信息时代,信息成为旅游中人和地方互动的重要媒介。游客常需要借助各种媒体工具来形成对目的地的感知和评价。微信、微博和抖音等各种网络工具的普及打破了信息传播的技术壁垒,使旅游景区能够高效地发布不同的信息。然而,网络信息的"病毒式"传播也给旅游目的地的管理带来了新的挑战。在网络世界中,关于各个旅游目的地的信息丰富多样,但面对海量庞大的在线信息,游客往往无法获取有用的内容。尽管许多游客认为"龙宫与宣传信息不符",并质疑当地信息透明度不足,但景区单方面难以完全解决这些问题。旅游景区中的突发情况对景区的品牌形象构成严重威胁,甚至在极端情况下会对游客生命和财产安全造成无法弥补的损失。然而,除了少数不可预测的灾难性事件(如地震和泥石流等),大多数旅游目的地的紧急情况是可以提前预判的。例如,在贵州省,每年夏季会出现季节性降雨,洪水经常导致许多景点暂时关闭。由于龙宫地质和地貌条件特殊,其受到的影响更加显著。进入龙宫二次游览和在旋塘乘船等项目在每年夏季由于降雨常常会关闭几个月。尽管这一问题仍未解决,但对这一突发情况进行早期预警并及时通知可以将游客的损失降到最低。然而,大多数游客在抵达景区之前并不知晓这一情况,因此,关于"二次入龙宫项目关闭但未提前通知"的负面评论层出不穷。

第六,不佳的感知评价导致满意度降低。感知评价包括心理期望、性价比和拥堵状况三个方面,是游客主体在旅游目的地"人地"互动关系生成后对目的地的感受、反馈和表达。心理期望受景观质量和服务质量等因素的影响。由于龙宫距离主要旅游客源市场较远,游客普遍对其有"更高的期望",希望能欣赏到"最佳的风景",享受到"极致的体验"和"优质的服务"。然而,由于龙宫在景观质量和景区管理方面不足,游客的心理期望很难得到满足,这加剧了他们的不满。性价比游客是对景区价值的综合判断。与单纯关注价格相比,更多的游客在意的是他们的支出与回报是否相当。如果能欣赏到优美的风景、享受到高质量的服务并获得愉悦的体验,即使花费更多的时间和金钱,他们的满意度也不会降低。然而,从当前的网络评价来看,龙宫被认为是典型的"高支出、低回报"景区。许多负面评价并非针对门票价格本身,而是认为在当地消费的"性价比不高"。

尽管荔波樟江国家级风景名胜区的满意度评分为 4.05,但这个国家公园仍然存在一些负面现象。

第一,生态环境遭受严重破坏。荔波以其喀斯特地貌而闻名,喀斯特地貌的面积达 1 797.10 平方千米,占县域总面积的 73.90%。其中,岩石荒漠化面积占县域总面积的 31.35%,非岩石荒漠化面积占 22.63%。潜在的岩石荒漠化面积占县域总面积的 19.92%。除了严重的岩石荒漠化趋势,土壤侵蚀也是荔波县面临的一个问题。虽然该县森林覆盖率超过一半,但土壤侵蚀面积高达 662.76 平方千米,占总面积的 27.25%。人类活动、旅游资源开发和矿产开采等都对荔波的环境造成了严重破坏。例如,许多家庭经营的小型酒店和餐馆,缺乏完善的垃圾处理方案,将垃圾直接倾倒进河流,污染了水源环境;一些餐馆未安装符合规范的油烟净化器,油烟未经处理就直接排放,损害了景区及当地空气环境。随着旅游开发的推进,荔波的工业化进程也在加快。然而,一些冶金企业和砂石厂并未遵循相关的环保法规,导致污染问题更加严重。在发展过程中,人们忽视了生态治理和保护工作,未能妥善处理经济发展与环境保护的关系。目前,改善生态环境的项目较少,如珍珠防护工程和围门小流域水土治理工程等。

第二,旅游服务意识淡薄。出于交通不便、经济发展滞后、居民教育水平不高以及专业服务氛围不强等原因,荔波的旅游服务意识整体水平仍然较低,存在一定缺陷。服务意识直接影响服务质量。一些旅游从业者,如导游,缺乏正确的服务态度,只是机械地完成任务,很少表现出积极热情的态度,无法让游客获得舒适的旅游体验。有些从业者甚至欺骗游客,引导他们进入低价陷阱,强迫他们购物,严重损害了当地旅游形象,对旅游景点和服务行业的声誉造成了负面影响。导游与游客之间的冲突案例时有发生。根据不完全统计,在每年黄金周期间,旅游行政部门接受的投诉中有 79% 与导游的服务质量问题有关。

第三,民族文化的发展重于保护。荔波有较多的少数民族人口,占总人口的 90%,包括布依、水、瑶、苗、壮和侗等 17 个民族。以布依族为例,他们生活在河边或平坝地区,拥有独特的语言和文字。布依族的民间口头文学极具民族特色,内容丰富多样,大致包括故事、说唱、诗歌和戏曲。布依族的舞蹈源于日常生活,既有反映生产劳动的织布舞和丰收舞,也有展现民族风俗的花袋舞和婚礼伴奏舞。一些传统节日庆典、民族艺术和手工艺品等,展现了简单而悠久的民族文化底蕴。这些独具魅力且历史悠久的民族文化在旅游发展中发挥着重要作用,进一步优化了当地旅游软环境。然而,当前人们对民族文化的挖掘只注重发展,忽视了保护环节。

第四,管理服务水平不高。旅游活动中观光巴士路线设置不合理,是导致游客产生负面情绪的主要原因。游客反映:“唯一的缺点是,如果中间有不想去的景点,就很难再回去游玩。巴士只会把你拉到起点,所有起始点的景点都需要重新走一遍。”还有人指出:“穿梭巴士的运营不合理。你必须在每个停靠点下车,走很长一段路才能到达下一个停靠点,中间没有返回巴士,这样不合理且浪费时间和精力。每个站点应该可以自由上车,并且应该有返回巴士。”

从这些反馈中可以看出,景区内没有返程车辆,游客需要徒步返回,这不仅浪费了大量的时间和精力,还导致游客因未能参观所有景点而感到遗憾和不满。此外,景区的高票价也是游客不满的原因之一。根据在线评价,一些游客指出,景区内的交通票价、景区门票价格以及餐饮和住宿的价格普遍偏高。此外,景区基础设施还存在潜在的安全隐患。一些游客在评论中提到:"仿木栈道下雨后很滑,有些地方没有防滑措施,要小心,我滑了一次。"这说明景区设施存在潜在的安全隐患,应及时检查和修复,以防止事故发生。

因此,贵州的国家级风景名胜区应加大力度提升游客的体验、满意度以及重游意图和推荐意愿。此外,研究还发现游客体验与满意度、满意度与重游意图、满意度与推荐意愿之间存在正相关关系,游客消费与满意度之间则存在负相关关系。同时,游客体验与消费之间、消费与重游意图之间并没有显著的相关性。

5.3 研究贡献

贵州的国家级风景名胜区面临新国家公园体制改革、旅游产业化政策以及旅游投资配置等方面的挑战,本研究在旅游行业、理论、方法论和研究等方面作出了如下贡献。

5.3.1 理论贡献

虽然国家公园是全球旅游业的重要组成部分,但由于缺乏国家层面以下的数据且获取调查驱动数据的成本较高,关于国家公园经济影响的研究并不多(Martin Barroso et al., 2022)。因此,一些研究考察了游客每次旅行的消费(Mayer et al., 2010)和每天/每夜的消费(Thomas, Fly & Koontz, 2021),有些研究则没有详细划分消费类别(Mika, Zawilinska & Pawlusinski, 2016)。消费类别至关重要,因为它们影响国家公园消费和贡献估算的准确性。然而,由于不同的研究背景,关于国家公园游客的消费类别并没有达成共识。Thomas、Flyr 和 Koontz(2021)在评估美国国家公园的经济贡献时创建了 8 个消费类别,Souza 等

(2019)在评估巴西保护区旅游经济影响时则创建了 7 个消费类别,即住宿、餐饮、燃油、当地交通、零售商店、活动和导游,以及其他费用。本研究为中国国家公园创建了 9 个消费类别,即住宿、餐饮、露营、零售店、娱乐、交通、购物、门票和其他,供中国其他国家公园使用以对消费进行分类。

如前所述,用于衡量游客体验的维度因背景而异。此外,只有少数研究考察了国家公园的游客体验。因此,本研究在现有的多项关于游客体验的研究的基础上,开发了测量国家公园游客体验的维度,包括 7 个难忘体验的维度和 6个游客消费的维度(Kim,Ritchie & MCcormick,2012)。此外,本研究还建立了一个结构方程模型,以检验国家公园游客的行为模式。实证检验验证了国家公园游客行为模式测量模型的可靠性和有效性。该测量模型可应用于全球其他国家公园。

最后,本研究开发了一个综合框架,用于评估国家公园的经济贡献。基于现有研究评估国家公园经济贡献的文献(Fish,2009;Thomas,Flyr & Koontz,2022)以及考察游客体验的研究(Kim,Ritchie & MCcormick,2012),本研究建立了一个综合框架,命名为国家公园经济评估框架(National Park Economic Evaluation Framework,NPEEF),并通过在贵州的中国国家公园中应用 MGM 2 模型和使用 PLS-SEM 进行了验证实施。此外,本研究中的调查工具和 NPEF 可以被其他研究人员调整和使用,以便研究全球范围内国家公园以及其他旅游产业部门的经济影响。

5.3.2 实践贡献

本研究还为国家公园管理机构、贵州省政府和国家公园管理者提出了一些关键的管理建议,具有重要的实践意义。

首先,本研究确定了贵州省国家级风景名胜区的经济贡献,其研究结果为国家公园管理机构的决策者提供了参考,有助于他们确定哪些国家级风景名胜区应在新的国家公园体制中升级为新的国家公园,从而推动中国构建更完善的国家公园体制,使其在全球范围内具有广泛影响力。

其次,本研究的发现对贵州省政府具有重要价值,因为它识别了与国家公园发展直接相关的 8 个关键产业部门及其各自的贡献。此外,鉴于政府目前对旅游产业化的重视,本研究的发现可以为政府提供宝贵参考,以实现旅游产业化目标并合理分配投资。

最后,本研究关于国家公园体验的发现对国家公园管理者至关重要,因为这些发现为提高游客对国家公园的满意度提供了指导方向。它还详细呈现了游客对设施、产品和服务的体验水平,为贵州的中国国家公园运营实践提供了有益参考。

5.3.3 背景贡献

由于多个国家研究国家公园的经济影响时使用不同的经济评估模型和方法,因此有必要确定这些模型和方法在其他国家的适用性。本研究回顾了大部分相关研究,得出结论,MGM 模型最适合评估国家公园的经济贡献,因为其数据易于获取且成本低于其他模型。此外,本研究开发的针对中国国家公园游客消费和行为模式的调查工具,以及适用于中国国情的国家公园评估框架,都是重要的背景贡献。

5.4 建议

根据本研究的发现,提出以下建议。

荔波樟江国家级风景名胜区具备在新国家公园体制下发展成为国家公园的良好条件。中国国家林业和草原局作为国家公园的管理机构,应对此予以关注。2022 年 12 月,中国国家林业和草原局与生态环境部联合发布了国家公园的空间布局规划。该规划覆盖 28 个省级地区的 49 个候选地点,总面积达 110 万平方千米。荔波樟江国家级风景名胜区是贵州的理想候选地点之一,因为它在生态重要性、独特自然景观和丰富生物多样性方面,具有最高的经济贡献和游客满意度。因此,该景区值得在新国家公园体制下升级成为国家公园。

贵州省政府应优先提升国家级风景名胜区旅游相关部门的旅游产业化程度,涉及娱乐、其他服务、商业服务,以及文化、教育、旅游和休闲产品等部门,因为这些部门对提升贵州省国家公园的经济贡献作用不显著。这些国家公园部门的实际经济影响表明供给不足的情况。因此,需要更多投资以促进这些部门提升贵州的旅游产业化水平。政府还应更加关注零售行业,因为它为国家公园带来了显著的经济价值,并与贵州的上下游产业有密切关系。因此,开发具有创意和意义的购物和零售产品是明智之举。同时,改革旅游购物的供给侧结构至关重要,遵循旅游购物供给侧结构优化的原则是重要前提。优化旅游购物供给侧结构的操作标准,用于指导优化过程,并评估优化结果的优劣,具体包括旅游购物资源配置的有效性、旅游购物供需的协调性、旅游购物商品类型的多样化、旅游购物的区域布局合理性以及旅游购物发展环境的优化等。

第一,必须实现旅游购物资源配置的有效性。一方面,必须实现无限旅游商品资源与游客多样化需求的最佳配置。第二,协调旅游购物的供需关系,需要统筹协调与旅游购物相关的各个行业和部门的发展,有效促进旅游商品的生产、流通、分配和消费,使旅游购物的供需关系处于和谐的发展状态。第三,必须丰富旅游购物产品的种类,需求的多样化决定了旅游购物商品的种类多样性,无论是传统的旅游纪念品、手工艺品、地方特产,还是新型的生活化工业产品,它们不仅各自有发展方向,还在相互促进中不断创新和发展,从而丰富旅游购物产品的种类。第四,必须实现旅游购物区域布局的合理性,以提高整个旅游购物的综合经济效益。第五,优化旅游购物的发展环境,主要包括间接影响旅游购物的宏观环境和直接影响旅游购物的微观环境。

具体而言,旅游购物供给侧改革可以从以下几个方面进行。

第一,产业结构优化。产业结构优化是旅游购物供给侧结构优化的主要内容,是促进旅游购物供给侧结构合理化和先进化的过程。所谓合理化,是指使旅游商品的产业体系适应资源供应结构、技术结构和需求结构,合理配置生产要素,促进各种生产要素的有效利用。所谓先进化,是指使旅游商品的产业结构从低水平向高水平发展,实现高技术、高知识、高资本密集型、高加工度和高附加值的产业建设。利用新的"旅游+"产业融合形式将其作为多个供给侧结构节点。基于旅游购物资源的"无限"状况,任何社会、经济、文化、市场和空间资源都可以作为旅游购物资源的延伸。在满足大规模旅游购物的需求和供应特征的前提下,持续提升旅游商品的技术水平,使新兴的旅游购物产业成为主导产业。

第二,消除旅游产品的同质化问题,包括产品缺乏独特的地域性和丰富的创意感。目前,在贵州三大国家级风景名胜区的商店中,常见的相似产品种类几乎在每家店都有销售,难以引起游客的购买兴趣,必须通过优化旅游购物产品的结构来改变这种现象。

第三,市场结构优化是优化旅游购物供给侧结构的关键。市场结构优化旨在根据游客的消费需求,实现旅游购物商品的供需平衡与协调,推动旅游购物产业的转型升级,提升旅游购物收入的规模和质量以及旅游购物经济总量。鉴于三大国家级风景名胜区旅游购物市场的供需结构存在局限性,将旅游购物需求结构、供应结构及供需协调作为二级旅游购物供给侧结构节点,使旅游购物产品供应商在旅游购物产品的需求上具备更高的适应性和灵活性,这是优化旅游购物供给侧结构的关键所在。

第四,企业结构优化。企业结构优化有助于旅游商品供给侧结构的优化。企业结构优化旨在围绕旅游商品的类型与品质、质量与效率,重构旅游购物运营系统,推动旅游商品的开发和销售模式升级和转型,并提高高科技、高附加值旅游商品在总产出中的比例。由于旅游商品生产企业及其附属企业无法有效配置资源,因此,可以将组织结构、运营结构和技术结构作为二级供给侧结构节点,通过组织结构的优化提升企业管理水平,通过运营结构的优化改善游客的体验价值,通过技术结构的优化增强企业的核心竞争力。

第五,发展结构优化。发展结构优化是优化旅游购物供给侧结构的重要保障。发展结构优化是围绕影响旅游购物发展的关键因素,更新旅游商品供给侧结构中最活跃的要素,以形成促进旅游购物发展的积极动力。由于旅游购物创新严重滞后,可以将元素结构、环境结构和治理结构作为二级旅游购物供给侧结构节点。另外,通过创新保障机制,更新旅游商品的人力资源,提高旅游商品的资本集中度,促进旅游商品运营机制的完善。

第六,空间结构优化是优化旅游购物供给侧结构的保障。空间结构优化是将旅游商品的点、线、面分布聚集起来,形成旅游商品平衡、合理、高效的分层发展的内生动力。因此,应将点、线、面结构作为二级供给侧结构节点。

经过上述优化,旅游购物供给侧的各个结构节点之间、整个系统与各个部分、环节和层级之间将形成不同程度的相互依赖、相互促进的关系,进而创造出一个持续优化的旅游购物供给侧系统。这是旅游购物供给侧结构优化的最终动态结果。还应大力提升贵州三大国家级风景名胜区不同类型设施的体验。例如,受访者对黄果树国家级风景名胜区的满意度相对较低(3.87),在13个体验维度中,住宿的评分最低(3.52),这表明迫切需要改善游客的住宿条件。此外,由于受访者对黄果树国家级风景名胜区的购物、餐饮、门票和零售店体验的评价不高,管理层应优先改善这些方面的游客体验。荔波樟江国家级风景名胜区的满意度为3.96,且游客反馈零售店、餐饮、购物和住宿体验需要改进。同时,升级和翻新老旧设施也很重要。受访者对荔波樟江国家级风景名胜区各体验维度的满意度均较高,但其娱乐部门的经济贡献较低。因此,可以开发文化表演等活动以丰富景区的娱乐项目,并提高荔波樟江国家级风景名胜区的总体经济贡献。

贵州三大国家级风景名胜区在游客体验方面普遍存在问题。一般来说,国家公园应该从理性和情感两个维度提升游客的体验水平。

硬件上,抓住数字经济的机遇,转变国家公园的发展模式。首先,国家公园应把握信息技术发展带来的数字经济机遇,结合当地资源特点,充分挖掘景点的旅游潜力,拓展多样的旅游体验模式。国家公园应注重挖掘自身的特色文化,以文化为纽带增强游客的地方依恋,从而提高游客的满意度。其次,建立面向公众的智慧景区,实现景区智能化管理。除了实时更新公园内的总人数,还要实时更新不同活动区域的人数,以便游客以此为参考选择活动地点,从而提升满意度。同时,国家公园可以开设和运营其官方账号,让游客及时查询公园内实时人数及历史数据,调整游玩时间,选择合适的入园时间。此外,还应优化国家公园的区域划分和路线引导。丰富公园的活动区域有助于游客及时选择人流较少的活动区域。同时,加强不同区域连接路线的组织,通过完善公园识别系统,提供清晰明确的指示,帮助游客高效利用游玩时间。最后,借助网络平台的易用性和便利性,加强智慧旅游设施的建设,加大文化因素的注入和融合,打造一种集文化与旅游于一体的高质量新型景区,以吸引更多游客。利用5G、VR、AR 等技术为游客带来全新的沉浸式体验,结合无人机、AR 等技术展示景观特色、文化习俗等旅游要素,提升游客的旅行体验。

软件上,管理者应关注游客的情感体验,提升游客的满意度。在国家公园的开发和管理过程中,应重视增强游客的积极情感体验。第一,景点可以通过合理设置项目、优化服务或打造特色景观,让游客感到新奇和兴奋,从而增强其积极情感。例如,随季节变化改变相应的景观主题,或在游客高峰期提供人性化的服务。第二,国家公园可以通过创造区域景观和定期举办有趣的活动,增强游客对公园的认同感和归属感,激发他们的积极情感。第三,国家公园可以优化景点解说系统,提升内容的深度和趣味性,让游客在游览中有所收获,感到被重视,从而提升满意度。国家公园解说设施的设计应充分考虑游客的感官体验,关注形状、颜色和材料的搭配,结合国家公园文化和自然环境的特点,提升解说设施的美感,形成具有地方特色的设施风格,吸引更多游客使用景点解说设施。国家公园应改变原有的"单一叙述、直接展示"的解说方式,采用互动体验的形式,让游客与解说设施进行互动,丰富游客的解说体验。例如,可以在解说设施中添加翻转装置,在正面放置与景点相关的问题,翻转后可以看到背面的答案。简单的翻转装置可以满足"问答"的互动形式,使解说更加有趣。此外,增加旋转、移动和按压等动作,可以让解说过程更加愉悦。国家公园应增加解说设施的数量,丰富解说设施的类型,并合理规划解说设施的位置,以满足游客多样化的解说需求。解说设施的布局应从游客的游览状态出发,合理安排设置点和展示方向,比如,合理采用斜向上走的方式,加强对景点内道路交叉口等虚拟节点的引导内容建设,整治影响游客游览体验的解说设施等。第四,满足游客的个性化需求,提升游客的感知价值。国家公园应准确定位其旅游市场,根据景点的特色塑造具有竞争力的品牌形象。关注游客的高端和定制化需求,打造一站式服务体系,为游客提供自然舒适的旅行体验,从而提升游客的感知价值,推动整个旅游产业链的发展。

此外,应采取相应措施以提升国家公园的经济贡献。

对于黄果树国家级风景名胜区,提升经济贡献至关重要,具体可以从以下几个方面着手。

第一,完善景区内的配套设施,提高服务意识。增加黄果树国家级风景名胜区的指引标识和标牌,扩大停车场容量并规范其使用。优化游客服务中心的建设,也是提升景区配套服务设施的重要举措。在黄果树国家级风景名胜区增加中英文指示牌,特别是在事故多发区域。同时,应加强安全措施和完善预警系统。黄果树国家级风景名胜区应尽快规划建设专用停车场,并通过与第三方合作引入专业运营管理单位。此外,还需进一步优化游客服务中心的建设。在硬件方面,尽快搭建智能旅游信息管理系统,并开发一款智能景区的移动应用程序。游客可以通过手机使用该应用程序获得导航、导游讲解和购物指南等三大主要功能,并配备"一键求助"功能。借助定位系统,游客能在最短时间内获得帮助。在软件方面,强化对员工服务意识和服务能力的培训。

第二,合理调整票价,摆脱单纯依赖门票经济的模式。虽然降低国家公园的票价在短期内可能会导致门票收入减少,但游客节省了门票费用,减轻了经济负担,这会提高他们的旅行热情,使他们更愿意在景区的其他方面消费,从而显著增加其他要素的收入。这不仅能有效推动国家公园旅游的经济增长,还能增强景区对地方经济的拉动作用。降低国家公园的票价可能在短期内给国家公园的运营带来一定挑战,但从长远来看,其将有助于国家级风景名胜区从传统的票务管理模式升级为产业经济模式,促进景区的高质量发展。

第三,加强商业管理,建立健全商业管理体系,防止过度商业化。由于黄果树国家级风景名胜区缺乏相应的专业管理规定,部分商家存在欺诈行为,给游客留下了不好的印象。因此黄果树国家级风景名胜区的管理部门需要引入科学合理的管理制度,进一步加强对黄果树国家级风景名胜区价格的监督,建立和完善游客监督和举报机制,及时整治商家的消费欺诈行为,防止游客在风景名胜区内遭遇商家强迫消费和商家以高价勒索等情况。同时,黄果树国家级风景名胜区应制订高标准的商铺入驻规定,设立商铺评分体系,允许游客对消费过的商铺进行评分,引导商家改变商业思维,做到诚信经营、不欺骗顾客,以诚待客,不单纯追求通过高价获取商铺利益,而是通过提升商铺的品质和特色建立商铺的声誉,赢得游客的赞誉。合理控制一些商铺的规模,引入更多具有地方特色的商铺,减少同质化商铺的数量,合理规划商业布局,突出黄果树国家级风景名胜区及其周边区域的特点,激发游客的购物欲望。

关于龙宫国家级风景名胜区,提升其经济贡献的对策如下。

第一,实施特许经营制度。为更好地保护和利用龙宫国家级风景名胜区的资源,充分发挥其经济价值,建议实施特许经营制度。特许经营是美国国家公园管理体系中充分发挥市场在公共资源配置中核心作用的制度之一,其在实践中不断完善和发展。该制度通过公开招标的方式,对公园的餐饮、住宿等设施进行特许经营,向公众开放,其经济收益与国家公园无关。美国通过完善的立法形成了成熟且有效的特许经营体系。国家公园特许经营运作意味着管理机构通过招标选择最佳的受让方、被许可方或合作伙伴,授予其提供现场旅游服务的权利。这些现场服务包括国家级风景名胜区的餐饮、休闲设备的租赁和销售、讲座、住宿、户外生活用品销售等,这些服务虽不由公共机构提供,但对提升国家级风景名胜区游客的游览体验和增加国家级风景名胜区的价值是必不可少的。特许经营是一种发展模式,政府将景区资源的所有权与企业的资本结合起来,以实现景区资源的经济价值。因此应完善管理权转让的支持机制,明确准入和退出机制,并加强政府监管,以保障龙宫国家级风景名胜区的长期稳定运营,实现国家公园的经济价值。

在实践中,龙宫国家级风景名胜区的经营项目可以通过招标和签订特许经营合同的方式,委托给具有特定资质的企业或个人,优先考虑国家级风景名胜区内的社区参与。根据协议,企业需按一定比例提取特许经营费,用于龙宫国家级风景名胜区的资源保护。可实施特许经营的项目包括餐饮、住宿、购物、景区内交通、文化娱乐、体育和旅游服务。景区内的资源调查、环境监测、绿化、基础设施建设、卫生和清洁等基本建设和维护项目,可以通过物业管理的方式委托给企业,相关费用可从国家级风景名胜区的门票收入或政府财政拨款中拨出。

第二,明确管理和运营实体及其职责范围。龙宫管理委员会作为管理实体,履行政府的行政管理职能,国家级风景名胜区的运营采取市场化模式,实行所有权与管理权分离。龙宫管理委员会仅负责制订景区的发展规划、审核建设方案以及监督资源保护等管理工作;运营实体则负责国家公园内旅游服务、景区维护和市场营销等特许经营项目的运营,并拥有充分的运营自主权。通过这种方式,可以明确管理者的责任,确保管理措施的有效实施,同时使运营者能够以市场需求为导向,实现更好的经济效益。尽管龙宫国家级风景名胜区管理委员会已在商业模式上进行了探索,将部分景区外包给企业进行管理,并取得了具体成效,但龙宫景区仍需在此基础上进一步理顺管理与运营、保护与发展之间的关系,真正实现管理与运营职能的分离,为实现国家级风景名胜区的经济价值提供组织基础。

关于荔波樟江国家级风景名胜区,提高国家公园经济价值的改进措施如下。

第一,加强荔波樟江国家级风景名胜区的生态保护,建立并实施环境补偿制度。生态补偿费用制度是将风景资源的外部效应内部化的有效方式。一方面,荔波樟江国家级风景名胜区可以参考环保部门对自然资源开发征收生态环境补偿费用的做法;另一方面,可以根据旅行社和其他旅游企业在荔波樟江国家级风景名胜区的经营活动对资源造成的损害程度,合理征收一定金额的生态环境补偿费用,作为景区环境和资源保护的日常费用来源之一,从而增加景区的收入。

第二,对污染者征收污染费用。污染者付费是环境外部性内部化的主要方式,体现了生态资源的有偿使用。对于荔波樟江国家级风景名胜区而言,其美丽的自然风光是核心吸引力,而水资源对荔波樟江风景区的重要性不言而喻。但旅游企业对环境的污染却十分严重,污染问题相当突出。基于国家污染物排放收费标准和污染物排放收费政策的改革,征收污染物排放费用将成为促进旅游企业减少污染排放的重要手段。

第三,加大国家和地方政府对生态环境保护的投资。荔波樟江国家级风景名胜区的保护资金主要依赖荔波地方政府的财政资金,而中央政府对国家公园保护资金的投资相对较少。仅靠国家对国家公园给予的适当补偿是不够的。相关主管部门应在现有基础上,依据可持续发展理论,从维护生态平衡的角度出发,增加对国家公园的资金投入,将门票收入和风景区的其他收入作为对风景区资源有偿使用费用的必要补充,以保障国家公园的可持续发展。

第四,充分发挥各类组织在监督荔波樟江国家级风景名胜区环境保护工作中的作用。其一,非营利组织的监督。除了政府和市场体系,还可以将非营利组织纳入系统,利用系统之间的协同和互补作用来构建更完善的国家公园管理体系。国家公园管理体系的多元化可以将风景名胜区从以政府为核心的单中心治理模式转变为政府、市场和社会共同参与的多中心治理模式,从而促进国家公园的可持续发展。其二,社区监督。作为荔波樟江国家级风景名胜区发展的关键利益相关者,社区居民不仅是国家级风景名胜区资源保护的执行者,也是国家级风景名胜区管理的积极监督力量。在其他国家,当开展可能影响国家级风景名胜区的项目时,他们会向公众公开相关计划。因此应制订相关规定,积极鼓励公众参与荔波樟江国家级风景名胜区的规划、管理和保护工作,并对政府、管理委员会和企业的行为进行监督。其三,国际监督。荔波樟江国家级风景名胜区已正式被列入"世界遗产名录",需遵循联合国《保护世界自然和文化遗产公约》,并接受联合国教科文组织世界遗产委员会定期监督,在确保适度开发和有序运营的前提下,严格维护其真实性和完整性。

第五,提升荔波樟江国家级风景名胜区的旅游形象知名度。可以利用各种风格的新媒体营销策略,例如,利用"抖音"和"快手"等短视频平台的直播功能,有效推广景区景点,深入挖掘景点的独特资源优势,吸引更多潜在游客前来观光。此外,荔波樟江国家级风景名胜区还可以与酒店、旅行社和交通部门合作,进行全面推广,制作精美的宣传册,并推出优惠活动,如发放"门票优惠券"、提供"景区免费电瓶车"服务等方式,影响潜在游客的旅游决策,进一步提高荔波樟江国家级风景名胜区的知名度,增加游客数量。

第六,合理开发民族和文化资源。荔波樟江国家级风景名胜区所在的民族地区拥有丰富多彩的民族文化。民族文化大致可以分为两类:一类是显性文化,即与物质紧密相关的文化元素,如民族服饰、建筑、饮食等;另一类是隐性文化,即与精神、观念和思想紧密相关的文化元素,如民族礼仪、文学、歌舞等。游客前往荔波樟江国家级风景名胜区旅游是为了体验自然风光并了解当地的民族文化。民族文化是国家公园的重要资源,将民族文化与旅游产业相结合是丰富国家公园文化旅游产品的有效途径。然而,在探索民族文化与旅游融合的过程中,民族文化并没有得到适当的保护。如何在合理开发民族文化的同时,切实做好保护工作成为亟须解决的问题。各级相关部门首先应加强对当地村民的宣传教育,提高他们对民族文化的认知,让他们从内心深处认同并热爱自己的民族文化,进而自觉保护民族文化。同时,还需要建立健全相关法律法规,明确对民族文化中显性文化的保护措施。然后,对民族和文化资源进行系统性整合,分类梳理并完善发展模式。例如,可以在荔波设立当地的"民族文化博物馆",较为全面地保存和展示显性和隐性民族文化。此外,还可以开发不同类型的旅游产品,如建设"民族文化主题公园",将少数民族的节日、祭祀仪式、歌舞表演等元素融入其中,打造具有浓郁民族特色的旅游体验项目。

5.5 研究局限与未来研究方向

尽管本研究根据经济贡献和游客行为模式,为国家公园的发展提供了明确的方向,但它们存在以下局限性。

第一,由于调查工具包含 7 个关于人口统计学的问题、6 个关于旅游信息的问题、10 个关于消费模式的问题以及 55 个关于体验的问题,问卷较为冗长,填写需要一定的耐心。因此,收集高质量的数据具有一定的挑战性,尤其是对于 60 岁以上的受访者,许多人在填写到一半时就放弃了。此外,尽管问卷收集了有关停留时间和团队规模的数据,这些数据为了解国家公园规模情况提供了更清晰的视角,但研究并未对这些内容进行深入探讨。因此,有必要对问卷进行优化。

第二,本研究未区分来自门户地区的游客与来自其他地区的游客。因此,结果仅表明了国家公园对贵州的总体经济贡献,但未能考察来自门户地区的游客对贵州的经济影响。问卷也未收集游客前往国家公园的具体目的。这可能是有价值的信息,因为有些游客仅是为参观国家公园而来到当地门户地区,而其他人可能是出于探亲访友或商务活动等其他原因。因此,将这些游客的所有消费都归因于国家公园的经济影响是不恰当的。此外,由于本研究未进行调查,且没有统计数据,存在将游客数量统计为访问国家公园的次数的情况,一些游客的消费可能被重复计算。未来的研究可以尝试解决这个问题。

第三,本研究未严格根据旅行模式对游客群体进行细分。例如,本地一日游、外地一日游、住在国家公园内旅馆、住在国家公园内露营地、住在国家公园外旅馆、在国家公园外露营等。识别这些行为模式以及国家公园在门户地区、城市和省级范围内的经济影响,可能会带来益处。因此未来的研究应对此展开更为详细的探讨。

第四,尽管本研究是在新冠疫情高峰期过后进行的,但疫情仍然影响了国家公园的游客数量、游客的省份来源以及他们的消费模式。

第五,贵州的经济结构在 2017—2022 年发生了一些变化,尤其是在 2022 年受到了新冠疫情的影响。因此,本研究使用了贵州最新(截至当时为 2017 年)投入产出表来评估国家公园的经济贡献。因此,未来的研究应使用反映最新区域乘数的投入产出表,以获得更精确的结果。

5.6　结论

旅游无疑在经济发展中发挥着重要作用。国家公园是旅游业的重要组成部分,并已被证实是全球经济发展的重要推动力。2021 年,美国的国家公园接待了超 2.97 亿游客,这些游客在地方门户地区的总消费估计达 205 亿美元,并为国家创造了约 322 600 个就业岗位、146 亿美元的劳动收入、243 亿美元的增值和 425 亿美元的经济产出。根据 Martin Barroso 等(2022)的研究,西班牙奥尔德萨和蒙特佩尔迪多国家公园的年总产出效应为 2.09 亿欧元,总收入效应为 8 629 万欧元。与此同时,Souza 等(2019)的研究表明,巴西保护区产生了超 13 亿美元的总销售额,以及 3.42 亿美元的个人收入,为该国的 GDP 增加了 4.73 亿美元。

自 2015 年以来,中国政府设立了 10 个国家公园试点,以保护自然环境和生物多样性。2021 年 10 月,这 10 个国家公园中的 5 个被正式确定为国家公园,标志着新国家公园体制的诞生。2022 年 12 月,中国制订了到 2035 年建立世界上最大的国家公园体制的计划,这一举措引起了学者的关注,并迅速成为中国的热门研究课题。贵州省拥有 18 个国家级风景名胜区,在国家公园体制建立之前,国家级风景名胜区在研究工作中一直与海外的国家公园相对应,因此在新国家公园体制下,探讨如何发展它们的问题至关重要。2021 年,贵州承诺在未来 5 年内投资 1 000 亿元人民币用于促进旅游业发展。作为旅游产业的重要组成部分,哪些国家公园值得投资,成为一个重要问题。近年来,贵州的旅游经济和收入增长迅速,已成为中国的旅游经济第一大省。同时,贵州在扶贫方面也取得了显著成效,有力推动了区域经济的发展。因此评估贵州国家公园的经济价值及其游客的行为模式是十分有必要的。

在全球范围内,经济影响评估有着悠久的历史和完善的文献体系。本研究主要回顾了 6 种经济影响评估模型,即投入产出模型(I-O)、可计算一般均衡模型(CGE)、IMPLAN® 模型、REM Ⅰ、REM Ⅱ 以及 MGM 模型。其中,MGM 模型专门用于评估国家公园的经济影响。由于美国的国家公园体系较为成熟,许多美国研究考察了国家公园的经济影响,这些研究主要使用 MGM 模型和 VSE 模型。然而,关于中国国家公园经济影响的研究并不多。为数不多的研究使用了条件价值法(CVM)来评估其资源价值,包括旅行成本法(TCM)和享乐价格法(HPM)(Mika, Zawlinska & Pawlusinski, 2016)。因此,利用 MGM 模型评估贵州省国家公园的经济价值可能有助于缩小东西方在这一研究领域的差距。尽管有多项研究考察了受访者的行为模式、旅游体验、满意度、重游意图和推荐意愿,但在国家公园背景下专门考察游客行为模式的研究仍然较少。

因此,本研究设定了 3 个研究目标和提出了 3 个研究问题,探讨了贵州省国家公园的经济贡献及国家公园游客的行为模式,以丰富这一领域的研究成果。本研究借鉴现有研究的模型和建议,开发国家公园经济评估框架,并以贵州的三大国家级风景名胜区为研究对象。研究设计了一份包含 78 个问题的问卷,用于收集 1 306 名受访者的人口统计信息、旅行信息、消费模式和行为模式数据,其中 424 名、412 名和 470 名受访者分别来自黄果树国家级风景名胜区、龙宫国家级风景名胜区和荔波樟江国家级风景名胜区。使用 IBM® SPSS27.0

版本分析游客在各消费类别的消费模式,使用 MGM 2 评估国家公园的经济贡献,并构建 PLS-SEM 来验证概念框架及其问题的有效性和可靠性,以考察受访者的行为模式。

本研究提出的框架经过验证,所有研究问题均得到了有效回答。研究识别出 9 个消费类别,分别为住宿、交通、餐饮、购物、露营、门票、零售店、娱乐和其他费用等。三大国家级风景名胜区的直接消费为 88.12 亿元,每位受访者的平均消费为 2 012.05 元。受访者的总经济贡献为 15.70 亿元,贡献税收收入 40.69 亿元。黄果树国家级风景名胜区的直接消费为 38.30 亿元,每位受访者的平均消费为 2 390.21 元。受访者的总经济贡献为 68.35 亿元,贡献税收收入 40.67 亿元。龙宫国家级风景名胜区的直接消费为 9 123.50 万元,每位受访者的平均消费为 1 824.70 元。受访者的总经济贡献为 16.23 亿元,贡献税收收入 4 106 万元。荔波樟江国家级风景名胜区的直接消费为 43.13 亿元,每位受访者的平均消费为 1 835.13 元。受访者的总经济贡献为 76.62 亿元,贡献税收收入 20.01 亿元。值得注意的是,交通、住宿、餐饮和零售部门对国家公园的经济贡献产生了显著影响。

在受访者的行为模式方面,他们在体验、满意度、重游意图和推荐意愿上的平均感知评分并不高。本研究还提出,国家公园游客的体验影响他们的满意度,而满意度进一步影响他们的重游意图和推荐意愿。研究还观察到消费与推荐意愿之间存在正相关关系,而消费与满意度之间的相关性为负,消费与体验、重游意图之间未观察到相关性。

综上所述,本研究的所有发现具有重要的理论、实践和背景意义。

附录

附录 1　问卷

第一部分：受访者的人口统计信息

性别 （　）男性 （　）女性 婚姻状况 （　）单身 （　）已婚 （　）离异 （　）丧偶 月收入 （　）≤5 000 元 （　）5 001～10 000 元 （　）10 001～15 000 元 （　）150 001～20 000 元 （　）>20 000 元 （　）失业	年龄 （　）<18 岁 （　）19～25 岁 （　）26～35 岁 （　）36～45 岁 （　）46～55 岁 （　）56～65 岁 （　）≥65 岁 教育水平 （　）初中及以下 （　）高中 （　）本科 （　）硕士 （　）博士

续表

职业 （　）公务员 （　）国有企事业单位工作人员 （　）私营企业员工 （　）个体经营者 （　）_____其他 （　）失业人员	
省份来源 中国西北部 （　）辽宁 （　）吉林 （　）黑龙江 北部沿海 （　）北京 （　）天津 （　）河北 （　）山东 黄河中游 （　）河南 （　）山西 （　）内蒙古自治区 长江中游 （　）湖北 （　）湖南 （　）江西 （　）安徽	东部沿海 （　）上海 （　）江苏 （　）浙江 南部沿海 （　）福建 （　）广东 （　）海南 中国西南部 （　）云南 （　）贵州 （　）四川 （　）重庆 （　）广西壮族自治区 中国西北 （　）甘肃 （　）青海 （　）陕西 （　）宁夏回族自治区 （　）西藏 （　）新疆维吾尔自治区

	特别行政区及台湾地区
	（ ）香港
	（ ）台湾
	（ ）澳门
	海外地区
	（ ）东南亚
	（ ）欧洲
	（ ）美洲
	（ ）非洲
	（ ）中东

第二部分：受访者的旅行信息

1. 您是如何前往国家公园的?

（ ）乘飞机

（ ）乘火车

（ ）乘汽车

2. 您是与谁一起前往国家公园的?

（ ）独行

（ ）家人

（ ）朋友

3. 您是如何计划这次旅行的?

（ ）旅行社

（ ）自主旅行

4.您在游览国家公园期间选择哪种住宿类型?

( )三星级及以下酒店

( )四星级或五星级酒店

( )营地

( )民宿

( )亲朋好友家

( )青年旅社

( )_____其他

5.您在国家公园游玩的时间是几晚?

( )1 日游,无住宿

( )1 晚

( )2 ~ 3 晚

( )4 ~ 7 晚

( )>7 晚

6.您游览过这个国家公园多少次?

( )1 次

( )2 次

( )3 次及以上

第三部分：受访者的支出

7. 您在游览国家公园期间在以下项目上消费了多少？（单位：元）			
项目	金额	项目	金额
住宿		交通	
餐饮		购物（包括纪念品和当地特产）	
露营		门票	
零售店		其他花费	
娱乐（包括表演、演出和体育活动）		合计	

注："零售店"类别的支出指游客为日常需求或为自己购物。"购物"类别的支出是指游客在纪念品/地方特产店为朋友和家人购买商品。

第四部分：受访者的行为模式

您在多大程度上同意以下关于您参观国家公园的陈述？

强烈不同意	不同意	中立	同意	强烈同意		
1	2	3	4	5		
享乐主义（HED）						
HED1：我对拥有一次新的体验感到兴奋						
HED2：我沉浸于这些活动中						
HED3：我非常享受这次旅游体验						
HED4：参观国家公园时我感到兴奋						
新颖性（NOV）						
NOV1：这是一生一次的经历						
NOV2：这次旅行是独特的						

续表

强烈不同意	不同意	中立	同意	强烈同意		
NOV3:这次旅行与我过去的经历不同						
NOV4:我在这次旅行中体验到了新事物						
当地文化(LC)						
LC1:我对当地人有很好的印象						
LC2:我深刻体验了当地文化						
LC3:国家公园的当地人很友好						
焕新感(REF)						
REF1:这次旅行让我感到解放						
REF2:我享受那种自由的感觉						
REF3:这次旅行让人耳目一新						
REF4:我在旅行后感到焕然一新						
意义感(ME)						
ME1:我做了一些有意义的事情						
ME2:我做了一些重要的事情						
ME3:我了解了自己						
参与感(INV)						
INV1:我参观了非常想去的地方						
INV2:我享受了非常想做的活动						
INV3:我对这次旅游体验的主要活动很感兴趣						
知识(KN)						
KN1:国家公园的一切对我来说都非常新奇						
KN2:我在参观国家公园时学到了新知识						
KN3:我在国家公园学习到了新文化						
入口(EN)						
EN1:购买入场券很简单易行						
EN2:我进入时不需要排队,那里不拥挤						
EN3:我进入国家公园时需要排队,但队伍很有秩序						

续表

强烈不同意	不同意	中立	同意	强烈同意		
EN4:我需要排队进入国家公园,排队的设施具有文化主题,这让排队变得有趣						
零售(RE)						
RE1:我可以在国家公园购买到想要的杂货						
RE2:杂货的价格很合理						
RE3:我在购物或参观时,杂货店的工作人员很友好						
购物(SH)(纪念品和当地产品)						
SH1:国家公园内有各种各样的纪念品						
SH2:纪念品的价格物有所值						
SH3:我在购物或参观时,纪念品店的工作人员很友好						
餐饮(DI)						
DI1:在国家公园内找餐厅很容易						
DI2:国家公园餐厅的食物很好吃						
DI3:餐厅的环境整洁舒适						
DI4:餐厅的服务很好						
DI5:餐厅的食物物有所值						
住宿(ACC)						
AC1:我可以在国家公园内或周边找到合适的酒店或营地						
AC2:我在参观国家公园时度过了一个美好的夜晚						
AC3:在国家公园内或周边住宿物有所值						
交通(TR)						
TR1:前往国家公园非常方便						
TR2:我可以轻松到达国家公园内的每一个景点						
TR3:国家公园内的交通价格物有所值						
对旅行的满意度(SAT)						
SAT1:这是一个明智的选择						
SAT2:这是一次很好的体验						

续表

强烈不同意	不同意	中立	同意	强烈同意			
SAT3:我将来会参与类似的活动							
SAT4:我喜欢和朋友们讨论这类假期							
重游意图(RI)							
RD1:重游国家公园是值得的							
RD2:我会重游国家公园							
RD3:我希望在国家公园多待几天							
推荐意愿(IR)							
IR1:我会推荐其他人参观国家公园							
IR2:我会向别人赞美这个国家公园							
IR3:如果有人在寻找一个好的旅行目的地,我会推荐这个国家公园							

附录 2

表 1 贵州三大国家级风景名胜区受访者的人口统计信息($n = 1\ 306$)

性别	频率	比例/%
男	502	38.4
女	804	61.6
总计	1 306	100.0
婚姻状况	频率	比例/%
单身	864	66.2
已婚	437	33.5
离异	4	0.3
丧偶	1	0.1
总计	1 306	100.0

年龄/岁	频率	比例/%
19 ~ 25	833	63.8
26 ~ 35	283	21.7
36 ~ 45	117	9.0
46 ~ 55	51	3.9
56 ~ 65	13	1.0
>65	9	0.7
总计	1 306	100.0
工资/元	频率	比例/%
≤5 000	589	45.1
5 001 ~ 10 000	343	26.3
10 001 ~ 15 000	41	3.1
150 001 ~ 20 000	14	1.1
>20 000	30	2.3
失业	289	22.1
总计	1 306	100.0
职业	频率	比例/%
公务员	21	1.6
国有企事业单位工作人员	198	15.2
私营企业员工	178	13.6
个体经营者	121	9.3
其他	499	38.2
失业	289	22.1
总计	1 306	100.0
教育水平	频率	比例/%
初中及以下	97	7.4
高中	120	9.2

续表

本科	1013	77.6
硕士	59	4.5
博士	17	1.3
总计	1 306	100
来源	频率	比例/%
贵州	1108	84.8
广西	39	3.0
湖南	34	2.6
北京	17	1.3
浙江	17	1.3
云南	15	1.1
其他	76	5.81
总计	1 306	100

附录3

表2　黄果树国家级风景名胜区受访者的人口统计信息（$n=424$）

性别	频率	比例/%
男	197	46.5
女	227	53.5
总计	424	100.0
婚姻状况	频率	比例/%
单身	239	56.4
已婚	183	43.2

续表

离异	2	0.5
丧偶	0	0.0
总计	424	100.0
年龄/岁	频率	比例/%
19~25	229	54.0
26~35	106	25.0
36~45	56	13.2
46~55	29	6.8
56~65	4	0.9
>65	0	0.0
总计	424	100.0
工资/元	频率	比例/%
≤5 000	158	37.3
5 001~10 000	132	31.1
10 001~15 000	14	3.3
150 001~20 000	14	3.3
>20 000	16	3.8
失业	90	21.2
总计	424	100.0
职业	频率	比例/%
公务员	12	2.8
国有企事业单位工作人员	90	21.2
私营企业员工	57	13.4
个体经营者	54	12.7
其他	121	28.5
失业	90	21.2
总计	424	100.0

续表

教育水平	频率	比例/%
初中及以下	41	9.7
高中	36	8.5
本科	303	71.5
硕士	36	8.5
博士	8	1.9
总计	424	100.0
来源	频率	比例/%
贵州	347	81.8
北京	13	3.1
广西	12	2.8
浙江	8	1.9
河南	4	0.9
其他	40	9.4
总计	424	100

注:在 424 名受访者中,来自 20 个省的游客,表格仅展示了来自超过 10 名受访者的省份。剩余的 76 名受访者来自 15 个省。

附录 4

表3 龙宫国家级风景名胜区受访者的人口统计信息($n=412$)

性别	频率	比例/%
男	160	38.8
女	252	61.2
总计	412	100.0

婚姻状况	频率	比例/%
单身	264	64.1
已婚	147	35.7
离异	0	0
丧偶	1	0.2
总计	412	100.0
年龄/岁	频率	比例/%
19～25	244	59.2
26～35	112	27.2
36～45	36	8.7
46～55	12	2.9
56～65	4	1.0
>65	4	1.0
总计	412	100.0
工资/元	频率	比例/%
≤5 000	196	47.6
5 001～10 000	116	28.2
10 001～15 000	12	2.9
150 001～20 000	0	0.0
>20 000	4	1.0
失业	84	20.4
总计	412	100.0
职业	频率	比例/%
公务员	4	1.0
国有企事业单位工作人员	48	11.7
私营企业员工	76	18.4
个体经营者	32	7.8

续表

其他	168	40.8
失业	84	20.4
总计	412	100.0
教育水平	频率	比例/%
初中及以下	36	8.75
高中	44	10.7
本科	320	77.7
硕士	8	1.9
博士	4	1.0
总计	412	100.0
来源	频率	比例/%
贵州	356	86.4
湖南	12	2.9
广西	12	2.9
云南	8	1.9
其他	24	5.8
总计	412	100

附录5

表4 荔波樟江国家级风景名胜区受访者的人口统计信息($n=470$)

性别	频率	比例/%
男	145	30.9
女	325	69.1
总计	470	100.0

续表

婚姻状况	频率	比例/%
单身	361	76.8
已婚	107	22.8
离异	2	0.4
丧偶	0	0
总计	470	100.0
年龄/岁	频率	比例/%
19~25	360	76.6
26~35	65	13.8
36~45	25	5.3
46~55	10	2.1
56~65	5	1.1
>65	5	1.1
总计	470	100.0
工资/元	频率	比例/%
≤5 000	235	50
5 001~10 000	95	20.2
10 001~15 000	15	3.2
15 0001~20 000	0	0
>20 000	10	2.1
失业	115	24.5
总计	470	100.0
职业	频率	比例/%
公务员	5	1.1
国有企事业单位工作人员	60	12.8
私营企业员工	45	9.6
个体经营者	35	7.4

续表

其他	210	44.7
失业	115	24.5
总计	470	100.0
教育水平	频率	比例/%
初中及以下	20	4.3
高中	40	8.5
本科	390	83.0
硕士	15	3.2
博士	5	1.1
总计	470	100.0
来源	频率	比例/%
贵州	405	86.2
湖南	20	4.3
广西	15	3.2
其他	25	5.3
总计	470	100.0

附录 6

表5 三大国家级风景名胜区受访者的旅行信息（$n = 1\,306$）

交通方式	频率	比例/%
飞机	127	9.7
火车	296	22.7
汽车	883	67.6

续表

总计	1 306	100.0
旅行伴侣	频率	比例/%
独行	164	12.6
家人	380	29.1
朋友	762	58.3
总计	1 306	100.0
旅行模式	频率	比例/%
旅行社	173	13.2
自主旅行	1 133	86.8
总计	1 306	100.0
住宿等级	频率	比例/%
1 日游,无住宿	515	39.4
三星级及以下酒店	258	19.8
四星级或五星级酒店	132	10.1
营地	16	1.2
民宿	262	20.1
亲朋好友家	85	6.5
青年旅社	30	2.3
其他	8	0.6
总计	1 306	100.0
住宿时间	频率	比例/%
1 日游,无住宿	497	38.1
1 晚	368	28.2
2 ~ 3 晚	406	31.1
4 ~ 7 晚	28	2.1
7 晚以上	7	0.5
总计	1 306	100.0

续表

访问次数	频率	比例/%
1 次	830	63.6
2 次	272	20.8
3 次及以上	204	15.6
总计	1 306	100.0

附录7

表6 黄果树国家级风景名胜区受访者的旅行信息($n=424$)

交通方式	频率	比例/%
飞机	65	15.3
火车	120	28.3
汽车	239	56.4
总计	424	100.0
旅行伴侣	频率	比例/%
独行	35	8.3
家人	177	41.7
朋友	212	50.0
总计	424	100.0
旅行模式	频率	比例/%
旅行社	57	13.4
自主旅行	367	86.6
总计	424	100.0

续表

住宿等级	频率	比例/%
1日游,无住宿	176	41.5
三星级及以下酒店	80	18.9
四星级或五星级酒店	52	12.3
营地	2	0.5
民宿	82	19.3
亲朋好友家	12	2.8
青年旅社	12	2.8
其他	8	1.9
总计	424	100.0
住宿时间	频率	比例/%
1日游,无住宿	176	41.5
1晚	110	25.9
2~3晚	119	28.1
4~7晚	19	4.5
7晚以上	0	0.0
总计	424	100.0
访问次数	频率	比例/%
1次	300	70.8
2次	72	17.0
3次及以上	52	12.3
总计	424	100.0

附录 8

表 7　龙宫国家级风景名胜区受访者的旅行信息($n=412$)

交通方式	频率	比例/%
飞机	32	7.8
火车	76	18.4
汽车	304	73.8
总计	412	100.0
旅行伴侣	频率	比例/%
独行	64	15.5
家人	108	26.2
朋友	240	58.3
总计	412	100.0
旅行模式	频率	比例/%
旅行社	56	13.6
自主旅行	356	86.4
总计	412	100.0
住宿等级	频率	比例/%
1 日游,无住宿	164	39.8
三星级及以下酒店	88	21.4
四星级或五星级酒店	40	9.7
营地	4	1.0
民宿	80	19.4
亲朋好友家	28	6.8
青年旅社	8	1.9
其他	0	0.0
总计	412	100.0

续表

住宿时间	频率	比例/%
1日游,无住宿	164	39.8
1晚	112	27.2
2~3晚	132	32.0
4~7晚	4	1.0
7晚以上	0	0.0
总计	412	100.0
访问次数	频率	比例/%
1次	260	63.1
2次	100	24.3
3次及以上	52	12.6
总计	412	100.0

附录9

表8 荔波樟江国家级风景名胜区受访者的旅行信息(n=470)

交通方式	频率	比例/%
飞机	30	6.4
火车	100	21.3
汽车	340	72.3
总计	470	100.0
旅行伴侣	频率	比例/%
独行	65	13.8
家人	95	20.2
朋友	310	66.0

续表

总计	470	100.0
旅行模式	频率	比例/%
旅行社	60	12.8
自主旅行	410	87.2
总计	470	100.0
住宿等级	频率	比例/%
1日游,无住宿	175	37.2
三星级及以下酒店	90	19.1
四星级或五星级酒店	40	8.5
营地	10	2.1
民宿	100	21.3
亲朋好友家	45	9.6
青年旅社	10	2.1
其他	0	0.0
总计	470	100.0
住宿时间	频率	比例/%
1日游,无住宿	175	37.2
一晚	130	27.7
2~3晚	155	33.0
4~7晚	5	1.1
7晚以上	5	1.1
总计	470	100.0
访问次数	频率	比例/%
1次	270	57.4
2次	100	21.3
3次及以上	100	21.3
总计	470	100.0

附录 10

表9 2017年贵州省投入产出表数值

代码 / 行业	106 零售	108 陆路交通	114 住宿	115 餐饮	140 娱乐	132 其他服务	124 商业服务	40 文化、教育、旅游、和休闲产品
106 零售	10 502	16 690	8 917	27 471	1 484	23 778	28 459	0
108 陆路交通	171 329	792 551	19 550	86 553	6 594	110 799	434 596	274
114 住宿	11 932	98 523	1 154	7 912	2 342	68 964	307 206	1
115 餐饮	10 734	89 422	2 624	7 551	12 516	260 524	538 798	8
140 娱乐	1 224	8 710	286	955	1 594	53 155	91 837	1
132 其他服务	4 324	590 836	15 979	10 163	693	139 175	125 716	17
124 商业服务	114 600	88 083	16 649	15 419	43 142	74 845	152 351	25
40 文化、教育、旅游和休闲产品	1 750	50 854	1 636	7 820	121 167	137 609	36 681	483
小计	728 760	9 815 994	466 091	2 626 633	675 483	2 236 560	5 081 030	5 101
职工报酬	1 232 452	5 249 998	519 169	2 658 413	309 563	1 187 498	1 827 826	496
净产品税	725 533	253 629	109 993	10 961	21 202	52 528	288 085	770
固定资产折旧	201 684	3 470 577	128 646	561 344	32 693	93 021	379 600	139
营业盈余	565 430	361 927	156 891	155 481	19 698	38 439	18 193	803
小计	2 725 099	9 336 131	914 699	3 477 199	383 156	1 371 486	2 513 704	2 208
总计	3 453 859	19 152 125	1 380 790	6 103 832	1 058 639	3 608 046	7 594 734	7 309

附录 11

表 10 2017 年贵州省投入产出表的列昂惕夫逆矩阵

代码	行业	106 零售	108 陆路交通	114 住宿	115 餐饮	140 娱乐	132 其他服务	124 商业服务	40 文化、教育、旅游和休闲产品
106	零售	1.003 35	0.001 25	0.006 67	0.004 58	0.001 72	0.007 59	0.005 06	0.000 09
108	陆路交通	0.054 48	1.045 1	0.016 5	0.015 42	0.014 43	0.038 82	0.065 73	0.042 31
114	住宿	0.005 26	0.006 29	1.001 73	0.001 56	0.004 13	0.021 34	0.042 69	0.000 61
115	餐饮	0.006 2	0.007 8	0.003 89	1.001 72	0.015 33	0.077 71	0.075 77	0.001 96
140	娱乐	0.000 86	0.001 05	0.000 57	0.000 24	1.002 09	0.015 72	0.012 81	0.000 28
132	其他服务	0.003 81	0.033 77	0.012 86	0.002 33	0.002 33	1.042 48	0.021 46	0.004 04
124	商业服务	0.034 49	0.005 84	0.012 96	0.002 91	0.042 43	0.023 91	1.023 48	0.004 05
40	文化、教育、旅游和休闲产品	0.001 17	0.004 53	0.001 99	0.001 56	0.123 21	0.044 9	0.008 27	1.071 1
	总计	1.109 62	1.105 63	1.057 17	1.030 32	1.272 47	1.272 47	1.255 27	1.124 44

附录 12

表 11　2017 年贵州省投入产出表计算的引致比率

		106 零售	108 陆路交通	114 住宿	115 餐饮	140 娱乐	132 其他服务	124 商业服务	40 文化、教育、旅游和休闲产品
总产出	总计/元	3 453 859	19 152 125	1 380 790	6 103 832	1 058 639	3 608 046	7 594 734	7 309
增加值	总计/元	2 725 099	9 336 131	914 699	3 477 199	383 156	1 371 486	2 513 704	2 208
	占总产出的比例/%	0.789	0.487	0.662	0.570	0.362	0.380	0.331	0.302 093
收入	总计/元	565 430	361 927	156 891	155 481	19 698	38 439	18 193	803
	占总产出的比例/%	0.164	0.019	0.114	0.025	0.019	0.011	0.002	0.11
税收	总计/元	725 533	253 629	109 993	101 961	21 202	52 528	288 085	770
	占总产出的比例/%	0.210	0.013	0.080	0.017	0.020	0.015	0.038	0.105

附录 13

表 12 2022 年贵州三大国家公园游客消费的直接影响

单位：元

序号	支出	行业	直接影响	按行业代码小计
1	零售店	零售	629 203 707.89	1 443 216 849.16
2	购物（纪念品和当地产品）		814 013 141.27	
3	交通	陆路交通	1 737 347 771.82	1 737 347 771.82
4	住宿	住宿	1 412 359 592.27	1 412 359 592.27
5	餐饮	餐饮	1 509 636 148.55	1 509 636 148.55
6	娱乐（文化、表演、体育赛事）	娱乐	463 421 382.08	463 421 382.08
7	其他	其他服务	841 904 337.67	841 904 337.67
8	门票	商业服务	841 904 337.67	841 904 337.67
9	露营	文化、教育、旅游和休闲产品	562 194 605.67	562 194 605.67
	总计		8 811 985 024.89	8 811 985 024.89

附录 14

表 13 贵州三大国家公园旅游经济乘数

序号	行业	直接影响/元	间接影响/元	引致影响/元	总计/元	乘数
1	零售	1 443 216 849.16	34 838 805.36	1 408 588 857.09	2 886 644 511.61	2.00
2	陆路交通	1 737 347 771.82	322 058 083.9471	1 043 032 082.38	3 102 437 938.15	1.79
3	住宿	1 412 359 592.27	79 481 656.36	1 158 334 372.88	2 650 175 621.50	1.88
4	餐饮	1 509 636 148.55	168 011 539.0348	997 654 727.82	2 675 302 415.40	1.77
5	娱乐	463 421 382.08	29 378 235.23	187 723 455.45	680 523 072.76	1.47
6	其他服务	841 904 337.67	143 031 688.41	385 226 964.97	1 370 162 991.05	1.63
7	商业服务	841 904 337.67	144 457 585.58	328 438 655.63	1 314 800 578.88	1.56
8	文化、教育、旅游和休闲产品	562 194 605.67	156 558 615.68	296 193 393.78	1 014 946 615.13	1.81
	总计	8 811 985 024.89	1 077 816 209.60	5 805 192 510.00	15 694 993 744.49	1.78
	经济乘数					1.78

附录 15

表 14　2022 年贵州三大国家公园游客消费的引致影响

单位:元

	行业	引致影响		总计
		增加值	收入	
1	零售	1 166 187 729.75	242 401 127.34	1 408 588 857.09
2	陆路交通	1 003 903 371.12	39 128 711.26	1 043 032 082.38
3	住宿	988 264 470.54	170 069 902.34	1 158 334 372.88
4	餐饮	955 713 535.63	41 941 192.19	997 654 727.82
5	娱乐	178 360 262.72	9 363 192.73	187 723 455.45
6	其他服务	374 392 668.68	10 834 296.29	385 226 964.97
7	商业服务	326 465 931.78	1 972 723.85	328 438 655.63
8	文化、教育、旅游和休闲产品	217 130 539.44	79 062 854.35	296 193 393.78
	总计	5 210 418 509.66	594 774 000.34	5 805 192 510.00

附录 16

表 15　2022 年贵州三大国家公园游客消费的税收贡献

单位：元

序号	行业	直接税收	间接和引致税收	总税收
1	零售	295 598 631.76	303 119 809.12	598 718 440.87
2	道路交通	355 842 314.71	17 746 172.16	373 588 486.87
3	住宿	289 278 470.71	1 164 692 905.39	1 453 971 376.09
4	餐饮	309 202 584.64	19 816 326.54	329 018 911.18
5	娱乐	94 917 632.47	17 368 135.25	112 285 767.73
6	其他服务	172 438 237.84	8 980 397.11	181 418 634.94
7	商业服务	172 438 237.84	9 457 924.82	181 896 162.66
8	文化、教育、旅游和休闲产品	115 148 292.73	722 715 915.56	837 864 208.29
	总计	1 804 864 402.69	2 263 897 585.95	4 068 761 988.63

附录 17

表 16　黄果树国家级风景名胜区游客消费的直接影响

单位:元

序号	支出	行业	直接影响	按行业代码小计
1	零售店	零售	293 431 356.13	661 401 639.15
2	购物(纪念品和当地产品)		367 970 283.02	
3	交通	陆路交通	647 425 117.92	647 425 117.9
4	住宿	住宿	604 134 941.04	604 134 941
5	餐饮	餐饮	680 858 408.02	680 858 408
6	娱乐(文化、表演、体育赛事)	娱乐	258 629 893.87	258 629 893.9
7	其他	其他服务	298 579 009.43	298 579 009.4
8	门票	商业服务	465 821 049.53	465 821 049.5
9	露营	文化、教育、旅游和休闲产品	213 465 094.34	213 465 094.3
	总计		3 830 315 153	3 830 315 153

附录 18

表 17 黄果树国家级风景名胜区经济乘数

序号	行业	直接影响/元	间接影响/元	引致影响/元	总计/元	乘数
1	零售	661 401 639.2	15 260 212.92	644 859 577.5	1 321 521 430	1.998 062
2	陆路交通	647 425 117.9	140 672 089.5	399 149 429	1 187 246 636	1.833 798
3	住宿	604 134 941	37 114 501.01	497 895 651.4	1 139 145 093	1.885 581
4	餐饮	680 858 408	75 552 791.07	449 818 644.6	1 206 229 844	1.771 631
5	娱乐	258 629 893.9	13 017 501.1	103 479 357.2	375 126 752	1.450 438
6	其他服务	298 579 009.4	57 884 224.59	139 419 460.9	495 882 695	1.660 809
7	商业服务	465 821 049.5	66 318 294.41	177 191 684.5	709 331 028	1.522 754
8	文化、教育、旅游和休闲产品	213 465 094.3	70 272 738.39	116 926 462.6	400 664 295	1.876 955
	总计	3 830 315 153	476 092 353	2 528 740 268	6 835 147 774	1.784 487
	经济乘数					1.78 4487

附录 19

表 18 黄果树国家级风景名胜区游客消费的引致影响

单位:元

序号	行业	引致影响		
		增加值	收入	总计
1	零售	533 887 033.7	110 972 543.7	644 859 577.5
2	陆路交通	384 175 582.1	14 973 846.94	399 149 429
3	住宿	424 793 215	73 102 436.39	497 895 651.4
4	餐饮	430 908 364.6	18 910 279.98	449 818 644.6
5	娱乐	98 318 056.74	5161 300.504	103 479 357.2
6	其他服务	135 498 365.3	3 921 095.574	139 419 460.9
7	商业服务	176 127 405.8	1 064 278.688	177 191 684.5
8	文化、教育、旅游和休闲产品	85 715 300.95	31 211 161.6	116 926 462.6
	总计	2 269 423 324	259 316 943.4	2 528 740 268

附录 20

表 19　黄果树国家级风景名胜区游客消费的税收贡献

单位:元

序号	行业	直接税收	间接和引致税收	总税收
1	零售	135 467 805.6	138 625 156	274 092 961.6
2	陆路交通	132 605 144.6	7 017 679.741	139 622 824.4
3	住宿	123 738 481.9	500 864 811.5	624 603 293.4
4	餐饮	139 452 926.9	8 931 314.406	148 384 241.4
5	娱乐	52 972 387.9	9 319 748.667	62 292 136.57
6	其他服务	61 154 736.87	3 354 162.653	64 508 899.53
7	商业服务	95 409 130.63	4 870 199.579	100 279 330.2
8	文化、教育、旅游和休闲产品	43 721 766.31	315 507 425.2	359 229 191.5
	总计	784 522 380.80	988 490 497.7	1 773 012 879

附录 21

表 20 2022 年龙宫国家级风景名胜区游客消费的直接影响

单位:元

序号	支出	行业	直接影响	按行业代码小计
1	零售店	零售	64 567 961.17	146 485 436.9
2	购物(纪念品和当地产品)		81 917 475.73	
3	交通	陆路交通	193 660 194.17	193 660 194.2
4	住宿	住宿	133 373 786.41	133 373 786.4
5	餐饮	餐饮	148 699 029.13	148 699 029.1
6	娱乐(文化、表演、体育赛事)	娱乐	42 635 922.33	42 635 922.33
7	其他	其他服务	99 995 145.63	99 995 145.63
8	门票	商业服务	86 004 854.37	86 004 854.37
9	露营	文化、教育、旅游和休闲产品	61 495 145.63	61 495 145.63
	总计		912 349 514.56	912 349 514.6

附录 22

表 21　龙宫国家级风景名胜区的经济乘数

序号	行业	直接影响/元	间接影响/元	引致影响/元	总计/元	乘数
1	零售	146 485 436.9	3 576 462.233	143 009 174.5	293 071 074	2.000 684 026
2	陆路交通	193 660 194.2	33 960 214.47	115 283 438.7	342 903 847	1.770 647 029
3	住宿	133 373 786.4	8 470 385.194	110 134 358.9	251 978 531	1.889 265 78
4	餐饮	148 699 029.1	18 254 695.34	99 283 165.22	266 236 890	1.790 441 345
5	娱乐	42 635 922.33	3 221 005.097	17 468 400.08	63 325 327.5	1.485 257 596
6	其他服务	99 995 145.63	15 600 909.95	45 211 786.83	160 807 842	1.608 156 49
7	商业服务	86 004 854.37	14 812 872.14	33 570 272.51	134 387 999	1.562 562 951
8	文化、教育、旅游和休闲产品	61 495 145.63	16 372 571.99	32 088 765.47	109 956 483	1.788 051 43
	总计	912 349 514.6	114 269 116.4	596 049 362.3	1 622 667 993	1.778 559 606
	经济乘数					1.778 559 606

附录 23

表 22 龙宫国家级风景名胜区游客消费的引致影响

单位:元

序号	行业	引致影响			总计
		增加值	收入		
1	零售店	118 399 023	24 610 151.46		143 009 174.5
2	陆路交通	110 958 651	4 324 787.764		115 283 438.7
3	住宿	93 964 123.38	16 170 235.56		110 134 358.9
4	餐饮	95 109 322.1	4 173 843.112		99 283 165.22
5	娱乐	16 597 118.46	871 281.621 1		17 468 400.08
6	其他服务	43 940 230.22	1 271 556.611		45 211 786.83
7	商业服务	33 368 637.06	201 635.453		33 570 272.51
8	文化、教育、旅游和休闲产品	23 523 316.53	8 565 448.938		32 088 765.47
	总计	53 586 0421.7	60 188 940.52		596 049 362.3

附录 24

表 23 龙宫国家级风景名胜区游客消费的税收贡献

单位:元

序号	行业	直接税收	间接和引致税收	总税收
1	零售	30 003 041.29	30 782 983.71	60 786 025
2	陆路交通	39 665 340.98	1 940 167.492	41 605 508.47
3	住宿	27 317 522.52	110 811 989.8	138 129 512.3
4	餐饮	30 456 427.65	1 998 143.629	32 454 571.28
5	娱乐	8 732 658.791	1 655 152.414	10 387 811.2
6	其他服务	20 480 933.44	1 033 815.845	21 514 749.29
7	商业服务	17 615 452.1	967 662.892 9	18 583 114.99
8	文化、教育、旅游和休闲产品	12 595 391.27	74 583 440.26	87 178 831.53
	总计	186 866 768	223 773 356	410 640 124

附录 25

表 24　2022 年荔波樟江国家级景区名胜区游客消费的直接影响

单位:元

序号	支出	行业	直接影响	按行业代码小计
1	零售店	零售	268 581 500.00	638 095 500
2	购物（纪念品和当地产品）		369 514 000.00	
3	交通	陆路交通	893 611,000.00	893 611 000
4	住宿	住宿	722 625 000.00	722 625 000
5	餐饮	餐饮	700 652 500.00	700 652 500
6	娱乐（文化、表演、体育赛事）	娱乐	161 844 500.00	161 844 500
7	其他	其他服务	427 747 000.00	427 747 000
8	门票	商业服务	479 259 000.00	479 259 000
9	露营	文化、教育、旅游和休闲产品	288 744 500.00	288 744 500
总计			4 312 579 000	4 312 579 000

附录 26

表 25　荔波樟江国家级风景名胜区的经济乘数

序号	行业	直接影响/元	间接影响/元	引致影响/元	总计/元	乘数
1	零售	638 095 500	17 259 540.69	624 554 160	1 279 909 201	2.005 827 03
2	陆路交通	893 611 000	160 451 701.5	533 853 592.5	1 587 916 294	1.776 965 92
3	住宿	722 625 000	41 752 594.29	593 498 029.5	1 357 875 624	1.879 087 53
4	餐饮	700 652 500	87 543 180.65	468 720 073.4	1 256 915 754	1.793 921 74
5	娱乐	161 844 500	15 349 700.63	67 499 053.28	244 693 254	1.511 903 43
6	其他服务	427 747 000	73 533 081.31	19 606 0047.8	697 340 129	1.630 263 05
7	商业服务	479 259 000	68 147 630.26	182 275 383.4	729 682 014	1.522 521 25
8	文化、教育、旅游和休闲产品	288 744 500	70 965 578.24	148 234 116.6	507 944 195	1.759 147 6
	总计	4 312 579 000	535 003 007.6	2 814 694 456	7 662 276 464	1.776 727 21
	经济乘数					1.776 727 21

附录 27

表 26　荔波樟江国家级风景名胜区游客花费的引致影响

单位:元

序号	行业	引致影响		总计
		增加值	收入	
1	零售	517 075 933.3	107 478 226.7	624 554 160
2	陆路交通	513 826 401.2	20 027 191.33	533 853 592.5
3	住宿	506 358 983.7	87 139 045.75	593 498 029.5
4	餐饮	449 015 181.4	19 704 892.02	468 720 073.4
5	娱乐	64 132 363.47	3 366 689.812	67 499 053.28
6	其他服务	190 545 966.9	55 140 80.894	196 060 047.8
7	商业服务	181 180 570.1	1 094 813.261	182 275 383.4
8	文化、教育、旅游和休闲产品	108 666 008	39 568 108.61	148 234 116.6
	总计	2 530 801 408	283 893 048.3	2 814 694 456

附录 28

表 27 荔波樟江国家级风景名胜区游客消费的税收贡献

单位:元

序号	行业	直接税收	间接和引致税收	总税收
1	零售	130 694 259	134 780 877.1	265 475 136.2
2	陆路交通	183 028 759	9 025 968.823	192 054 727.9
3	住宿	148 007 530.1	596 838 237	744 845 767.1
4	餐饮	143 507 138.6	9 456 475.319	152 963 613.9
5	娱乐	33 148 873.49	6 627 900.313	39 776 773.81
6	其他服务	87 610 831.33	4 583 083.194	92 193 914.52
7	商业服务	98 161 481.93	5 008 460.273	103 169 942.2
8	文化、教育、旅游和休闲产品	59 140 439.76	351 718 233.7	410 858 673.5
	总计	883 299 313.3	1 118 039 236	2 001 338 549

参考文献

[1] ABDUKHAMIDOV S,MAKHMUDOVA A,MUKHAMADIEV A. Evaluate the multiplier effect of the development of pilgrimage tourism using Buddhist resources based on marketing research[J]. Central Asian Journal of Innovations on Tourism Management and Finance,2022,3(3):53-58.

[2] AFANDI S H M,SAMDIN Z,SHUIB A. Review of valuation from a non-market perspective:travel cost method for rural tourism[J]. Worldwide Hospitality and Tourism Themes,2013,5(4):329-341.

[3] AGYEMAN Y B,ABOAGYE O K,ASHIE E. Visitor satisfaction at Kakum National Park in Ghana[J]. Tourism Recreation Research,2019,44(2):178-189.

[4] AJZEN I,MADDEN T J. Prediction of goal-directed behavior-attitudes,intentions,and perceived behavioural-control [J]. Journal of Experimental Social Psychology,1986,22(5):453-474.

[5] AJZEN I. The theory of planned behavior:frequently asked questions[J]. Human Behavior and Emerging Technologies,2020,2(4):314-324.

[6] ALESSANDRO P,DE MEO I,GRILLI G,et al. Valuing nature-based recreation in forest areas in Italy:an application of Travel Cost Method(TCM)[J]. Journal of Leisure Research,2022,54(1):26-45.

[7] All the Headlines. Anshun received more than 3. 61 million tourists during the National Day,with a total tourism revenue of 2. 247 billion yuan,2021.

［8］ ATADIL H A,LU Q. An investigation of underlying dimensions of customers'
perceptions of a safe hotel in the COVID-19 era:effects of those perceptions on
hotel selection behaviour［J］. Journal of Hospitality Marketing and Management,
2021,30(6):655-672.

［9］ BAGGI O R. Measuring tourism: methods, indicators, and needs［M］//The
future of tourism:innovation and sustainability. Cham:Springer,2019.

［10］ BAIMYRZAEVA M. Beginners' guide for applied research process:what is it,
and why and how to do it［J］. University of Central Asia,2018,4(8):10-26.

［11］ BANERJEE O,CICOWIEZ M,GACHOT S. A quantitative framework for assessing
public investment in tourism: an application to Haiti ［J］. Tourism
Management,2015(51):157-173.

［12］ BAUMANN R,ENGELHARDT B,MATHESON V A. Research note:hail to
the chief:assessing the economic impact of presidential inaugurations on the
Washington,DC, local economy ［J］. Tourism Economics, 2010, 16 (4):
1081-1087.

［13］ BECKEN S,LENNOX J. Implications of a long-term increase in oil prices for
tourism［J］. Tourism Management,2012,33(1):133-142.

［14］ BERNINI C,GALLI F. Italian outbound tourists' expenditure and satisfaction,2019.

［15］ BHATTACHERJEE A. Social science research:principles,methods,and practices
［M］. Global Text Project,2012.

［16］ BIANCHI C,MILBERG S,CÚNEO A. Understanding travellers' intentions to
visit a short versus long-haul emerging vacation destination:the case of Chile［J］.
Tourism Management,2017(59):312-324.

［17］ BORGES A P,VIEIRA E P,GOMES S. The expenditure behaviour during the
trip and the impact of the intangible and tangible factors:the case of the city of
Porto ［C］//Proceedings of the 32nd International Business Information

Management Association(IBIMA) Conference. Seville,Spain:[s. n.],2018:
5948-5957.

[18] BRIDA J G,SCUDERI R. Determinants of tourist expenditure:a review of
microeconometric models[J]. Tourism Management Perspectives,2013,6:28-40.

[19] CAMPOY-MUNOZ P,CARDENETE M A,DELGADO M C. Assessing the
economic impact of a cultural heritage site using social accounting matrices:the
case of the Mosque-Cathedral of Cordoba[J]. Tourism Economics,2017,23
(4):874-881.

[20] CÁRDENAS-GARCÍA P J,PULIDO-FERNÁNDEZ J I,PULIDO-FERNÁNDEZ
M DE LA C. The influence of tourist satisfaction on tourism expenditure in
emerging urban cultural destinations [J]. Journal of Travel and Tourism
Marketing,2016,33(4):497-512.

[21] CARLSON R A. Experienced cognition[M]. London:Psychology Press,1997.

[22] CHAN W C,WAN IBRAHIM W H,LO M C,et al. Controllable drivers that
influence tourists' satisfaction and revisit intention to Semenggoh Nature
Reserve:the moderating impact of destination image [J]. Journal of
Ecotourism,2022,21(2):147-165.

[23] CHANG H M,LIN C H,HUANG Y C. A study of mazuism religious tourism in
Taiwan:an example of Dajia Jenn Lann Temple[J]. International Journal of
Religious Tourism and Pilgrimage,2020,8(iii):47-59.

[24] CHEN W,CHEN X,HSIEH C T,et al. A forensic examination of China's
national accounts [J]. Brookings Papers on Economic Activity, 2019 (1):
77-141.

[25] CHEN W P. Guizhou's tourism industry has entered the first rank in China,2021.

[26] CHENG Y,HU F,WANG J,et al. Visitor satisfaction and behavioural intentions
in nature-based tourism during the COVID-19 pandemic:a case study from

Zhangjiajie National Forest Park, China[J]. International Journal of Geoheritage and Parks, 2022, 10(1):143-159.

[27] CHENG X L, XIANG Y. Jiuhua Mountain scenic area's effects on regional economy and its transitional paths. Resources Development and Market Development and Market, 2016, 32(5), 637-640.

[28] CHIDAKEL A, CHILD B, MUYENGWA S. Evaluating the economics of park-tourism from the ground-up: leakage, multiplier effects, and the enabling environment at South Luangwa National Park, Zambia [J]. Ecological Economics, 2021(182):106960.

[29] CHIHWAI P. Developing SAFSERV: a comprehensive framework to measure tourists' satisfaction in Kruger National Park[J]. Business and Social Sceince Journal, 2019, 4(2):29-51.

[30] China Construction News. The association of the national scenic area system and the national park system, 2022.

[31] China Scenic Area Association. The ministry of natural resources and the national forestry and grassland administration have recently made clear the "overall reservation of the scenic spots system for many times", 2022.

[32] CHINNA K, KARUTHAN K, CHOO W Y. Statistical analysis using SPSS[M]. Kuala Lumpur: Pearson Malaysia, 2012.

[33] Chishui Government. During this year's National Day holiday, Chishui city received 710, 500 tourists and its tourism income exceeded 516 million yuan, 2021.

[34] CHULAPHAN W, BARAHONA J F. The determinants of tourist expenditure per capita in thailand: potential implications for sustainable tourism [J]. Sustainability, 2021, 13(12):6550.

[35] CINI F,SAAYMAN M. Which age group spends the most in a National Park? [J]. Koedoe,2014,56(2):1-8.

[36] COLE S T,SCOTT D. Examining the mediating role of experience quality in a model of tourist experiences[J]. Journal of Travel & Tourism Marketing, 2004,16(1):79-90.

[37] COLEMAN R. Measuring the economic impact of park and recreation services[J]. Managing Leisure,2011,16(4):323-325.

[38] COUDOUNARIS D N, STHAPIT E. Antecedents of memorable tourism experience related to behavioral intentions[J]. Psychology and Marketing, 2017,34(12):1084-1093.

[39] Council. Guidance on the establishment of the national park,2022.

[40] CROMPTON J. Uses and abuses of IMPLAN in economic impact studies of tourism events and facilities in the United States:a perspective article[J]. Tourism Review,2020,75(1):187-190.

[41] CULLINANE T C,HUBER C,KOONTZ L. 2014 National Park visitor spending effects:economic contributions to local communities, states, and the nation [R]. Washington,D.C.:National Park Service,2015.

[42] CULLINANE T C,FLYR M,KOONTZ L. 2021 National Park visitor spending effects:economic contributions to local communities, states, and the nation [R]. Washington,D.C.:National Park Service,2022:1-62.

[43] D'URSO P,DISEGNA M,MASSARI R. Satisfaction and Tourism Expenditure Behaviour[J]. Social Indicators Research,2020,149(3):1081-1106.

[44] Daily Qianxinan. Guizhou rides "Dongfeng" and becomes a "hot spot" in national tourism market,2019.

[45] DAS B R,RAINEY D V. Agritourism in the arkansas delta byways:Assessing the economic impacts[J]. International Journal of Tourism Research,2010,12

（3）:265-280.

[46] DAYOUR F, ADONGO C A. Why they go there: international tourists' motivations and revisit intention to northern Ghana[J]. Tourism Management, 2015,4(1):7-17.

[47] DEAN D,SUHARTANTO D. The formation of visitor behavioural intention to creative tourism:the role of push-pull motivation[J]. Asia Pacific Journal of Tourism Research,2019,24(5):393-403.

[48] DELUCA K. Rethinking Critical Theory[J]. Environmental Ethics,2001,23 (3):307-325.

[49] DISEGNA M, OSTI L. Tourists' expenditure behaviour: the influence of satisfaction and the dependence of spending categories [J]. Tourism Economics,2016,22(1):5-30.

[50] DRIML S M,BROWN R P,SILVA C M. Estimating the value of national parks to the Queensland economy[R]. Brisbane:University of Queensland,School of Economics,2020.

[51] DU,J. Beijing's GDP expected to show growth,2023.

[52] DWYER L,FORSYTH P,SPURR R,et al. Tourism' s economic contribution versus economic impact assessment: differing roles for satellite accounts and economic modelling [M]//Tourism management: analysis, behaviour and strategy. Oxfordshire:CABI,2013:459-469.

[53] DWYER L, FORSYTH P, SPURR R. Assessing the economic impacts of events:a computable general equilibrium approach [J]. Journal of Travel Research,2006,45(1):59-66.

[54] DWYER L,FORSYTH P. Economic significance of cruise tourism[J]. Annals of Tourism Research,1998,25(2):393-415.

[55] EDWARDS R,THOMPSON E. The role of conservation research and education

centers in growing nature-based tourism[J]. Great Plains Research, 2010, 20 (1):51-70.

[56] EREN R. Turkey's food image, travellers' revisit intention and tourist. expenditure[J]. Anais Brasileiros de Estudos Turísticos, 2019, 9(1):1-16.

[57] FAN M T, ZHENG Y X. China CGE model: basic structure and related application issues[J]. Research on Quantitative Economy, Technology and Economy, 1998, 12:39-47.

[58] FARMAKI A, MIGUEL C, DROTAROVA M H, et al. Impacts of Covid-19 on peer-to-peer accommodation platforms: host perceptions and responses[J]. International Journal of Hospitality Management, 2020, 91:102663.

[59] FEZEKA M, ALICE STELLA K. Assessment of the socio-economic impacts of tourism on three rural communities neighbouring Addo Elephant National Park, Eastern Cape, South Africa[J]. African Journal of Hospitality, Tourism and Leisure, 2020, 9(1).

[60] FISH T E. Assessing economic impacts of national parks[J]. Park Science, 2009, 26(2):322.

[61] FREDMAN P, FRIBERG L H, EMMELIN L. Increased visitation from national park designation[J]. Current Issues in Tourism, 2007, 10(1):87-95.

[62] GODOVYKH M, BACK R M, BUFQUIN D, et al. Peer-to-peer accommodation amid COVID-19: the effects of Airbnb cleanliness information on guests' trust and behavioral intentions[J]. International Journal of Contemporary Hospitality Management, 2022, 35(4):1219-1237.

[63] GOHARY A, POURAZIZI L, MADANI F, et al. Examining Iranian tourists' memorable experiences on destination satisfaction and behavioural intentions [J]. Current Issues in Tourism, 2020, 23(2):131-136.

[64] GOUVEIA A X S, EUSÉBI-O C. Assessing the direct economic value of cruise

tourism in a port of call: the case of Funchal on the island of Madeira[J].
Tourism and Hospitality Research,2019,19(4):422-438.

[65] GRETZEL U,JAMAL T. The rise of the creative tourist class: technology,
experience and motilities[C]//Tourism,Technology and Mobility: Proceedings
of the TTRA Europe Conference,2007:22-28.

[66] GRUNWELL S,HA I,SWANGER S L. Evaluating the economic and fiscal
impact of an international cultural heritage festival on a regional economy:
Folkmoot USA [J]. Tourism, Culture and Communication, 2011, 11 (2):
117-130.

[67] Guizhou statistic. Guizhou Province 2019-2020 National Economic and social
development statistical bulletin,2020.

[68] Guizhou Daily. In 2022, the growth rate of tourism revenue in Guizhou was
slightly higher than the national average,2023.

[69] GUNDERSEN M G,HEIDE M,OLSSON U H. Hotel guest satisfaction among
business travelers: what are the important factors? [J]. The Cornell Hotel and
Restaurant Administration Quarterly,1996,37(2):72-81 .

[70] GUO Z,ROBINSON D,HITE D. Economic impact of Mississippi and Alabama
Gulf Coast tourism on the regional economy [J]. Ocean and Coastal
Management,2017,145:52-61.

[71] GÜRDOǦAN A. Destination choice behaviour and tourists' travel behaviour
and patterns[M]//Managing risk and decision making in times of economic
distress,part A(Contemporary Studies in Economic and Financial Analysis,
Vol. 108A). Leeds: Emerald Publishing Limited,2022:151-170.

[72] Gzgogcn. Guizhou province tourism industrialization promotion conference held
a number of measures to boost the high-quality development of tourism,2021.

[73] HAN X,FANG B. Measuring the size of tourism and its impact in an economy[J].

Statistical Journal of the United Nations Economic Commission for Europe, 1997,14(4):357-378.

[74] HOSSEINI K,STEFANIEC A,HOSSEINI S P. World Heritage Sites in developing countries: assessing impacts and handling complexities toward sustainable tourismc [J]. Journal of Destination Marketing and Management, 2021, 20:100616.

[75] HUHTALA M. Assessment of the local economic impacts of national park tourism: the case of Pallas-Ounastunturi National Park[J]. Forest Snow and Landscape Research,2007,81(1-2):223-238.

[76] HUSSAIN K,KUMAR J,KANNAN S,et al. Investigating the size and economic value of the business tourist market in Malaysia [J]. Event Management, 2017,21(4):497-514.

[77] HUSSEIN A S,HAPSARI R D V,YULIANTI I. Experience quality and hotel boutique customer loyalty: mediating role of hotel image and perceived value [J]. Journal of Quality Assurance in Hospitality and Tourism,2018,19(4): 442-459.

[78] HWANG J H,LEE S W. The effect of the rural tourism policy on non-farm income in South Korea[J]. Tourism Management,2015,46:501-513.

[79] ICOZ O,ICOZ O. Economic impacts of tourism[M]//The Routledge handbook of tourism impacts: theoretical and applied perspectives. London: Routledge, 2019:95-108.

[80] ISA S M,ARIYANTO H H,KIUMARSI S. The effect of place attachment on visitors' revisit intentions: evidence from Batam [J]. Tourism Geographies, 2020,22(1):51-82.

[81] IVARS-BAIDAL J A,CELDRÁN-BERNABEU M A,MAZÓN J N,et al. Smart destinations and the evolution of ICTs: a new scenario for destination

management? [J]. Current Issues in Tourism,2019,22(13),1581-1600.

[82] JAAFAR M,KAYAT K,TANGIT T M,et al. Nature-based rural tourism and its economic benefits:a case study of Kinabalu National Park[J]. Worldwide Hospitality and Tourism Themes,2013,5(4):342-352.

[83] JIANG,Y. In 2017,the proportion of tourism in Guizhou's GDP increased to 11%. Tourism has gradually become the "golden rice bowl" for Guizhou people,2018.

[84] JO W M,LEE C K,REISINGER Y. Behavioural intentions of international visitors to the Korean hanok guest houses:quality,value and satisfaction[J]. Annals of Tourism Research,2014(47):83-86.

[85] JUNG T,INESON E M,KIM M,et al. Influence of festival attribute qualities on Slow Food tourists' experience,satisfaction level and revisit intention:the case of the Mold Food and Drink Festival[J]. Journal of Vacation Marketing,2015,21(3):277-288.

[86] KALVET T,OLESK M,TIITS M,et al. Innovative tools for tourism and cultural tourism impact assessment[J]. Sustainability,2020,12(18):1-30.

[87] KASTENHOLZ E,CARNEIRO M J,MARQUES C P,et al. The dimensions of rural tourism experience:impacts on arousal,memory,and satisfaction [J]. Journal of Travel and Tourism Marketing,2018,35(2):189-201.

[88] KHALDI K. Quantitative,qualitative or mixed research:which research paradigm to use? [J]. Journal of Educational and Social Research,2017,7(2):15-24.

[89] KIM H,KIM B G. Economic impacts of the hotel industry:an input-output analysis[J]. Tourism Review,2015,70(2):132-149.

[90] KIM J,YOON S,YANG E,et al. Valuing recreational beaches:a spatial hedonic pricing approach[J]. Coastal Management,2020,48(2):118-141.

[91] KIM J. H,RITCHIE J R B,MCCORMICK B. Development of a scale to measure

memorable tourism experiences[J]. Journal of Travel Research,2012,51(1): 12-25.

[92] KIM M K,JAKUS,P. M. Wildfire,national park visitation,and changes in regional economic activity[J]. Journal of Outdoor Recreation and Tourism, 2019,26:34-42.

[93] KIM S. Assessing economic and fiscal impacts of sports complex in a small US county[J]. Tourism Economics,2021,27(3):455-465.

[94] KIM Y,KIM S S,AGRUSA J. An investigation into the procedures involved in creating the hampyeong butterfly festival as an ecotourism resource,successful factors,and evaluation[J]. Asia Pacific Journal of Tourism Research,2008,13 (4):357-377.

[95] KOONTZ L,CULLINANE T C,ZIESLER,et al. Visitor spending effects: assessing and showcasing America's investment in national parks[J]. Journal of Sustainable Tourism,2017,25(12):1865-1876.

[96] KOONTZ L,CULLINANE T C. Estimating visitor use and economic contributions of National Park visitor spending[R]. New York:Routledge,2019:45-57.

[97] KOTHARI C R. Research methodology:methods and techniques[M]. New Delhi:New Age International, 2008.

[98] KOTTKE M. Estimating economic impacts of tourism[J]. Annals of tourism research,1988,15(1):122-133.

[99] KREJCIE R V,MORGAN D W. Determining sample size for research activities [J]. Educational Psychol Measurement,1970,30(3):607-610.

[100] KRUGER M,SAAYMAN M,SLABBERT E. Managing visitors' dining and retail experiences in South African national parks. South African Journal of Business Management,2015,46(2):43-53.

[101] KUDYBA S. Big data, mining, and analytics [M]. Boca Raton: CRC

Press,2014.

[102] KUMAR J,HUSSAIN K. Evaluating tourism's economic effects:comparison of different approaches[J]. Procedia-Social and Behavioural Sciences,2014, 144:360-365.

[103] KUSUMAH E P,HURRIYATI R,DISMAN D,et al. Determining revisit intention: the role of virtual reality experience, travel motivation, travel constraint and destination image[J]. Tourism and Hospitality Management, 2022,28(2):297-314.

[104] KYLE OBERMANN. China's attempt to create the world's largest national park system,2022.

[105] LARSEN S,WOLFF K. In defence of the domestic tourist-a comparison of domestic and international tourists' revisit-intentions, word-of-mouth propensity, satisfaction and expenditures [J]. Scandinavian Journal of Hospitality and Tourism,2019,19(4-5),:422-428.

[106] LEE C K,TAYLOR T. Critical reflections on the economic impact assessment of a mega-event: the case of 2002 FIFA World Cup [J]. Tourism Management,2005,26(4):595-603.

[107] LEE S, JEONG E, QU K. Exploring theme park visitors' experience on satisfaction and revisit intention:a utilization of experience economy model[J]. Journal of Quality Assurance in Hospitality and Tourism, 2020, 21 (4): 474-497.

[108] LI S N,LI H,SONG H,et al. The economic impact of on-screen tourism:the case of The Lord of the Rings and the Hobbit[J]. Tourism Management, 2017,60:177-187.

[109] LI S. A simple framework for evaluating the economic welfare of a large event [J]. Tourism Analysis,2012,17(4):473-493.

［110］ LI X X. Main measures and effects of tourism poverty alleviation in Guizhou,2019.

［111］ LIN S W, WANG K F, Chiu Y H. Effects of tourists' psychological perceptions and travel choice behaviors on the nonmarket value of urban ecotourism during the COVID-19 pandemic-case study of the Maokong region in Taiwan. Cogent Social Sciences, 2022,8(1).

［112］ LIN W K. A review on the methods of evaluating the economic value of tourism resource in scenic area［J］. Economic Geography,2013,33(9): 169-176.

［113］ LIU M K,JIANG L L. A review of research on the contribution of tourism to economic growth［J］. Tourism Tribune,2017,32(4):1-7.

［114］ LONČARIĆ, PRODAN M P, DLACIC J. Memorable tourism experiences inspired by the beauty of nature［J］. Tourism and Hospitality Management, 2021,27(2):315-337.

［115］ LÓPEZ X P, FERNÁNDEZ M F, INCERA A C. The economic impact of international students in a regional economy from a tourism perspective［J］. Tourism Economics,2016,22(1):125-140.

［116］ LU S, ZHU W, WEI J. Assessing the impacts of tourism events on city development in China: a perspective of event system［J］. Current Issues in Tourism,2020,23(12):1528-1541.

［117］ MA X C,LUO J J,FENG S S. Analysis on the research theory and methods of tourism economy in the New Era—takes Guizhou as an example［J］. Guizhou Social Sciences,2019,36(7):139-144.

［118］ MANN B L. Research styles and the internet［M］//Selected styles in web-based educational research. New York: IGI Global Scientific Publishing, 2006:1-10.

［119］Marketing. China's tourist attraction rating system,2016.

［120］MARKSEL M,TOMINC P,BOZICNIK S. Cruise passengers' expenditures：the case of port of Koper. Tourism Economics,2017,23(4):890-897.

［121］MARTIN BARROSO V,DE CASTRO-PARDO M,FERNÁNDEZ MARTÍNEZ P,et al. A regionalized I-O-model to value seasonal recreational ecosystem services in a mountain National Park in Spain［J］. Journal of Mountain Science,2022,19(1):211-227.

［122］MASLIKHINA V Y. Special economic zones in Russia：results evaluation and development prospects［J］. International Journal of Economics and Financial Issues,2016,6(1):275-279.

［123］MATZLER K,TEICHMANN K,STROBL A,et al. The effect of price on word of mouth：first time versus heavy repeat visitors［J］. Tourism Management,2019(70):453-459.

［124］MAYER M, JOB H. The economics of protected areas-a European perspective［J］. Zeitschrift für Wirtschaftsgeographie,2014,58(1):73-97.

［125］MAYER M,MÜLLER M,WOLTERING M,et al. The economic impact of tourism in six German national parks［J］. Landscape and Urban Planning,2010,97(2):73-82.

［126］MIKA M, ZAWILINSKA B, PAWLUSINSKI R. Exploring the economic impact of national parks on the local economy：functional approach in the context of Poland's transition economy［J］. Human Geographies,2016,10(1):5-21.

［127］MIKIĆ M. Tourism's contribution to the Yugoslav economy［J］. Tourism Management,1988,9(4):301-316.

［128］MONTERRUBI O C,OSORI O M,BENÍTEZ J. Comparing enclave tourism's socioeconomic impacts：A dependency theory approach to three state-planned resorts in Mexico[J]. Journal of Destination Marketing and Management, 2018,8:412-422.

[129] National Bureau of Statistic. Statistical Bulletin of the People's Republic of China on National Economic and Social Development 2020,2020.

[130] NOVIANTI S, SUSANTO E, RAFDINAL W. Predictingtourists' behaviour towards smart tourism:the case in emerging smart destinations[J]. Journal of Tourism Sustainability,2022,2(1):19-30.

[131] NOWAK J-J, SAHLI M, SGRO P. Tourism, increasing returns and welfare [M]//The economics of tourism and sustainable development. Cheltenham: Edward Elgar,2005:87-103.

[132] NPS Stats. National Park services,2022.

[133] NURYASMAN M N, NURINGSIH K, COKKI C. Shift-share analysis of tourism industry growth in kulon progo yogyakarta[J]. Industrial Engineering and Management Systems,2020,19(3):610-621.

[134] OH H, Fiore A M, Jeoung M. Measuring experience economy concepts: tourism applications[J]. Journal of Travel Research,2007,46(2):119-132.

[135] OLIVER R L,SWAN J E. Equity and disconfirmation perceptions as influences on merchant and product satisfaction[J]. Journal of Consumer Research, 1989,16(3):372.

[136] OLIVER R L. A behavioural perspective on the consumer[M]. New York: Routledge,2010.

[137] PARASURAMAN A,ZEITHAML V A,BERRY L L. A conceptual model of service quality and its implications for future research[J]. The Journal of Marketing,1985,49(4):41-50.

[138] PARLETT G,FLETCHER J,COOPER C. The impact of tourism on the old town ofEdinburgh[J]. Tourism Management,1995,16(5):355-360.

[139] PAUL H S,ROY D,MIA R. Influence of social media on Tourists' Destination Selection Decision[J]. Scholars Bulletin,2019,5(11),658-664.

[140] PEDAUGA L E,PARDO-FANJUL A,REDONDO J C,et al. Assessing the economic contribution of sports tourism events：a regional social accounting matrix analysis approach[J]. Tourism Economics,2020,28(3):599-620.

[141] People's Daily 2021. Guizhou received more than 34. 12 million tourists during the May Day holiday,2021.

[142] PEREZ E A,JUANEDA S C. Tourist expenditure for mass tourism markets [J]. Annals of tourism research,2000,27(3):624-637.

[143] PERLES-RIBES J F,MORENO-IZQUIERDO L,TORREGROSA T,et al. The relationship between satisfaction and tourism expenditure in 'sun and beach' destinations：a structural equation modelling approach[J]. Current Issues in Tourism,2021,24(18):2643-2657.

[144] Personal Finances Report. How men and women manage money differently,2023.

[145] PINE J,GILMORE J H. Economy leadership when there is no one to ask：welcome to the experience economy[J]. Harvard Business Review,1998,76 (4):97-105.

[146] Pololikashvili. Together are we stronger,2021.

[147] PRATT S. The economic impact of tourism in SIDS[J]. Annals of Tourism Research,2015(52):148-160.

[148] PUAH C-H,JONG M-C,AYOB N,et al. The impact of tourism on the local economy in Malaysia[J]. International Journal of Business and Management,2018,13(12):151.

[149] PURWANTO A,SUDARGINI Y. Partial Least Squares Structural Squation Modeling(PLS-SEM) Analysis for Social and Management Research：a Literature Review[J]. Journal of Industrial Engineering and Management

Research,2021,2(4):114-123.

[150] RAMLI M F,RAHMAN M A,LING O M. Do motivation and destination image affect tourist revisit intention to Kinabalu national park during COVID-19 pandemic recovery phase[J]. European Journal of Molecular & Clinical Medicine,2020,7(6):1624-1635.

[151] RAMYAR M,HALIM N. Tourist expectation and satisfaction towards existing infrastructure and facilities in Golestan National Park,Iran[J]. American Research Journal of Humanities & Social Science,2020,3(7):89-108.

[152] REHMAN A A,ALHARTHI K. An introduction to research paradigms in distance education[J]. International Journal of Educational Investigations, 2016(3):51-59.

[153] REIS A M,VIEIRA E P,BORGES A P. Determinants of tourist expenditure: the role of tourists' experience in the city of porto[J]. International Journal of Tourism Policy,2021,11(1):73-87.

[154] RENDLE E J,RODWELL L D. Artificial surf reefs:a preliminary assessment of the potential to enhance a coastal economy[J]. Marine Policy,2014(45): 349-358.

[155] RICHARDS,K. Qualitative inquiry in TESOL[M]. London:Palgrave Macmillan, 2003.

[156] RICKMAN D S,SCHWER R K. A comparison of the multipliers of IMPLAN, REMI,and RIMS II:benchmarking ready-made models for comparison[J]. Ann Reg Sci,1995(29):363-374.

[157] RODRÍGUEZ A,BRAAK W J,WATSON P. Getting to know the economy in your community:automated social accounting[J]. The Journal of Extension, 2011,49(4):14.

[158] ROLFE J,FLINT N. Assessing the economic benefits of a tourist access road:

a case study in regional coastal Australia[J]. Economic Analysis and Policy, 2017(58):167-178.

[159] ROLL-HANSEN N. Why the distinction between basic(theoretical) and applied (practical) research is important in the politics of science [R]. London: London School of Economics and Political Science, Contingency and Dissent in Science Project, 2009.

[160] SAAYMAN M, SAAYMAN A. Why travel motivation and socio-demographics matter in managing a national park. Koedoe, 2009, 51(1):49-57.

[161] SÁNCHEZ V L, FERNÁNDEZ M D, LARA J Á S. Economic impact of a religious and tourist event: a Holy Week celebration [J]. Tourism Economics, 2017, 23(6):1255-1274.

[162] SARSTEDT M, RINGLE C M, HAIR J F. Partial least squares structural equation modeling[M]//Handbook of market research. Cham: Springer, 2022.

[163] SEEBUNRUANG J, BURNS R C, ARNBERGER A. Is national park affinity related to visitors' satisfaction with park service and recreation quality? A case study from a Thai Forest National Park[J]. Forests, 2022, 13(5):1-17.

[164] SEETANAH B. Assessing the dynamic economic impact of tourism for island economies[J]. Annals of Tourism Research, 2011, 38(1):291-308.

[165] SLIFERMAN L K. Compare and contrast inductive and deductive research approaches, 2021

[166] SOLIMAN M. Extending the theory of planned behaviour to predict tourism destination revisit intention [J]. International Journal of Hospitality and Tourism Administration, 2010, 22(5):524-549.

[167] SONG H, LI G, WITT S F, et al. Tourism demand modelling and forecasting: how should demand be measured? [J]. Tourism Economics, 2010, 16(1): 63-81.

[168] SONG L,XUE Y,JING Y,et al. Visitor's willingness to pay for national park entrance fees in China: evidence from a contingent valuation method [J]. International Journal of Environmental Research and Public Health,2021,18 (24):13410.

[169] SOUZA T B,THAPA B,RODRIGUES C G DE O,et al. Economic impacts of tourism in protected areas of Brazil [J]. Journal of Sustainable Tourism, 2019,27(6):735-749.

[170] Statista. Total number of tourists visiting Khao Yai National Park in Thailand from 2014 to 2020,2022

[171] Statistic of National Parks. Number of recreational visitor s to yosemite national park in the United States from 2008 to 2020,2021.

[172] Statistics. Guizhou Province 2019 National Economic and social development statistical bulletin,2019.

[173] STOKES-CAWLEY O,STROUD H,LYONS D,et al. Economic contribution analysis of national estuarine research reserves [J]. Water,2021,13(11): 1-19.

[174] STYNES D J,PROPST D,SUN Y Y. Economic impacts of visitors to Olympic National Park, 2000 [R]. East Lansing, Michigan: Department of Park, Recreation and Tourism Resources. Michigan: Michigan State University,2001.

[175] STYNES D J,SUN Y Y. Economic impacts of national park visitor spending on gateway communities: systemwide estimates for 2001 [R]. East Lansing, MI:Department of Park,Recreation and Tourism Resources,Michigan State University,2003.

[176] STYNES D J,WHITE E M. Reflections on measuring recreation and travel spending. Journal of Travel Research,2006,45(1):8-16.

[177] STYNES D J. Economic significance of recreational uses of national parks and other public lands[J]. Social Science Research Review,2005,5(1):1-33.

[178] STYNES D,SUN Y Y. Impacts of visitor spending on local economy:crater Lake National Park, 2001 [R]. East Lansing, MI: Departmen of Park, Recreation,and Tourism Resources,Michigan State University,2002.

[179] STYNES D. Approaches to estimating the economic impacts of tourism; some examples[R]. East Lansing, Michigan: Department of Park, Recreation and Tourism Resources,Michigan State University,1999.

[180] SU Z. Scenic sites stripped of top rating after inspection,2016.

[181] LEUNG C-K,SUETTINGER R L. Guizhou,2016.

[182] SUHARTANTO D,DEAN D,CHEN B T,et al. Tourist experience with agritourism attractions:what leads to loyalty? [J]. Tourism Recreation Research,2020, 45(3):364-375.

[183] SWEMMER L,MMETHI H,TWINE W. Tracing the cost/benefit pathway of protected areas:a case study of the Kruger National Park,South Africa[J]. Ecosystem Services,2017(28):162-172.

[184] The Central Committee of the CPC. The CPC Central Committee on Comprehensively Deepening Reform Decisions on several major issues,2013.

[185] The Paper News. The total tourism revenue of each province in 2018 is released: guangdong ranks first, and five provinces exceed one trillion yuan,2019.

[186] THEOFANIDIS D, FOUNTOUKI A. Limitations and delimitations in the research process [J]. Perioperative Nursing-Quarterly Scientific, Online Official Journal of GORNA,2018,7(3):155-163.

[187] TREYZ G I, RICKMAN D S, SHAO, G. The REMI Economic-Demographic Forecasting and Simulation Model [J]. International Regional Science

Review,1991,14(3):221-253.

[188] ULKER-DEMIREL E,CIFTCI G. A systematic literature review of the theory of planned behavior in tourism,leisure and hospitality management research [J]. Journal of Hospitality and Tourism Management,2020(43):209-219.

[189] VANBLARCOM B, BACKMAN K. A comparison of methods for assessing the shor-run economic impacts of tourist spending on a county economy[J]. Advances in Moderm Tourism Research: Economic Perspectives, 2007: 259-273.

[190] UNWTO. Supporting jobs and economies through travel and tourism-a call for action to mitigate the socio-economic impact of COVID-19 and accelerate recovery[R]. Geneva:UNWTO,2020.

[191] VANBLARCOM B L,KAYAHAN C. Assessing the economic impact of a UNESCO world heritage designation[J]. Journal of Heritage Tourism,2011, 6(2):143-164.

[192] VEASNA S, WU W Y, HUANG C H. The impact of destination source credibility on destination satisfaction: the mediating effects of destination attachment and destination image [J]. Tourism Management, 2013 (36): 511-526.

[193] VEISTEN K, LINDBERG K, GRUE B, et al. The role of psychographic factors in naturebased tourist expenditure[J]. Tourism Economics,2014,20 (2):301-321.

[194] WACHYUNI S S, KUSUMANINGRUM D A. The Effect of COVID-19 Pandemic:how are the Future Tourist Behavior? [J]. Journal of Education, Society and Behavioural Science,2020,33(4):67-76.

[195] WALLS M. Economics of the US national park system:values,funding,and resource management challenges[J]. Annual Review of Resource Economics,

2022,14(1):579-596.

[196] WANGY F. An empirical study on tourism and economic growth dynamic development in Guizhou based on var model[J]. Research on Productivity, 2021(1):7-11.

[197] WEI L. Guizhou takes the whole province's efforts to promote the "blowout" development of tourism,2021.

[198] WICKER P,HALLMANN K,ZHANG J J. What is influencing consumer expenditure and intention to revisit? An investigation of marathon events[J]. Journal of Sport and Tourism,2012,17(3):165-182.

[198] WILTON J J,NICKERSON N P. Collecting and using visitor spending data [J]. Journal of Travel Research,2006,45(1):17-25.

[200] WONG K-K K. Partial least squares structural equation modelling(PLS-SEM)techniques using SmartPLS[J]. Marketing Bulletin,2013,24(1):1-32.

[201] WTTC. World Economic Impact 2021. Global Economic Impact and Trends 2021,2021.

[202] WTTC. Economic Impact Reports,2022.

[203] XIAO L L. Guizhou will invest more than 100 billion yuan in tourism every year during the 14th Five-Year Plan period,2021.

[204] Xinhuanews. China aims to build world's largest national park system,2023.

[205] XU H,ZHAI LQ,ZHANG S P. The current situation,problems and suggestions of China's tourism development[J]. Foreign Economic and Trade,2020(6):102 -105.

[206] YAN G T,SONG L. The value and development path of scenic and historic area under the national park system[J]. Chinese Landscape Architecture, 2021,37(3):112-117.

[207] YANG Q. Guizhou province tourism industrialization promotion conference held, 2021.

[208] YE S, LEI S I, ZHAO X, ZHU L, et al. Modelling tourists' preference between hotels and peer-to-peer (P2P) sharing accommodation: a pre- and post-COVID-19 comparison[J]. International Journal of Contemporary Hospitality Management, 2022, 35(4): 1423-1447.

[209] YOUNG R, YOUNG A F, PARKIN J, et al. Assessing the economic impact of culture in english market towns: a causal chain approach [J]. Tourism Economics, 2010, 16(4): 925-951.

[210] YU Y, TURCO D M. Issues in tourism event economic impact studies: the case of the Albuquerque International Balloon Fiesta[J]. Current Issues in Tourism, 2000, 3(2): 13-149.

[211] YUAN J Q, LI J J, DENG J Y, et al. Past experience and willingness to pay: a comparative examination of destination loyalty in two national parks, China [J]. Sustainability, 2021, 13(16): 8774.

[212] YUE J L. Empirical study of the impact of the model-based financial crisis on tourism[J]. Fiscal and Financial, 2012, 10: 56-59.

[213] ZAWILIŃSKA B, MIKA M. National parks and local development in Poland: a municipal perspective[J]. Human Geographies, 2013, 7(1): 43-52.

[214] ZENG S. Guizhou promotes summer vacation tours, with 50 percent discount for scenic spot tickets and highway passage, 2019.

[215] ZENKER S, BRAUN E, PETERSEN S. Branding the destination versus the place: the effects of brand complexity and identification for residents and visitors[J]. Tourism Management, 2017, 58: 15-27.

[216] ZHA A P, QIU J W. Recreational value assessment on Hangzhou West Lake scenic area based on travel cost [J]. Tourism Science, 2015, 29(5):

300-304.

[217] ZHANG H, WU Y, BUHALIS D. A model of perceived image, memorable tourism experiences and revisit intention [J]. Journal of Destination Marketing and Management,2018(8):326-336.

[218] ZHANG H X. Assessing Recreational value of tourism resources based on TCM-A case study in world cultural heritage Hongcun [J]. Resource Development and Market,2011,27(1):90-93.

[219] ZHANG Q. Tourism development conference ignited the fire of guizhou tourism development,2014.

[220] ZHAO Q, ZHAO H K, GENG X W. Evaluation on recreation value of Qianfoshan scenic spot[J]. Journal of Liaoning Technical University(Natural Science),2010,29(6):1165-1168.

[221] ZHOU Q. Guizhou has made every effort to promote the blowout growth of tourism,2020.

[222] ZHOU W L. A review on impact of tourism on economic growth [J]. Economic Geography,2011,31(8):1042-1048.

[223] ZHU L C, SONG Q B, SHENG N, et al. Exploring the determinants of consumers' WTB and WTP for electric motorcycles using CVM method in Macau[J]. Energy Policy,2019(127):64-72.

[224] ZUO B, BAO J G. Assessing the economic effects of national debts invested in tourism infrastructures: a study based on the CGE model[J]. Economic Research Guide,2010(4):123-128.